图书在版编目(CIP)数据

中华法治传统的传承与发展：第二届法治传统与创新发展前沿论坛论文集/张生主编. —北京：商务印书馆，2023
ISBN 978-7-100-22571-7

Ⅰ.①中… Ⅱ.①张… Ⅲ.①法制史—中国—文集
Ⅳ.①D929-53

中国国家版本馆 CIP 数据核字(2023)第 099955 号

中华法治传统的传承与发展
第二届法治传统与创新发展前沿论坛论文集
张生 主编

商 务 印 书 馆 出 版
(北京王府井大街36号 邮政编码100710)
商 务 印 书 馆 发 行
北京虎彩文化传播有限公司
ISBN 978-7-100-22571-7

2023年9月第1版 开本 880×1230 1/32
2023年9月北京第1次印刷 印张 10⅜
定价：59.00 元

中华法治传统的传承与发展

第二届法治传统与创新发展前沿论坛论文集

张生　主编

创于1897
商务印书馆
The Commercial Press

本论文集的出版得到国家社会科学基金
学术会议项目（批准号 22STB056）的资助。

前　言

为深入挖掘中国古代法律制度与实践所蕴含的智慧，从优秀传统法律文化中汲取滋养，以服务于中国特色社会主义法治体系和社会主义法治国家的建设，中国法律史学会在2021年创办了“法治传统与创新发展”前沿论坛（以下简称“论坛”）。

一、论坛的主旨：挖掘阐释法治传统与实现创新发展

发展社会主义先进文化，必须植根中国独特的历史文化传统，将马克思基本法学原理，与中华优秀法律文化相结合，推动中华优秀传统文化创造性转化、创新性发展，传承红色法治基因，赓续红色法治血脉。法律史学既是法学体系中的基础学科，又是人文社会科学的交叉学科，兼具文化润泽与规范治理的双重功能，为坚定制度自信、文化自信提供理论支撑。本论坛立足于法律史学科的自身特点，挖掘阐释中华法治传统，明确学科创新的根本任务、现实关怀、实践要求。

法律史学创新的根本任务：讲清楚法文化传统，明辨精华与糟粕。近代以来，在西方殖民扩张的进程中，中华民族遭遇了空前的危机，基于挽救危亡、实现富强的急迫心理，近代中国开始脱离自身的法律文化传统，全面仿效西方法律制度、学说理论，以西方法学来解释中国传统法律的偏误颇为普遍。加之在数千年的历史中，由于自然灾害、兵燹劫

难，中华传统法律典籍与文物多有损毁、遗失。恢复中华传统法律的历史原貌，始终是法律史学、历史学、考古学等相关学科的根本任务。新时代，拥有了更多的科学技术支撑，通过不断的考古发现、文献挖掘，不仅可能更好地讲清楚一代一朝的法律思想、法律制度的历史变迁，还有更好的条件可以讲清楚中华传统法律发展的历史脉络，讲清楚传统法律发展演变的历史规律，讲清楚传统法律文化所积淀的中华民族最深沉的精神追求和独特的精神标识。从“历史原貌”到“演变脉络”“文化精神”，做到这三重讲清楚，法律史学需要与考古学、历史学、语言学、信息科学等学科交叉融合，内行地借助其他学科的研究成果，将一件件法律史碎片拼成一幅逐渐清晰的动态演变的中华法治文明图谱。要做到讲清楚，还需要借助历史大数据，纠正一些已经定格的有错误的法律史图景。近代的法律史学者将中国古代律典作为研究重点，借助于近代西方部门法学理论加以分析，对中国传统法律文化所作判断不免以偏概全，既存在历史时空错位的问题，又忽略了占到国家成文法体系百分之八十以上的保障民生的食货之法、规范政府的职官之法、载明国家礼仪制度的礼乐制度等等。

只有实现了讲清楚，获得了中国传统法律文化的全貌，进而才能做阐释分析，明辨哪些是传统法律文化的精华、哪些是应当摈弃的糟粕。精华与糟粕的二元区分是十分困难的，理论上的区分往往需要与法律实践相结合。中国共产党作为中华优秀传统文化的传承者和弘扬者，在革命、建设、改革时期，就将传统法律文化与根据地的政权建设相结合、与社会主义法治建设相结合，为传统法律文化的实践检验奠定了基础。进入新时代，考古事业、历史研究、法律史研究已为法律文化传统的探索积累了丰富的研究材料，其中数字化的古代法律文献就已经达到三亿字以上，为科学的理论研究提供了有利条件。在习近平法治思想的指引下，以更加坚定的文化自觉和文化自信，法律史学者可以系统甄别传统法律文化，摈弃其糟粕，萃取其精华，将优秀传统法律文化与革命法律文化融贯统一，为社会主义法治文化提供丰厚滋养和支撑。

法律史学创新的现实关怀：善于创造性转化，实现创新性发展。对历史负责，客观阐释历史上的法律，是法律史学科的根本任务，而现实关怀也是法律史学不能回避的责任。优秀传统法律文化并非僵死的古董，在现实生活中，人们的思想行为普遍遵循的非制度性规范很多属于传统法。例如，现代婚姻家庭制度是以西方个人主义为基础的，但是在现实生活中普遍存在传统的家庭团体思维，现代赡养责任的制度判定仍然需要传统的孝的观念与行为标准，我国的民法典在婚姻家庭部分也引入了传统法的一般性规定。但是，传统法律文化要么是较为宏大和抽象的概念，要么是零散和具体的碎片，还缺少系统性理论表达，缺少与现代法规则体系性的融入。这就需要通过创造性转化和创新性发展，将传统法律离散的规则、宏大的理念理论化，融贯到现实法治建设之中，发挥其现实的文化功能与规范功能。从中国具体实际出发，注重从中华优秀传统法律文化中汲取养分；以社会主义核心价值观为引领，实现优秀传统法律文化的创造性转化和创新性发展。社会主义核心价值观本身就是一个文化价值的整合体系，整合了中国共产党领导人民革命、建设和改革长期实践形成的价值理念，汲取了中华民族 5000 多年的优秀文化，借鉴了人类文明治理的有益成果。创造性转化和创新性发展，要按照新时代的文化与制度的要求，对那些至今仍有借鉴意义的价值理念和陈旧的制度表现形式加以改造，赋予其新时代的理论内涵和制度形式，激活其生命力；要按照时代的发展，对中华优秀传统法律文化的内涵加以补充、完善，拓展其规范功能，丰富其价值内涵。

贯通古今，实现优秀传统法律文化的创造性转化和创新性发展，需要在实践中点滴积累，不断推进，更需要理论总结。优秀传统法律文化是法律史理论转化和理论创新的素材，同时也是建构中国自主法学知识体系的源泉。著名法理学者张文显曾在华政70周年校庆主题探讨会上指出："建构中国自主法学知识体系是法学领域的一场深刻革命。通过推动建构中国自主法学知识体系，中国法学将实现从西方理论的'搬运工'到中国学术的创造者、世界学术的贡献者的根本转变。"优秀传统法律文化为中国自主法学知识体系提供话语渊源、文化价值、制度素材，包括法律史在内的中国自主法学知识体系，则以绵延不绝、历久弥新的中华法治文明为主体，书写贯通古今、与时俱进的法学理论。

法律史学创新的实践要求：体系性治理借鉴，规范性择善而用。习近平总书记在《加快建设社会主义法治国家》中曾指出："要注意研究我国古代法制传统和成败得失，挖掘和传承中华法律文化精华，汲取营养、择善而用。"对优秀传统法律文化进行考辨、挖掘、阐释，在理论和实践中实现创造性转化和创新性发展，都服务于在法治轨道上全面建设社会主义现代化国家这一总目标。法学是实践性学科，致力于体系性解决现代化进程中的各种问题。法律史学科作为法学体系中的基础学科，其法律史料考辨、传统法律文化的挖掘、阐释，不仅仅是为了还原中华法治文明的过往，还为法律文化历史发展的脉络上指引未来，为整个法学体系提供历史文化资源，为现代法律制度建构与完善提供规范参照。法律史可以为现实法治建设提供的支持，或是直接的借鉴，或是通过部门法的转化，可以分为宏观体系性的借鉴和微观规范性的应用。

在国家治理的宏观层面，毛泽东曾以古代农民起义的失败为借鉴，以人民民主回答了黄炎培先生的历史周期率之问，为未来的人民共和国奠定了人民主权和民主监督的制度根基。邓小平曾借鉴《礼记·礼运》中古代社会的善治理论，在改革开放时期提出建设"小康社会"的阶段性发展目标。进入新时代，以习近平同志为核心的共产党人，吸收借鉴了天下为公、民为邦本、为政以德等传统治理理念，提出了以人民为中心的发展思想；吸收借鉴了任人唯贤、选贤与能、以德为先等古代吏治思想，提出了新时代好干部的标准；吸收借鉴了协和万邦、讲信修睦、亲仁善邻、和而不同等传统邦交之道，提出了人类命运共同体的思想。在微观制度层面，古代涤荡政治污弊、整肃纲纪的御史制度、巡按制度，对我国近现代监察制度产生了直接的制度影响。我国古代十分重视家教、家风、家训，借鉴家庭和睦、社会和谐的治理经验，民法典第1043条规定了，“家庭应当树立优良家风，弘扬家庭美德，重视家庭文明建设”。民法典的条文虽属一般性规定却为家庭成员的互敬互爱确立了制度基础。中华优秀传统法律文化是丰富的历史宝藏，有诸多的宏大理论和微观问题等待去考辨、挖掘、阐释、转化、发展、应用。新时代给予了法律史学巨大的机遇与挑战，法律史学人应坚持守正创新，与其他学科交叉协同，在讲清楚的基础上实现创造性转化、创新性发展，使中华法治文明基因与当代法治文化相适应、与中国特色社会主义法治体系相协调，绽放出时代光彩。

二、第二届“法治传统与创新发展”前沿论坛实录

首届论坛在2021年11月20日举办。第二届论坛，于2022年11月26日至27日，由中国法律史学会主办，故宫博物院研究室与中国社会科学院法学研究所共同承办。本次论坛以腾讯会议线上形式举办。来自中国社会科学院、故宫博物院、中国人民大学、清华大学、吉林大学、南京大学、厦门大学、北京师范大学、中国政法大学、西南政法大学、中南财经政法大学、西北政法大学、云南大学、中国农业大学、天津

财经大学、商务印书馆、《中国社会科学》《近代史研究》《中国法律评论》《法学杂志》等单位的40余位专家学者云聚一堂，共抒学术高见。现将本届论坛的实况记录如下。

论坛开幕式由中国社会科学院法学研究所法制史研究室张生研究员主持。故宫博物院研究室主任、研究馆员王子林首先作开幕致辞。王子林主任表示，在当前的情况下，能够举办一场如此高规格的学术会议实属不易，对本次论坛的顺利召开表示热烈祝贺。随后，王子林主任向与会的各位专家简要介绍了故宫研究院开展的学术研究情况。故宫研究院作为故宫博物院的非建制学术平台，设有25个研究所，涉及故宫学、明清史、古文献、建筑遗产保护、宫廷音乐与戏曲研究等多个学术领域，而法律史和故宫学也密切相关。中国古代社会是“家国同构”的格局，古代法律传统中最重要的精神莫过于礼与法的结合。整个故宫外朝和内廷的布局，正是“家国同构”运行格局的缩影，也是中国古代礼法结合的体现。王子林主任非常希望能够与中国社会科学院法学研究所和中国法律史学会建立交流合作，共同推进中华优秀传统文化的创造性转化和创新性发展，也非常欢迎大家在方便的时候到故宫博物院参观研讨，在紫禁城中探讨中华传统法律文化。随后，中国社会科学院法学研究所国际法研究所联合党委书记陈国平致欢迎辞，他指出本次论坛的主题是“中华法律传统及其近代化”，各位专家在会上发表真知灼见，也正是对中华优秀传统法律文化进行创造性转化的体现。习近平总书记在党的二十大报告中提出，坚持和发展马克思主义，必须同中国具体实际相结合、同中华优秀传统文化相结合。这一指引也为法律史学研究增强了动力，明确了方向，提出了新的任务。传承和弘扬中华法文化中的优秀基因，为中国特色社会主义现代化事业贡献智慧和力量，是新时代赋予法律史学者们的责任和使命。

本次论坛的研讨共分为五场，主题分别为“优秀传统文化与法治”“古代裁判制度”“法律史研究新思路与新方法”“文化资源与法律史研究”和“法律史研究方向与选题”。参会嘉宾围绕会议议题展开了深入的研讨。

论坛第一单元由西北政法大学王健教授与西南政法大学法学研究所董彦斌研究员共同主持。中国人民大学法学院马小红教授的报告题为《儒家的“自然观”对古代法律的影响》。马小红教授认为，儒家“自然观”的发展使中国古代社会逐渐摈弃了将法律单纯作为惩罚工具的思维，而转向以发掘、弘扬人之善性的教化作为法律的主要目的。儒家的自然观赋予了中国古代法律以惩恶、扬善的双重使命及兼容并蓄的特征。厦门大学法学院周东平教授的报告题为《论中国古代法典条标的起源问题——兼与〈唐律疏议〉（唐律）首创条标说商榷》。周东平教授在文章中梳理了目前学界对于唐律条标的研究现状，并指出，仅根据现存诸版本《唐律疏议》目录中包含条标，就直接断定唐律条标自始存在并不合理。唐律条标并非自始存在。中南财经政法大学法学院李力教授的报告题为《如何面对考古文物资料？——关于夏、商、西周法律思想研究的反思》。李力教授总结了既往法律史学者对于该命题的探索与贡献，指出先秦各个时段法律史料的性质及其价值均颇具独特性。在史料的开拓和利用问题上，法律史学者应特别注意两个方面：第一，明确法律史学科的性质及定位；第二，提升甄别和阅读史料的基本功。清华大学法学院陈新宇教授的报告题为《认真地对待秋审——传统中国司法“正当程序”的新诠释》。陈新宇教授从美国学者德克·卜德（Derk Bodde）和克莱伦斯·莫里斯（Clarence Morris）在《中华帝国的法律》一书中对中国传统司法特质的论述出发，从中央与地方关系的角度，利用《清代判牍案例汇编》中的《不符册》及相关资料进行了对秋审制度的研究和反思。

本单元邀请了中国政法大学法律古籍整理研究所李雪梅教授和北京大学中国传统社会研究中心白中林研究员担任评议人。李雪梅教授指出，周东平教授的报告可谓“小题大做”的典范，抓住中国传统文化的传承与创新这一主题，文章考证极为详细，论证结构非常精妙。李力教授的文章具有极强的问题意识，关注史料的运用，对先秦法律史及学科间的比较都有清晰的呈现。白中林研究员从法理学的角度出发，对马小红教授的文章给予了高度评价，认为本文对儒家自然观的进一步探索具有深厚的学术价值，阐明了中国古代“以礼为本”的重要思想根源。白中林研究员认为陈新宇教授的文章笔力稳健，立足于扎实的材料，深入探讨了秋审制度的内在合理性，也非常赞同陈新宇教授所提出的应避免研究之中“偏执”与“偏颇”的观点。

论坛第二单元由吉林大学法学院吕丽教授与《中国法律评论》袁方常务副主编共同主持。云南大学法学院胡兴东教授的报告题为《元代司法中的“量”裁问题》（本论文集收录题为《经权理论下的元代“量决”司法成因及运行机制》）。胡兴东教授认为，元代司法中的“量决”在适用时最大的难题在于如何界定案件中的“情理”。宋元明清时期的“情理”司法也能对我们当前的司法实践提供历史借鉴。中国政法大学法律古籍整理研究所赵晶教授的报告题为《谫论南宋犯奸案件的证明困境》。赵晶教授的文章基于《名公书判清明集》中所载的27件犯奸案件，分别通过对犯罪后果、犯罪行为、奸夫、主观心理、品格证据的考察，深入分析了南宋犯奸案件的证明困境。中国社会科学院法学研究所孙家红副研究员的报告题为《〈红格字式〉：解读清代司法官文书的一把钥匙》（本论文集未收录）。孙家红副研究员指出，清代司法官文书特别讲究字形规范，有时出于避讳需要，刻意将犯人和死者名字改换字形。他的文章基于近些年发现的三种《红字格式》稿抄本对上述现象进行了研究，认为该现象是传统公文书写制作规范的延续，具有鲜明的时代特征。中国农业大学人文与发展学院胡震教授的报告题为《清代审级制度研究：以刑案为中心》（本论文集未收录）。胡震教授尝试以清代审级制度为例，以刑案为中心，从结构、内容、功能和特征等方面，对中国古代审级制度进行综合性的考察，并概括性地提出"地审央判"式的集权审级模式。本单元邀请了中国人民大学法学院的朱腾教授和历史学院的刘文远副教授担任评议人。朱腾教授认为，以往对"情理"的研究多集中于概念的分析与阐释，研究时段亦多集中于明清，胡兴东老师的文章则聚焦元代司法，补充了中国法律史研究在这一主题上的内容，有利于加深学界对于"情理"司法的认识。赵晶老师的文风严谨细致，所作报告为现今司法实践中难题的解决提供了来自古代的参照，让读者对现代与宋代的证明标准都有了更加深刻的理解。胡震老师的文章从宏观的角度出发，将清代的审级制度置于当时的整个政治结构中进行考察，为当下司法审级制度改革提供了历史借鉴。孙家红老师的文章见微知著，从文书的视角切入，将结论提升到法律文化层面，足以见孙老师的功底深厚。刘文远副教授认为，四位发言人的报告角度新颖、史料详实、研究扎实，对具体问题的研讨都承载了相同的主题，即中国传统法律文化在儒家化的过程中，强调道德的教化而非简单的惩戒。胡兴东老师的文章对元代司法中的情理问题进行了系统考察，对元代的案例进行了全面解读。赵晶老师的文章通过宋代犯奸案件的证明困境，为观察中国古代如何处理情理关系提供了另一种思路。胡震教授对清代审级制度进行了综合考察，概括性地提出了"地审央判"式的集权审理结构模式，有力地回应了清代司法裁判中的终局性问题。孙家红老师的文章细致深入、视角新颖，文中所论及正俗字之间的转化与避讳问题，或可置于时代背景予以更详细的探寻。

论坛第三单元由南京大学法学院张仁善教授与中国政法大学法律史学研究院顾元教授共同主持。清华大学法学院聂鑫教授的报告题为《国民政府考试院对传统科举制度的继承与发展》。聂鑫教授认为，国民政府考试院一方面是基于孙中山五权宪法的设计，另一方面也源于中国传统科举取士的文化。研究民国时期考试院制度的形成与矛盾，对于当代中国考试、人事制度建设与政治体制完善，亦有一定参考意义。北京师范大学法学院柴荣教授的报告题为《宋代女性的土地权利保护》。文章从司法诉讼中展现的女性土地权利、女性土地权利保护的体现形态以及女性土地权利提升之语境三个方面展开论述。柴荣教授认为，研究宋代女性土地权利保护整体性法律理论及体系化司法解释方法，能够为完善当下女性土地权利保护法律机制提供历史参照。《近代史研究》编辑部胡永恒副编审的报告题为《有没有“正宗”的法律史研究？》。胡永恒副编审指出，对于法律史学研究者而言，无论专业背景是法学还是史学，最重要的是找到适合自己的研究方法，最大限度地发挥自己的专长，同时，也要针对自身知识结构和学术训练的短板，加强史学或法学的专业技能的提升，尽可能做到法史兼修。南京审计大学法学院李相森副教授的报告题为《陕甘宁边区法律解释制度初探（1937—1949）》。李相森副教授认为，陕甘宁边区法律制度表现出法律解释主体多元、由最高行政机关统一法律解释、具有较强的立法性和行政性等特性，对中华人民共和国成立以后法律解释制度构建产生了深远影响。本单元邀请了中国社会科学院法学研究所王帅一副研究员和黄海助理研究员担任评议人。王帅一副研究员认为，聂鑫老师与李相森老师的文章均思路清晰、文笔流畅。聂鑫老师的论文对考试院制度运作等方面的分析极为精彩，但对科举制度的继承与发展的论述篇幅相对略短，令人稍感意犹未尽。李相森老师的文章逻辑缜密，或许可以增添结语，对文章进行总结升华。黄海助理研究员认为，学界既往关于女性法律地位的研究，都是列举法律条文作为证明材料，柴荣老师的文章选择了从司法实践入手，是非常新颖的角度。文章还探讨了宋代商业发达与女性地位的关系，属于社会史的范畴，整篇文章可谓是宋代女性土地权利保护这一主题的法学和史学的精彩对话。胡永恒老师的文章对法律史学研究在不同阶段的发展范式进行了非常精当的评价，交叉学科的魅力正在于学科之间的对话。胡老师的文章给法律史学研究者带来了深刻启发。

论坛第四单元由中国社会科学院法学研究所高汉成研究员与《厦门大学学报（哲学社会科学版）》蔡永明编审共同主持。中国人民大学法学院尤陈俊教授的报告题为《中国法律史料中数据记载的双重特性及其学术利用》（本论文集未收录）。尤陈俊教授认为，法律史学的研究方法应当具有开放性。学界对其他学科研究方法的引入，对法律史学整体的向前推进产生了重要的影响。例如量化历史研究的方法，对于中国法律史的研究来说不能算是全新的方法，但是以往的量化研究所基于的样本数量很少，有限的个案分析无法探究到客观公允的结果。我们应当以足够数量的样本分析为基础，相信数据所传递的信息，得出准确精当的结论。故宫博物院研究室张剑虹研究馆员的报告题为《北魏礼法与女性形象的建构——基于故宫院藏北魏妇女墓志的考察》（本论文集收录题为《北魏礼法与女性形象的建构——基于故宫院藏北魏女性墓志的考察》）。张剑虹研究馆员认为，北魏的墓志与诗歌、小说、史籍中记载的女性形象存在差异性。墓志所呈现的女性形象符合当时社会的礼法精神，说明北魏对于女性的理想化期许符合儒家标准，也体现了拓跋鲜卑对汉文化的认可、接受、吸纳与学习。西南民族大学旅游与历史文化学院张艳林讲师的报告题为《〈法律答问〉中“道法合一”

思想探析》(本论文集收录题为《睡虎地秦简〈法律答问〉中的“人道”思想》)。张艳林老师指出,《法律答问》所传递出的恤刑等思想体现出了超越制度与技术层面的“大法”,即“彝伦”之精神,反映了中华传统文化中的“道法合一”思想。第四单元邀请了中国社会科学杂志社的王博编辑和中国社会科学院法学研究所的姚宇博士后担任评议人。王博编辑主要对尤陈俊教授的报告进行了补充。王博编辑认为,量化分析应当建立在定性背景之上,无论采取何种研究方法,对史实背景的掌握是最基础的工作。很多假说不能通过单纯的数据处理与量化研究得到验证,应当在分析时综合考虑多种因素,其结论方能扎实可靠。姚宇博士后主要评议了张剑虹研究馆员和张艳林讲师的文章。他认为,张剑虹研究馆员的文章落脚点在北魏的教化,无论是选题角度、材料运用还是论证思路都引人入胜。张艳林老师的文章通过考察睡虎地秦简中《法律答问》的文本,探讨其承载的法文化,出发点值得肯定,并且对法律答问的性质进行了细致梳理,但应当注重理论观点和具体制度之间的联系。

论坛第五单元由吉林大学法学院刘晓林教授与《法学杂志》刘宇琼副编审共同主持。参加本次论坛的所有专家学者都参与了本场圆桌讨论。大家纷纷表示,扎实的研究是学者的立身之本,但当代学者不能仅是埋首于书斋之中,还应当承担时代赋予的责任。党的二十大报告强调要传承中华优秀传统文化,这也给法律史学的研究提供了强大的动力。法律史学的研究应当进一步拓宽视野,以开放包容的态度接纳交叉学科的研究,不仅做到法学和史学的融会贯通,还需要吸收其他学科的研究方法,产出更多优秀的学术成果,并加以传播和推广,以回应社会的期望。

论坛的闭幕式由中国社会科学院法学研究所王帅一副研究员主持。

天津财经大学法学院侯欣一教授作总结发言。侯欣一教授首先对中国法律史学会、中国社会科学院法学研究所法制史研究室和故宫博物院研究室表达了诚挚的感谢，此次论坛的参会人员有来自高校和科研机构的法学和历史学学者，还有来自杂志社、出版社的同仁，论坛注重加强各学科对话，研讨的议题涵盖了法律史学和历史学界近几年关注的核心领域，既有旧题新做，亦有新题探索。侯欣一教授认为，参加论坛的既有炉火纯青的知名学者，又有厚积薄发的中青学者，绝大多数的参会论文都达到了极高的学术水平，让人看到了法律史学研究的潜力与前途。同时，我们应当深刻认识到故宫学和法律史学之间的联系，其所体现的宫廷制度正是中国古代政治制度的缩影。故宫承载的历史文化，值得我们每个人去挖掘和探索，并加以现代性的阐释。论坛的最后，王帅一副研究员诚挚邀请各位在明年的第三届"法治传统与创新发展"前沿论坛上再相聚。

本次论坛的与会学者提交了10余篇论文，30多位学者在主题报告、评议或圆桌讨论环节作了发言。后经专家审定和作者同意，有12篇论文收入本论文集。

中国社会科学院法学研究所

张生研究员

目 录

儒家的“自然观”对古代法律的影响

马小红*

摘　要　儒家对“天”（自然）具有多角度、多层次的阐述，并信仰天的正义性。基于对天的敬畏与信仰，儒家提倡帝王为政，效法上天，即“天垂象，圣人则之”。儒家的自然观不仅以天意阐释了王朝统治的合法性，而且以天的演化规律（天象）阐述了立法、司法所应遵循的原则。儒家的自然观赋予中国古代法律以惩恶、扬善的双重使命及兼容并蓄的特征。

关键词　儒家自然观　天　人性　法律

当代儒家代表人物梁漱溟说：“中国有了孔子以后，宗教便不会成功。”[①] 儒家对人生的论述比较多，而对人死后的归宿则鲜有所论，孔子有言“未知生，焉知死”[②]，又言“知之为知之，不知为不知，是知也”[③]。这种对生死的态度，决定了儒家“自然观”的特征，即对“天象”与“人性”的解释无不与现实政治相联系，无不与现实社会相关照。通过对天象的体悟，儒家坚信自然所显示的不可抗拒的威力、包容及正义正是人

---

*　马小红，中国人民大学法学院教授、博士生导师。

① 梁漱溟：《乡村建设理论》，上海人民出版社 2011 年版，第 39 页。

② 《论语·先进》。

③ 《论语·为政》。

类社会所应效法的对象；通过对人的本性的分析，儒家相信教化的力量远大于制度的约束。儒家的自然观，促成了中国古代社会对“善法”的追求，也促进了中华法系博大精深的包容力。

一、“天”的威严正义与“象天”立法

儒家的自然观，核心在对“天”的阐释上。冯友兰总结归纳中国古人的“天”有五种含义，即“天有五义”：与地相对应的“物质之天”；人格意义上的“主宰之天”；决定人生的“运命之天”；自然运行的“自然之天”；宇宙最高原理的“义理之天”。并言《论语》中孔子所言的“天”“皆主宰之天”，而《孟子》中的“天”，有时“似指主宰之天”“有时似指运命之天”“有时则指义理之天”。[①] 其实，儒家对“天”的论述，如同对“仁”“礼”等的阐述一样，在不同的语境中有不同的侧重点，并没有确切的定义，也并非一成不变。冯友兰所归纳的“天”之“五义”在先秦及汉以后的儒家经典中几乎皆有反映。重要的是，无论儒家的自然之天、义理之天，还是主宰之天都是威严的、不可抗拒的，而且是正义的。

《论语·八佾》记：“王孙贾问曰：‘与其媚于奥，宁媚于灶，何谓也？’子曰：‘不然。获罪于天，无所祷也。’”可见，在孔子的自然观中，“天”的地位是一般神灵，比如“奥”神与“灶”神等，所无法比拟的，触犯了天威，即使祈祷任何神灵的庇护都是无效的，天具有最高的权威。《论语·季氏》又记孔子言：“君子有三畏：畏天命，畏大人，畏圣人之言。”这里的“天命”与有德的“大人”及“圣人之道”联系在了一

① 参见冯友兰:《三松堂全集》第2卷，河南人民出版社1988年版，第43、126页。

起，显然是将天与人间的正义联系在了一起。经过孔子删修的儒家经典《尚书》及孔子所作的《春秋》，在总结商亡周兴的历史经验时，强调“皇天无亲，惟德是辅”，[①]说明至高无上的天是公正的、正义的，它青睐有德之人。在孟子对“王道”的论述中，先王得天下的逻辑则是有德者得“民心”，得民心者有天命。[②]民心与天意并行不悖，民心就是天命的基础，天命就是民心的体现。可以这样说，人世间的至高无上的王权、君权的合法性便来自上天。上天的威严与正义也是儒家“仁义”“德政”的理论基础。孔子言：“为政以德，譬如北辰，居其所而众星共之。”[③]孟子亦言：“是以惟仁者宜在高位，不仁而在高位，是播其恶于众也。”[④]正是鉴于“皇天无亲，惟德是辅”的自然观，孟子才对齐宣王说商汤“放桀”，周武王“伐纣”不是以下犯上，而是“诛一夫”。[⑤]因为夏桀、商纣已经失去了民心，因而也就失去了统治天下的资格。

汉代儒家思想定于一尊后，为社会大多数人所认可的主流法律思想汲取了阴阳家的理论，通过“天象”体察天意，以使王朝的统治能上合天意，下顺民心，因而对天的解释也就更加具体化。

合乎天意的关键一环就是天子（皇帝）之“德”必须合乎上天的要求。因为天子（皇帝）之“德”关乎上天的意愿，是王朝合法性的基础。以往学界的研究，过于关注儒学对君权的维护，甚至认为儒学将天子（皇帝）置于了法外，即皇权凌驾于法律之上。其实，从儒家的自然观来看，天意对皇权更是一种有效约束。《礼记》中的《月令》篇具体规定了皇帝在管理王朝运行，即“行政事”时所应遵守的自然规则，一年之中，

---

① 《左传·僖公五年》。
② 参见《孟子·离娄上》。
③ 《论语·为政》。
④ 《孟子·离娄上》。
⑤ 参见《孟子·梁惠王下》。

每月根据自然界的阴阳变化而祭祀不同的神祇，布置当行的政事。《春秋左传》也记“古之治民者，劝赏而畏刑，恤民不倦。赏以春夏，刑以秋冬”[①]，即王朝行赏之政应放在春夏之时实施，以应天意“阳气”的上升。刑罚之政应放在秋冬时实施，以应天意“阴气”的上升。这种“赏以春夏，刑以秋冬”的理论，形成了中国古代的司法时令理论和制度，有效地实践了儒家“慎刑”的思想。二十五史的《五行志》中更是详细记载了“天象”对君主为政得失的赏罚。当天显祥瑞的“休征”时，比如风调雨顺、河水清澈、出现瑞兽仙草，便可视为是上天对君主政顺天意民心的嘉奖。如果天显灾异的“咎征”时，比如旱涝之灾、地震日食、逆时寒暑等，便可以视为上天对皇帝的警告与惩罚，即“天谴”。遇有天谴时，皇帝常常要下“罪己诏”，广开言路，检点为政缺失，素服减膳，匡正所失。如果皇帝不顾及天象所示的天谴之意，则有失去统治合法性、引发动乱之虞。黑格尔在评介中国的皇帝统治时言：“假如皇帝的个性竟不是上述的那一流——就是，彻底地道德的、辛勤的、既不失掉他的威仪而又充满了精力的——那末，一切都将废弛，政府全部解体，变成麻木不仁的状态。”[②]

天意不仅是王朝合法性统治的基础，而且也是王朝立法时所必须仿效的对象。这就是“象天”而立法。《汉书·刑法志》《唐律疏议·名例律》都将礼与刑归结为圣人体察天意的产物。《汉书·刑法志》言：“故曰先王立礼，‘则天之明，因地之性’也。刑罚威狱，以类天之震曜杀戮也；温慈惠和，以效天之生殖长育也。《书》云‘天秩有礼’，‘天讨有罪’。故圣人因天秩而制五礼，因天讨而作五刑。”《唐

① 《左传·襄公二十六年》。

② 黑格尔：《历史哲学》，王造时译，商务印书馆1963年版，第171页。

律疏议·名例律》言:“《易》曰‘天垂象,圣人则之。’观雷电而制威刑,睹秋霜而有肃杀,惩其未犯而防其未然,平其徽纆而存乎博爱,盖圣王不获已而用之。”儒家对天的敬畏与效法,使王朝所设立的礼与刑具有了无可置疑的合理性与正义性,因为礼与刑虽是人间的法度,但其来源于圣人对天意的体察和对“天象”的效法。故《礼记》言:“礼者,天地之序也。”[①] 而刑则是维护礼的手段,《后汉书·陈宠传》记:“失礼则入刑。”

二、“天”的包容性与天理、国法、人情

儒家对“天”多种多样的理解,使中国古代避免了宗教的狂热,但儒家对天是充满敬畏的,其表现在对“天象”,即自然之象的“应变”上。《论语·乡党》记载,孔子遇有“迅雷烈风,必变”;朱熹认为“必变者,敬天之怒”。[②]

通过天象感悟天意,是儒家自然观的特征,这也是孔子为什么不言“怪、力、乱、神”[③] 的原因。孔子对子贡言:“天何言哉?四时行焉,百物生焉。天何言哉。”[④] 朱熹释曰:“四时行,百物生,莫非天理发见流行之实,不待言而可见。圣人一动一静,莫非妙道精义之发,亦天而已,岂待言而显哉?”[⑤] 孔子所言的“四时行焉,百物生焉”的“天”,实际上就是包罗万象的自然界,有序、宏大、包容是天所具有的特征。这种自然之天,在朱熹的解释中,也是“义理之天”,其“不待言而可见”。

---

① 《礼记·乐记》。
② [宋]朱熹:《四书章句集注》,中华书局 1983 年版,第 122 页。
③ 参见《论语·述而》。
④ 《论语·阳货》。
⑤ [宋]朱熹:《四书章句集注》,中华书局 1983 年版,第 180 页。

孔子又言，体悟到天之“大”者，唯有古时的圣君尧，“大哉尧之为君也！巍巍乎！唯天为大，唯尧则之”。[①] 李泽厚认为：“‘唯尧则之’一句重要，它实指，尧为中介，沟通天人，且以天为范本而行政。”“后世天人感应、官制象天、宇宙秩序与社会秩序（政治伦理秩序）的一致，等等，均此之发展发挥。”[②] 清代，亦儒亦道的郑板桥便对“唯天为大，唯尧则之”体现的天之包容性进行了透彻的解释。他说：“尝论尧舜不是一样，尧为最，舜次之。人咸惊讶。其实有至理焉。”“孔子从未尝以‘天’许人，亦未尝以‘大’许人，惟称尧不遗余力，意中口中，确实有一无二之象。”[③] 郑板桥认为，孔子之所以以“天”与“大”赞许尧，因为尧实行的是良莠并存的“天道”。天固然是春夏秋冬四时行之有序，但也常常有狂风淫雨、赤旱千里、风雨不调之时，只是这些逆时的灾害不能损害天的伟大。天生万物，有麒麟、凤凰、灵芝、仙草、五谷、花实等瑞兽灵草，但也有蛇、虎、蜂虿、蒺藜等猛兽毒草。尧深谙天道，故朝中善恶杂陈，既有贤臣，也有恶人，只是恶人损害不了尧的伟大贤德。次尧一等的舜，实行的则是人间的“君道”：举贤才，罚罪人，流放共工，放逐驩兜，诛杀三苗与鲧等。尧与舜的不同，郑板桥总结道：“夫彰善瘅恶者，人道也；善恶无所不容纳者，天道也。尧乎！尧乎！此其所以为天也乎！”[④]

“四时行焉，百物生焉”的天道（自然之道），是儒家，尤其是汉以后的儒家设法立制的榜样。因为汉以后的儒家，经过春秋战国至秦的曲折发展，较之于先秦的儒家在政治上更加现实与成熟。正如丰富多

---

① 《论语·泰伯》。

② 李泽厚：《论语今读》，安徽文艺出版社 1998 年版，第 210 页。

③ ［清］郑板桥：《郑板桥集》，上海古籍出版社编，上海古籍出版社 1979 年版，第 17 页。

④ 同上书，第 18 页。

彩、万物并生的自然一样，以儒家为本的主流法律思想也包容了先秦各家的法律主张，即“万物并育而不相害，道并行而不相悖”。[1]首先，主流法律思想是以儒家为本的。先秦儒家的仁政、德政、教化的思想是主流法律思想的基础。鉴于此，自汉以后的立法，无不以礼为圭臬，以儒家的德礼教化矫正法家重刑思想带给法律的暴戾之气。“凡礼之大体，体天地，法四时，则阴阳，顺人情，故谓之礼。”[2]礼成为法律宽严轻重的矫正器，自董仲舒的“《春秋》决狱”开始，法律体系中的儒家元素便不断增加。魏晋南北朝时期律学家不断地引经注律，曹魏时《新律》中的“八议”、晋时《泰始律》的“准五服以制罪”等完成了中国古代法律儒家化的历程，[3]而《唐律疏议》更是被后人评价为“一准乎礼，以为出入，得古今之平”。[4]其次，主流法律思想也融合了法家的一些合理的法律主张。其实早在战国后期，思想家荀子就提出了礼法并举的治国主张：“隆礼至法则国有常。”[5]《荀子·王制》对“隆礼至法”作了这样的解释：“以善至者待之以礼；以不善至者待之以刑。两者分别，则贤不肖不杂，是非不乱。贤不肖不杂则英杰至，是非不乱则国家治。若是，名声日闻，天下愿，令行禁止，王者之事毕矣。”在主流法律思想形成过程中，汉代的政治家、思想家虽然对法家“刻薄寡恩”的法律思想进行了尖锐的批判，但也认为法家所青睐的刑，亦为治国重器，不可废弃。董仲舒以自然界的阴阳变化证明“刑”的不可或缺：“天地之常，一阴一阳。阳

① 《礼记·中庸》。

② 《礼记·丧服四制》。

③ 关于中国古代“法律儒家化”的论述，参见瞿同祖：《中国法律之儒家化》，载《瞿同祖法学论著集》，中国政法大学出版社1998年版，第361—381页；陈寅恪：《隋唐制度渊源略论稿》，中华书局1963年版，第100页。

④ ［清］永瑢等：《四库全书总目》，中华书局1965年版，第712页。

⑤ 《荀子·君道》。

者，天之德也；阴者，天之刑也。”[①]《汉书·刑法志》总结历史的经验，亦言：“古人有言：‘天生五材，民并用之，废一不可，谁能去兵？’鞭扑不可弛于家，刑罚不可废于国，征伐不可偃于天下。”《唐律疏议》在叙述“律”的发展史时，并不讳言法家的贡献，如李悝造《法经》、商鞅“改法为律”；[②]《唐律疏议》亦不讳言“汉承秦制”并进而为各代所承袭的历史事实，比如在解释《户婚律》的来源时言：“《户婚律》者，汉相萧何承秦六篇律后，加《厩》《兴》《户》三篇，为《九章》之律。迄至后周，皆名《户律》。北齐以婚事附之，名为《婚户律》。隋开皇以户在婚前，改为《户婚律》。”[③]自汉至清，主流法律思想家无不以儒家自诩，但主流法律思想中，却包容了大量的非儒家尤其是法家的主张。主流法律思想，同样也包含了道家“大道至简”及阴阳家“春生夏长，秋收冬藏”的“天道之大经”。[④]敬畏自然、效法自然的儒家自然观，使主流法律思想纳百家之言，因而博大精深。

对自然（天）的敬畏与效法，使中国古代法律对“正义”有了多维度的观察和阐述，自秦以后，法条主义在中国古代从未占据过主导地位。“天理、国法、人情”多角度的考量，才符合中国古人的“正义”观。《论语·子路》记：“叶公语孔子曰：‘吾党有直躬者，其父攘羊，而子证之。’孔子曰：‘吾党之直者异于是。父为子隐，子为父隐，直在其中矣。’”朱熹注释曰：“父子相隐，天理人情之至也。故不求为直，而直在其中。”[⑤]此处的“直”，可以理解为公正、正直。在孔子、朱熹等儒家看来，当法律与天理、人情发生冲突时，正义当然应当倒向天理、人情而不是呆板

---

① 《春秋繁露·阴阳义》。
② 参见《唐律疏议·名例律》。
③ 《唐律疏议·户婚律》。
④ 参见《史记·太史公自序》。
⑤ ［宋］朱熹:《四书章句集注》，中华书局1983年版，第146页。

的法条。因为天理人情是自然赋予人类社会永恒的、正当的价值观，法律应当是维护天理、人情的制度而不是相反。子证父违法，违背了天理、人情，即使合乎法律也不能称之为"直"。天理、人情才是儒家的至上大法，即使与君权相矛盾，儒家也毫不犹豫地主张维护天理、人情。程树德在《九朝律考》中引《白氏六帖事类集》中董仲舒的"《春秋》决议"事例一则。言君主狩猎，得一幼麑，让大夫带回宫。在回宫的路上，大夫见幼麑的母亲追随哀嚎，心有不忍，放归了幼麑。君主很生气，要定大夫之罪。议定大夫罪名的过程中，君主得了重病。君主恐怕自己性命难保，诏大臣托孤。这时，君主想起了放归幼麑的大夫。君主想到："大夫实在是一位仁义之人！对一只麑子尚能施恩相救，何况对人！"于是释放了大夫，并委任大夫为太子的师傅。有人问董仲舒，君主这样做对吗？董仲舒答道："（礼有规定）君子不得猎捕幼兽。"当君主猎捕幼麑时，大夫未能及时以礼进谏阻止，这是"不义"的行为。而在带幼麑回宫的途中，大夫感念麑子母子之情，心生恻隐而放归幼麑，虽然是"废君命"，但判"徙"也就可以了。董仲舒的主张，显然兼顾了人情与国法，即因大夫的仁心而宽宥了其"废君命"的行为，亦对其不以礼劝谏君主"不麛不卵"（不猎杀幼兽，不取鸟卵）及废君命进行了惩处。

从天理、国法、人情多维度考量正义，促使中国人执着于追求"善法"。早在《尚书·吕刑》中，刑就被分为两种：顺应天意、保护下民、促使天下大治的刑为"祥刑"；悖逆上天、残虐下民、造成天下大乱的蚩尤之法为"虐刑"。《汉书·刑法志》引孔子之言以明辨善法与恶法的区别："古之知法者能省刑，本也；今之知法者不失有罪，末也。""今之听狱者，求所以杀之；古之听狱者，求所以生之。"明末清初启蒙思想家黄宗羲更是明确地将法分为"天下之法"与"一家之法"。"天下之法"是将天下之利归于天下之人的法，上合天理，下顺民意。"一家之法"是将天下之利归于帝王一家一姓的法。黄宗羲尖锐地指出，“天下之法”方可称之为“法”。“天下之法”的条文虽然疏阔，但由于维护了众人的利益，所以人人自愿遵守，所以又可称为“无法之法”。而“一家之法”因为剥夺了众人的利益以奉一人，所以天下的混乱生于法中，因此“一家之法”不可称之为“法”，其是“非法之法”。[①]

天理、国法、人情实为三位一体，“恶法非法”在中国人的观念中根深蒂固，当代法律史学家陈顾远总结道：“没有天理的国法乃恶政下的乱法，没有人情的国法乃霸道下的酷法，都不算是助长人类社会生活向上而有益于国家社会的法律。”[②]

三、“人性”与“德主刑辅”

“人性”在儒家看来是人的自然属性，每一个人的秉性，都是天之所赐。关于人性的善恶，先秦与汉以后的儒家观点略有不同。

孔子和孟子基本是“人性善”论者。孔子言：“性相近也，习相远也。”[③]顾炎武解释道：“‘性’之一字，始见于《商书》《汤诰》，曰‘惟皇上帝，降衷于下民，若有恒性’。‘恒’即‘相近’之义。‘相近’，近于善也；‘相远’，远于善也。故夫子曰：‘人之生也直，罔之生也幸而免。’见《论语·雍也》。[原注]‘人之生也直’，即孟子所谓‘性善’。”[④]孟子对人性更是充满了希望，在《告子》篇中，孟子集中对人性善作了阐

① 参见《明夷待访录·原法》。

② 陈顾远：《天理·国法·人情》，载范忠信、尤陈俊、翟文喆编校：《中国文化与中国法系——陈顾远法律史论集》，中国政法大学出版社2006年版，第277页。

③ 《论语·阳货》。

④ [清]顾炎武：《日知录集释》，[清]黄汝成集释，栾保群校点，中华书局2020年版，第374页。

述。他认为仁、义、礼、智是上天赋予人的固有本性，“求则得之，舍则失之”。[①] 因为人性本善，所以孟子坚信“人皆可以为尧舜”。[②] 对人性的信心，使先秦儒家重视教化。与刚性的法律约束相比，儒家更强调用仁义礼智的教化培养人们的“知耻”之心。这就是孔子说的：“道之以政，齐之以刑，民免而无耻；道之以德，齐之以礼，有耻且格。”[③] 用刚性的制度法律约束民众，所能达到的治理境界不过是“免而无耻”，即民众由于惧怕刑罚而不敢违法。用德礼教化民众所能达到的治理境界则是“有耻且格”，即因为有了羞耻之心而自觉地不触犯礼制。要达到“有耻且格”的境界，孟子强调对民众要“教以人伦：父子有亲，君臣有义，夫妇有别，长幼有序，朋友有信”[④]。《荀子·宥坐》记载孔子为鲁国司寇时，曾裁断过一桩“父子相讼”的案件。对争讼的父子，孔子拘而不审，三个月后，其父悔讼，请求撤诉止讼。于是，孔子释放了这对父子。季孙听说这件事后，很不高兴，埋怨孔子欺骗了他。因为季氏认为，孔子曾对他说过应该以孝治理国家。如今有父子相讼的案件，杀了与父相讼的儿子，不是正好可以惩罚不孝吗？但孔子却将他们父子一起释放了。[⑤] 孔子的学生冉子将季孙的不满告诉了孔子。孔子感叹道：“不教其民而听其狱，杀不辜也。”[⑥] 即统治者对民众不实行教化而粗暴裁断，等同于杀戮无辜之人。孔子之所以如此钟情于教化，是因为确信

---

① 《孟子·告子上》言：“恻隐之心，人皆有之；羞恶之心，人皆有之；恭敬之心，人皆有之；是非之心，人皆有之。恻隐之心，仁也；羞恶之心，义也；恭敬之心，礼也；是非之心，智也。仁义礼智，非由外铄我也，我固有之也，弗思耳矣。故曰：‘求则得之，舍则失之。’”

② 《孟子·告子下》。

③ 《论语·为政》。

④ 《孟子·滕文公上》。

⑤ 《荀子·宥坐》：季氏“不说，曰：‘是老也欺予。语予曰：为国家必以孝。今杀一人以戮不孝，又舍之。’”

⑥ 《荀子·宥坐》。

人之本性通过教化是可以保持善或恢复善的。对争讼的父子拘而不审的三个月中，孔子等待的是相讼的父子能人性发现，为自己的言行而感到羞耻。事实果然如孔子所期望的那样，其父撤诉“请止”。孔子裁断“父子相讼”的做法，在中国古代可称为经典案例，为后世所效法。以情断讼的类似案件在各朝各代不可胜数。比如，《魏书・列女传》记：清河太守崔景伯之母深明大义，教子有方。崔景伯是当时有名的孝子。其治下有一不孝子，吏欲治其罪。崔景伯将此事告知了自己的母亲。崔母让儿子将不孝子的母子接到家中同住。不孝子在崔府中看到太守对母亲无微不至地侍奉，面有愧色。请求撤诉，携母回家。崔母认为，此人“虽颜惭，未知心愧”，告诉儿子让不孝子母子继续住在家中。二十天后，不孝子心生惭愧，“叩头流血”，其母也“涕泣乞还”。回乡后，不孝子一变而成为闻名邻里亲族的孝子。类似的裁断故事在二十五史的《循吏传》《孝友传》中有很多。元代循吏张养浩在总结以裁断“弥讼”经验时言：裁断者“诚能开之以枉直，而晓之以利害，鲜有不愧服，两释而退者”。又言：“亲族相讼，宜徐不宜亟，亦宽不宜猛。徐则或悟其非，猛则益滋其恶。”[①] 说的便是以情裁断纠纷不仅能息讼止争，而且能阐发人之善性而遏制其恶性。

先秦儒家对人性的希望源自对上天的崇拜和信仰，充满了理想主义的色彩。汉以后的儒家，虽对大多数人的人性仍然充满了希望，但他们对人性的认识更为现实。董仲舒将“人性善”改造成了“性三品”，即源自上天的人之本性，有上、中、下三品。上品之性，也就是“圣人之性”，他们身负导民向善的使命，生而为善。中品之性，也就是“中民之性”，即大多数（万民）人所具有的秉性。中民之性中有天

① ［元］徐元瑞：《吏学指南（外三种）》，杨讷点校，浙江古籍出版社 1988 年版，第 283 页。

生的善因，须通过教化而发掘。董仲舒将中民之性比喻为“禾”，性中的善因比喻为“米”，即“善如米，性如禾”。禾经过加工可以成为米，但禾本身不可以称为“米”。董仲舒认为，具有中民之性的人，通过圣人的教化而可以为善，但性之本身，如果不经过教化，人不会自然而然地为善。[①] 大多数“中民”的存在，更加凸显了教化的不可或缺。下品之性，即“斗筲之性”，这种人天生性恶，统治者须效法上天的雷霆手段，以刑震慑之，使其收敛恶性，不敢为恶。唐代韩愈言：“下之性，畏威而寡罪。”[②] 因为具有中品之性的人是绝大多数，所以汉以后的儒家主张君主为政应以德礼教化为主，发掘出中品之人的善性。这一点无疑是对先秦儒家法律思想的继承。又因为有斗筲之民的存在，汉以后的儒家也主张“刑罚不可废于国”。这一点是汉以后的儒家比先秦儒家更为现实之处。

德教与刑罚之间的关系如何？汉以后儒家还是以“天象”为效法的榜样，给出了答案：“德之厚于刑也，如阳之多于阴也。”[③] 自然界中的阳为主，所以教化较之于刑罚而言应该占据主导地位。《汉书·刑法志》对德刑关系的总结为“文德者，帝王之利器；威武者，文德之辅助也”，即今人所归纳的儒家的“德主刑辅”思想。[④]《唐律疏议》则以“德本刑用”概括了德礼与刑罚的关系：“德礼为政教之本，刑罚为政教之用，犹昏晓阳秋相须而成者也。”[⑤]

汉儒对先秦儒家人性论的改变与主流法律思想的包容性有关。《春

---

① 参见《春秋繁露·实性》。
② ［唐］韩愈：《韩愈集》，王绍生、杨波注译，中州古籍出版社 2010 年版，第 195 页。
③ 《春秋繁露·阴阳义》。
④ 参见杨鸿烈：《中国法律思想史》，中国政法大学出版社 2004 年版，第 110—146 页。
⑤ 《唐律疏议·名例律》。

秋繁露》中言:“人受命于天,有善善恶恶之性”。[①] 如前文引郑板桥所言:“天既生有麒麟、凤凰、灵芝、仙草、五谷、花实矣,而蛇、虎、蜂虿、蒺藜、稂莠、萧艾之属,即与之俱生而并茂。”[②] 在主流思想家看来,如大自然的丰富多彩一样,人类社会也并非简单划一,“圣人之性”“中民之性”“斗筲之性”的人并存世间也是自然与人世间的应有之义。

对自然与人性的认识,使中国古代摒弃了将法律单纯作为惩罚工具的思维。中国古代的法律不仅礼法并用,而且格外注重以教化彰显法律的导向作用,将发掘、弘扬人之善性的教化作为法律体系中的主体。因此,对中国古代法律体系仅仅以“礼法并举”或“礼法合一”来描述是不够的,完整全面的表达应该是“礼法合一,以礼(教)为主”。

正是基于“以礼为主”,中国古代法律中以弘扬善性为目的的“旌表”制度才格外发达。旌表,是汉以后对儒家提倡的忠孝节义及有卓行者按制进行不同力度与层次的表彰制度,比如由朝廷或地方官府为其树立牌坊、赐给匾额等。被表彰的人也常常获得朝廷及官府发给的物质奖励,如修筑房屋,竖立乌头旗杆,扩大或整洁孝子、烈女所在的村落,豁免其一家的赋税徭役等。据二十五史《孝友传》《孝义传》《孝感传》《忠义传》《卓行传》《列女传》等记载,被表彰者,有达官贵人,也有布衣百姓,有些甚至是已佚失了姓名的女性[③],其充分显示了中国古人在道德面前的平等。比如唐高宗时的贾孝女,十五岁时父亲被族人所杀,贾孝女一直未嫁,抚育年幼的弟弟彊仁。弟弟彊仁长大成人后,贾孝女教弟复仇,杀死了仇人。弟弟彊仁到官府自首,被判

① 《春秋繁露·基义》。

② [清]郑板桥:《郑板桥集》,上海古籍出版社编,上海古籍出版社1979年版,第17—18页。

③ 如《明史·列女传》记:明朝不下十余万人,“然而姓名湮灭者,尚不可胜记。存起什一,亦足以示劝云”。

为死刑。贾孝女则“诣阙请代弟死，高宗闵叹，诏并免之，内徙洛阳”①。《宋史·孝义传》记，有孝义之家，数世同堂，朝廷免除一家的赋税，即“数世同居，辄复其家”。《明史·孝义传》开篇言：“孝弟之行，虽曰天性，岂不赖有教化哉！”《清史稿·列女传》记“清制，礼部掌旌格孝妇、孝女、烈妇、烈女、守节、殉节、未婚守节，岁会而上，都数千人”，将旌表制度纳入法律体系中，使法律具有了导人向善的作用，法律兼有了“惩恶”与“扬善”的双重使命。旌表制度，使儒家的德礼教化得以普及，忠孝节义形成风尚，变人们被动守法为主动循礼。《明史·列女传》言：“明兴，著为规条，巡方督学岁上其事。大者赐祠祀，次亦树坊表，乌头绰楔，照耀井闾，乃至僻壤下户之女，亦能以贞白自砥。其著于实录及郡邑志者，不下万余人。”

在近代西法东渐的过程中，以西方法律为标准，中国法学界深为中国古代道德与法律两者未有明确分野、混而为一而倍感惭愧，但法国启蒙思想家伏尔泰却认为这种激励与惩罚兼具的法律制度较之于西方的法律更为全面，他指出：“在别的国家，法律用以治罪，而在中国，其作用更大，用以褒奖善行。”② 伏尔泰通过事例对中西法律的比较和评价，或许应该引起我们对近代以来有关法律的反思进行再反思。

四、结语

综上所述，儒家的自然观实际上是以人为中心的，无论是对天象的体悟，还是对人性的分析，都使中国古代的法律在发展中免于宗教的笼

① 《新唐书·列女传》。
② 伏尔泰：《风俗论》（上册），梁守锵译，商务印书馆1995年版，第217页。

罩而呈现出以人为本的开明。对“天”多层次、多角度的理解，对自然的敬畏与信任，不仅为政权的合法性提供了依据，而且也为每一个人的内心自律及言行约束提供了指南。儒家的自然观赋予法律以惩恶扬善的双重使命和兼容并蓄的特征。儒家的自然观之所以对法律能有如此深刻的影响，如钱穆所言：“有人说：中国人最现实，也是不错。中国人没有像其它宗教般把人世界也看轻了。中国人懂得看重‘人世’，只是不提倡人欲，而好讲天理。”[①]

① 钱穆：《中国文化精神》，兰台出版社 2001 年版，第 169 页。

如何面对考古文物资料？

——关于夏、商、西周法律思想研究的反思

李　力*

一、问题的提出

早在20多年前，葛兆光就明确提出："思想史无疑是一个边界不定的研究领域"，需要社会史、政治史、经济史等等"为它营构一个叙述的背景"，"也需要研究者在种种有文字的和无文字的实物、文献、遗迹中，细心地体验思想所在的历史语境"，因此"可以容纳更多的资料"。葛兆光进而提出："现在的问题是，思想史家们应当如何充分地应用这些考古文物，并且把它恰如其分地安置在思想史的写作中呢？"①

葛氏此说颇具卓识。如果中国法律史研究者关注到此说，并对此持赞同态度的话，那么在研究先秦法律思想史的时候，就要考虑如何将之付诸实践。

迄今为止，仅有个别法律史学者关注到"清华简"（清华大学藏战

---

* 李力，中南财经政法大学法学院教授、博士生导师。

① 葛兆光：《思想史视野中的考古与文物》，《文物》2000年第1期。

国竹简），并据此展开有关法律思想的研究。[①] 清华简目前仍在整理之中，而且因"战国文字太难了"[②]，故相关的基础性工作有待古文字学者和历史学者继续推进，法律史学者的研究工作或可暂且推后。

那么，对于夏、商、西周法律思想的研究来说，应该怎样面对具有更为重要学术意义的考古文物资料呢？[③] 较为遗憾的是，一般说来，法律史研究者比较注重传世文献中的法律史料及其运用，而相对忽视考古文物与古文字资料这一比较生疏的史料领域。

笔者近年在研读出土文献法律史料和相关研究论著的过程之中，因受到葛氏这一卓见的启发，故常常思考怎样使用一些考古文物资料来重新审视以往先秦法律思想史的基本问题或者相关的通说。[④] 此前，笔者也曾结合自己的体会发表了一些不成熟的想法。[⑤]

---

① 参见张伯元：《清华简（陆）〈子产〉篇"法律"一词考》，载王捷主编：《出土文献与法律史研究》第6辑，法律出版社2017年版；王捷：《清华简〈子产〉篇与"刑书"新析》，《上海师范大学学报（哲学社会科学版）》2017年第4期；李力：《从法制史角度解读清华简（六）〈子产〉篇》，载陈伟主编：《简帛》第17辑，上海古籍出版社2018年版；王沛：《子产铸刑书新考：以清华简〈子产〉为中心的研究》，《政法论坛》2018年第2期；马腾：《论清华简〈治邦之道〉的墨家思想》，《厦门大学学报（哲学社会科学版）》2019年第5期；马腾、曾志才：《清华简〈治邦之道〉〈治政之道〉新见贤能政治理念》，载里赞主编：《法律史评论》2022年第1卷，社会科学文献出版社2022年版；马腾：《管仲法思想与实践诠述——传世文献及清华简〈管仲〉合观》，《山东社会科学》2022年第6期；马腾：《子产礼义与变法新诠——〈左传〉与清华简〈子产〉互证》，《四川大学学报（哲学社会科学版）》2021年第2期。

② 李零：《简帛古书与学术源流（修订本）》，生活·读书·新知三联书店2008年版，第175页。

③ 本文所谓"考古文物资料"，即前页注所揭葛氏论文所说的"种种有文字的和无文字的实物、文献、遗迹"，或者"考古文物"，亦即裘锡圭所说的"考古资料泛指古代遗留下来的甲骨、金文、简牍等类文字资料以及各种器物和遗迹"。参见裘锡圭：《阅读古籍要重视考古资料》，载《中国出土古文献十讲》，复旦大学出版社2004年版，第157页。

④ 由于先秦法律思想史的史料范围，较之先秦法制史的史料范围更为广大。因此，本文不再单独讨论有关先秦法制史的史料问题。同时，虽是讨论法律思想史的问题，但也会涉及法制史的问题。

⑤ 侯欣一主编：《新编中国法律思想史》（第六版），高等教育出版社2022年版，第11—13页。

本文将围绕在研究夏、商、西周法律思想时如何处理考古文物资料这一焦点，考察以往法律史学者进行的相关探索及其学术价值，进而讨论上述时期各个阶段法律史料的现状及其鉴别，以期对其法律史料作一个阶段性的学术史梳理与总结，为今后展开进一步的研究奠定坚实的史料基础。

二、以往法律史学者的相关探索及其学术贡献

1. 两个关键节点的阶段性总结与反思

1906 年，梁启超首发著名的《中国法理学发达史论》一文（以“饮冰”之名，在《新民丛报》杂志上连载两次。参见“图 1”“图 2”）。[①]

如果将梁氏此文作为中国法律思想史研究的开端，那么迄今为止中国法律思想史的研究也有一百多年的学术发展史。

在中国法律思想史研究的百年学术史进程之中，至少在两个关键节

① 可参见饮冰：《中国法理学发达史论（未完）》，《新民丛报》第 4 年第 5 号（原第 77 号），光绪三十二年（1906 年）三月一日；饮冰：《中国法理学发达史论（续第 77 号）》第 4 年第 6 号（原第 78 号），光绪三十二年（1906 年）三月十五日；梁启超：《饮冰室合集》第 2 册，中华书局 1989 年版。关于《中国法理学发达史论》的发表时间，法律史学界今有 1904 年、1905 年、1906 年三说。该文初刊于 1906 年《新民丛报》（出版地：日本横滨山下町 160 号），故 1906 年之说为是。另可参见曾宪义、范忠信编著：《中国法律思想史研究通览》，天津教育出版社 1989 年版，第 31—32 页；范忠信：《认识法学家梁启超》，《政治与法律》1998 年第 6 期；政治法律卷编委会编：《中国学术名著提要・政治法律卷》，复旦大学出版社 1996 年版，第 529 页；王志强：《二十世纪的中国法律思想史学——以研究对象和方法为线索》，《中外法学》1999 年第 5 期；范忠信、何鹏：《杨鸿烈及其对法律思想史学科的贡献》，载夏晓虹、吴令华编：《清华同学与学术薪传》，生活・读书・新知三联书店 2009 年版，第 77 页。又，在《新民丛报》第 4 年第 5 号第 13 页所载该文“目次”可见：“附录成文法编制之沿革”，但后来却将该附录以“饮冰”为名，以《论中国成文法编制之沿革得失》为题，三次连载于《新民丛报》第 4 年第 8、9、10 号（原第 80、81、82 号，光绪三十二年四月十五日、五月一日、五月十五日）。

点，有学者对史料问题进行过系统性阐述或者阶段性反思。一是1936年上海商务印书馆初版的杨鸿烈《中国法律思想史》。二是1989年曾宪义、范忠信编著的《中国法律思想史研究通览》、1990年张晋藩主编的《中国法制史研究综述（1949—1989）》之中的相关章节。

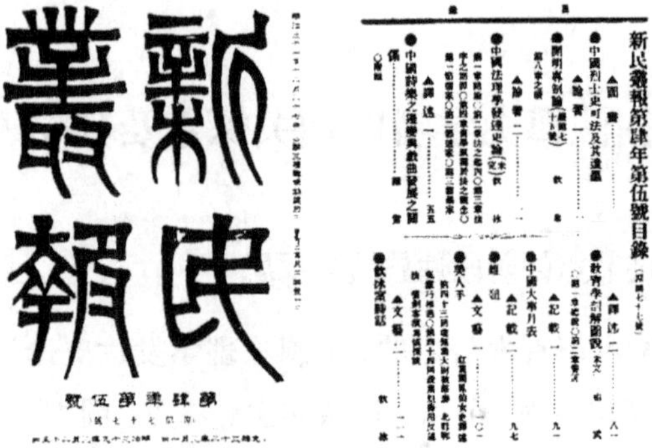

图1　《新民丛报》第四年第五号“封面”与“目录”

（源自梁启超主编：《新民丛报》第12册，中华书局2008年版，第10423、10425页。）

图2　《新民丛报》第四年第六号“封面”与“目录”

（源自梁启超主编：《新民丛报》第12册，中华书局2008年版，第10563、10565页。）

之所以称之为“两个关键节点”，是因为：1936 年杨鸿烈的《中国法律思想史》是中国法律思想史的第一部通史性著作，在中国法律史的发展中具有重要的学术地位；而 1989—1990 年那两部学术史综述性著作，则是阶段性总结 20 世纪下半叶中国法制史或者 20 世纪中国法律思想史的代表作。

从这两个节点，基本上可以窥见或者俯瞰几乎整个 20 世纪中国法律史的发展进程及其动态。

2. 1930 年代杨鸿烈的系统性阐述及尝试性探索

在 1936 年初版的《中国法律思想史》一书中，杨鸿烈明确表示其所见到的法律史料主要有两种，即：古文字资料之所见和传世文献之记载。

具体而言，第一章“导言”谈到“史料及其鉴别”：“关于《中国法律思想史》的史料在一般人的意想中一定很是缺乏，其实不然，数量实在太多”，就“本书所根据的重要史料”，在略举“甲、经部”“乙、史部”“丙、子部”“丁、集部”“戊、报章杂志”之后，专列有“己、古代遗物”：“如殷墟甲骨，两周彝器，汉、晋木简等虽说关于法律思想的史料不多，但亦不能不加以参考”。这些“不能不说是很丰富了，但不幸如张之洞《輶轩语》所说：‘一分真伪，而古书去其半’”。又，第二章“殷周萌芽时代”，则以《说文》“灋”字解释和孙诒让《名原》上之“象形原始”第三引《盂鼎》等铭文所见“灋”“廌”字为据，主张“神判法的思想初见于金文”。[①]

尤其值得注意的是，此前，在 1930 年上海商务印书馆初版的《中国法律发达史》中，杨氏将中国各朝代“法律史的史料”分为“原料”“副料”两类。其中，关于先秦部分概述如下（下划线为笔者所加）：

---

① 杨鸿烈：《中国法律思想史》上册，上海书店 1984 年版，第 17—19、27—28 页。

我这书以中国法律起源于殷代，可惜殷代真实史料太过于缺乏（详第二章），所以只根据现已出土的一些甲骨文和王国维先生考证殷周制度及章太炎论“法吏”“刑名”的文字参酌一般文化学原理加以解说。

周代法律史的原料为《书经》里的几篇《吕刑》《康诰》《酒诰》《粜誓》和记载民事诉讼程[①]序一篇的《曶鼎》金文；至《汲冢周书》等只足为“副料”。

春秋时法律史的原料当然要推《左传》，这书有比较丰富关于当时法典、法院、刑法、民法的可靠史料，此外如《越国语》有越王勾践所颁布法典的条文，《齐国语》也有齐国地方法院编制和诉讼程序的记载，都是难得而可贵的史料。又如《诗经·齐风·南山》《邶风·谷风》等篇有当日婚姻成立和解除的条件；至于《大雅·瞻卬》《小雅·雨无正》《秦风·黄鸟》等篇便全是当时司法腐败情形的写真。

从战国到秦法律史的原料即为司马迁的《史记》；副料为却多不可胜说，如《晋书·刑法志》《唐律疏义》《唐六典》都有关于魏李悝《法经》六篇便是赝品，毫不可信（详第五章）。[②]

比较两者，可见其中所论古文字资料之所见和传世文献之记载的具体所指，亦可判定杨鸿烈本人不能直接阅读并处理甲骨文与金文资料，只是引用相关研究者的成果，或者在他人研究的基础上，以其所具备的法学知识对这些传世文献史料或甲骨文金文资料作法律方面的解说。

---

① 从上下文看，原文这里脱落了一个“程”字，径补。

② 杨鸿烈：《中国法律发达史》上册，上海书店 1990 年版，第 14 页。此处引用时，按照现代标点符号略作调整。

1930年代，殷墟的科学考古发掘工作才刚刚开始不久，历史学界对于商代甲骨文、西周金文的解读和研究水平尚处于起步的阶段。可以说，杨鸿烈有关史料的这种认识与评判，虽然受限于当时考古学、历史学界整体的学术发展进程，但是代表了当时研究中国法制史的学者处理史料的最高水平。

那么，为什么杨鸿烈会在中国法律史的研究之中如此重视史料问题呢？这是下面想要讨论的第一个问题。

这与其在北京求学的那段特殊经历有着密切的关系。根据杨鸿烈本人的回忆以及叶树勋所编的“杨鸿烈生平年表”（1903—1977），可知杨氏在北京求学的大致经历如下。

1919年，杨鸿烈考入北京高等师范学校（今北京师范大学的前身）史地系（后转入英语部），旋即成为梁氏的私淑弟子。1925年6月从北京师范大学（旧制）英语部毕业，7月参加清华国学研究院第一届招生考试而被录取，排名第六，其科目为“中国文化史”。但可能是因经济原因推迟到1926年9月入学，[①] 并与导师梁启超商定专题研究题目为《中国法律发达史》。1927年6月，才作为国学研究院的第二届学生毕业。[②] 正如叶树勋所说的，这一段清华“国学院的求学经历，尤其是梁任

① 叶树勋推测：“按当时《研究院章程》规定：‘学员免交学费、及宿费，但每学期入学时应交膳费约三十五元，预存赔偿费五元，此外零用各项，均归自备。’载《清华周刊》，第360期，1925年10月25日。杨鸿烈可能是因为当时拿不出需交的钱款而申请休学一年。”（叶树勋选编:《杨鸿烈文存》，江苏人民出版社2016年版，“导言”第3页注释⑥。）这只是推测，今无法证实。不知是否还有其他的原因。

② 详见杨鸿烈:《回忆梁启超先生》，载中国人民政治协商会议广东省委员会文史资料研究委员会编:《广东文史资料》第八辑（内部发行），广东人民出版社1963年版，第35页；叶树勋选编:《杨鸿烈文存》，江苏人民出版社2016年版，第396、403、404页；吴其昌编:《清华学校研究院同学录》，载夏晓虹、吴令华编:《清华同学与学术薪传》，生活·读书·新知三联书店2009年版，第514、544、556页。

公先生的教导，对他以后的学术生涯产生了比较大的影响，不仅使他的研究方向发生了改变，而且让他在文化理念上也有一定程度的转变”。[①]其最终的结果就是，杨鸿烈的毕业论文《中国法律发达史》，在当时产生了相当大的学术影响。[②]

因此，可以说，读了一年史地系的杨鸿烈，“在历史地理学方面有了初步的学习和涉猎”，其“第一部专著《史地新论》（1924年北京晨报社初版）即写成于这一时期，是他日后两部史学代表著作（《史学通论》《历史研究法》）的雏形”。毋庸置疑，作为梁启超晚年（1919—1928年，即梁氏47—56岁）的门生，在清华国学研究院必修过梁启超等各位导师在1926—1927学年开设的普通演讲课程（例如“历史研究法”等），“这些课程广泛包括了国学研究的多个领域，并且涉及了国外汉学，杨鸿烈在当时的教学环境里，不仅能够进一步夯实文史功底，并且在学术视野上也可以继续拓展，使他不仅可以学习到多种学科的理论和方法，与此同时也能接触到西方人对中国传统文化的研究成果”。[③]

但是，我们也注意到一点，即：当今关注并研究杨鸿烈的法律史学者，几乎很少提到他1939年在长沙商务印书馆出版的《历史研究法》一书（参见图3）。而历史学者已经把该书放在20世纪史学方法论的学术史之中进行评判。

---

① 叶树勋选编：《杨鸿烈文存》，江苏人民出版社2016年版，“导言”第6页。

② 与其同届录取的同学周传儒后来回忆说：“我后来到沈阳东北大学、北师大教过书，二年后考上公费留学，先在英国剑桥大学读了二年，后转到德国柏林大学，学的是历史。当时李济之当中美董事会留学考试委员，录取后我去见他，他说自己误以为我的卷子是杨鸿烈的。他说看我的文章腔调像清华研究院出来的，尤其像杨鸿烈的笔调。杨鸿烈原毕业于北师大英语系，后到清华研究院学习，是第一期的学生，毕业论文写了一箱，写中国法制史，梁任公开玩笑说他是汉代的东方朔，据说东方朔上竹简三千块。”周传儒：《回忆梁启超先生》，载夏晓虹、吴令华编：《清华同学与学术薪传》，生活·读书·新知三联书店2009年版，第419页。

③ 叶树勋选编：《杨鸿烈文存》，江苏人民出版社2016年版，“导言”第4页。

例如，李振宏在谈“新史学派的史学方法论研究，形成了系统的理论化的方法体系”这一特点时，对杨氏该书评析如下：

> 杨鸿烈的史学方法论研究，也是该时期比较有代表性的一个。杨鸿烈基本上是接受了傅斯年“史料即史学”的史学观，所以，他的《历史研究法》基本上就是史料研究法，但是他却比较完整地论述了史料研究的各个方面，杨鸿烈的《历史研究法》一书分为十章，各章的标题是：历史研究法的意义；历史研究法的重要；初步工作——研究题目的选择；史料的认识；史料的种类（上、下）；史料的搜集；史料的伪误；史料的审订；史料的整理和批判。[①]

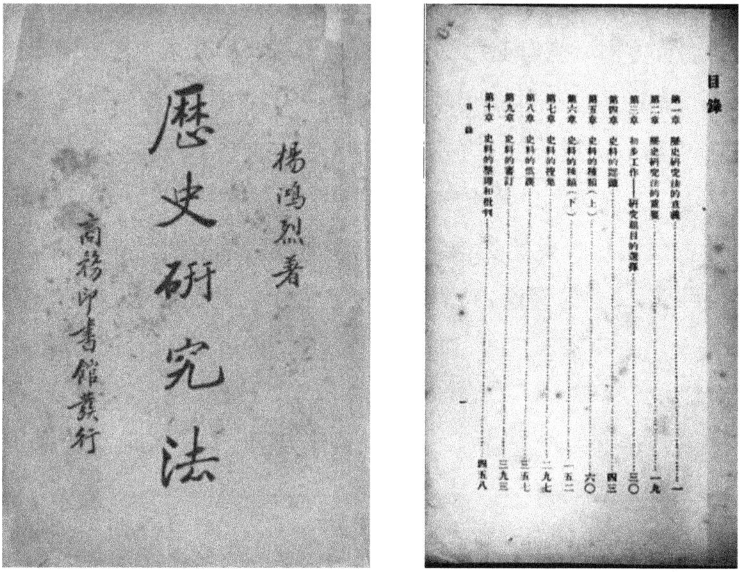

图3 《历史研究法》封面、目录书影

---

① 李振宏：《20世纪中国的史学方法论研究》，《史学月刊》2002年第11期。

无论如何，杨氏该书“的持论可能受了史料学派的影响，以至于将‘历史’与‘史料’直接等同”。因此“他对史料问题的系统论述，在当时也不多见”，其“著述颇有独到之见，自成一家之言，在民国史坛中可居一席之地”。① 由此或可窥见杨鸿烈在史料学方面所具备的学术研究功底之一斑。②

接着，笔者想讨论的第二个问题是：为什么杨鸿烈会在清华国学研究院选择“中国法律发达史”这一专题进行研究呢？这是以往法律史学者很少提到的，也是现在必须面对而无法绕开的问题。

叶树勋的看法是，“这一选题并非偶然，而是结合了梁、杨师生之间在学术上的多方面机缘。这一选题也对杨鸿烈日后的学术生涯产生了深远的影响，使他的治学方向发生了很大的改变”。自此以后，“他的主攻方向一直都是中国法律史”。具体而言，在“考入清华国学研究院之前，虽然已在多个领域取得了一定的成果，但他还没有专门研讨过中国法律史，他对这一领域的关注主要源于他在清华国学院的求学经历”。而导师“梁任公很早就开始关注中国法律史的问题”，发表过《中国法理学发达史论》《论中国成文法编制之沿革得失》，“开始运用现代法学的理论，从思想和制度两个不同的层面，分别梳理中国历史上的法律资源”。③ 在叶氏看来，这可能就是杨鸿烈如此选题的直接原因。

叶氏此说并非没有道理。就连“法律发达史”这个词，恐怕也是杨

① 叶树勋选编：《杨鸿烈文存》，江苏人民出版社 2016 年版，“导言”第 26、27 页。

② 例如，杨鸿烈在评价《综合法制史》一书中德国之柯勒尔（Josef Kohler）所执笔的“中国”（第 138—145 页）部分时，在（注七）批评说：“柯勒尔氏本节所述中国法制自尧、舜、禹时起，不能鉴别史料之真伪，是一失也。”杨鸿烈：《中国法律在东亚诸国之影响》，商务印书馆 1937 年版，第 13、31 页。

③ 叶树勋选编：《杨鸿烈文存》，江苏人民出版社 2016 年版，“导言”第 3、27、28 页。

氏受到梁启超《中国法理学发达史论》一文题目的启发，而直接将“发达”这个词沿袭下来了。[①]

不过，因为现在找不到直接证据，所以总是让人感觉到现有的证据链并不能连接起来，使相关的疑惑得到合理而通畅的解释。当然，也不知道那个关键性的证据究竟在哪里。总之，还是让人感到有点茫茫然不知所措。

幸运的是，笔者偶然在两篇硕士学位论文（2016年的韩林博《杨鸿烈的学术之路》[②]与2021年的张家田《杨鸿烈与中国近代法制史研究》[③]）之中，看到其中各有一段文字，或许与我们关注的证据有关。特将其摘引出来，并列表对比如下（详见表1，下划线为笔者所加）。

以拙目所及，前揭文字下划线部分的这个细节（即，1918年，十五岁的杨鸿烈中学毕业，考入云南省省立法政专门学校政治经济科学习），此前未曾见有人引用过，也不见于法律史学者有关杨鸿烈的相关论著之中（其典型者，例如《中国大百科全书》“法学卷”之“杨鸿烈”条[④]）。

---

① 杨鸿烈似乎比较习惯使用“法律发达”之称。例如，1927年11月12日，在南开大学任职期间在预科学会演讲时，指出“国学”的内容包括：“（戌）法律的发达：外人批评吾们的法律，十二分野蛮，动不动就到上权仙枪毙，所以竭力拥护他们的领事裁判权。孰不知中国法律，很有条理，具文法典，累案积牍，材料极丰富。法律中国是最发达的，不过进步极慢。”又，中国文化的“历史的价值”：“国学从上古，到中古，迄近世，自成系统。法律、哲学都有系统。中国土地，占世界四分之一，人口三分之一，历史四千年，要是没有高尚的文化，如何能维持到现在？谁能讲这话？英国、美国人多夸赞中国从前的科学，现在国人也渐多想到这种价值，所以不怕时代的埋没了。”杨鸿烈：《国学在世界文化的位置》（初刊于《南开大学周报》1927年第44、45期），载叶树勋选编：《杨鸿烈文存》，江苏人民出版社2016年版，第391、392页。

② 韩林博：《杨鸿烈的学术之路》，华东师范大学历史学硕士学位论文，2016年，第4页。

③ 张家田：《杨鸿烈与中国近代法制史研究——一个新史学的视野》，山东大学中国史硕士学位论文，2021年，第12—13页。

④ 中国大百科全书总编辑委员会《法学》编辑委员会：《中国大百科全书·法学》，中国大百科全书出版社1984年版，第689页。

此外，在叶树勋选编《杨鸿烈文存》时所写的“导言”和“杨鸿烈生平年表”之中，亦均未见提及这个细节（或许其所见到的杨氏1958年广东文史馆“干部登记表”中，也没有这个细节）。①

表1 《杨鸿烈的学术之路》与《杨鸿烈与中国近代法制史研究》的比对

韩林博 《杨鸿烈的学术之路》	张家田 《杨鸿烈与中国近代法制史研究》
1918年，十五岁的杨鸿烈中学毕业，考入云南省省立法政专门学校（以下简称“云南法政学校”）政治经济科。云南法政学校当时的课程设置，除商业专科外，别的科均以“六法”为学习的重心，即宪法、民法、刑法、商法、民事诉讼法、刑事诉讼法等。宪法一课，虽有《临时约法》，且唐继尧标榜联省自治，要制定省宪法，但与学生并无任何关系，未受重视，其他五法，则大都由北洋政府从日本抄袭而来。老师所讲授的和学生所学习的除法律条文外，还学习案例，一些公文程式、司法文书等。杨鸿烈在其中学习一年，时间虽短，但他通过对“五法”的学习，已经接触到了西方的法律体系和法律思想，虽未熟悉，但稍有些了基础，这在一定程度上影响了他今后学术研究的方向，并对他的研究具有一定的帮助。	杨鸿烈长大后前往云南省城昆明读中学。1918年，十五岁的杨鸿烈入当地云南省立法政专门学校政治经济科专业学习。当时的云南法政学校主要的课程以“六法”为主，即民法、宪法、商法、刑法、民事诉讼法、刑事诉讼法等。虽然大多数的课程内容都是由北洋政府从日本的二次抄袭的产物，不过这一年间杨鸿烈对于法律的学习在杨鸿烈的学术生涯中产生了重要的意义，一方面法律专业知识的基础对杨鸿烈走上研究法律史的道路有重要推动作用；另外一方面，虽然他所接受的知识只是简单的对日本课程的复制，但总的来说，日本所授的课程的核心也还是来自西方的法律体系和法学思想，简单一年的学习虽未达到熟知的地步，但其今后从事学术研究的过程中也自觉运用西方理论解释中国传统。

① 参见叶树勋选编：《杨鸿烈文存》，江苏人民出版社2016年版，“导言”第1页，第403页。

但比较遗憾的是，这两篇硕士学位论文的作者，均未说明其文中提到的这个细节（表1下划线部分的文字）出处是哪里。而关于云南法政学校当时课程设置的情况，二者却各自有一个几乎相同的注释：

> 参见于乃仁、于乃义：《回忆云南法政学校》，《中华文史资料文库·政治军事篇》第8卷，中国文史出版社，1996年，第790页。（韩林博文，第4页注释①）
>
> 参见于乃仁、于乃义：《回忆云南法政学校》，《中华文史资料文库》第8卷，北京：中国文史出版社，1996年版，第790页。（张家田文，第12页注释②）

经核查，可知于乃仁、于乃义这篇文章初刊于《云南文史资料选辑》第35辑，但其中只有云南法政学校相关课程的设置情况，并无前揭下划线部分的内容。[①]

同时，我们也注意到：2016年韩林博论文的参考文献“杨鸿烈著书与文章”一目，列有一篇杨鸿烈的文章（第48页）：“41. 杨鸿烈：《中国法律史的写作》，《人间味》，1943年，第1卷，第1期，第4页。”

又查，2021年张家田论文的“参考文献”中有韩林博的硕士学位论文（第46页），并且也列出杨鸿烈《中国法律史的写作》一文（第47页）。进而，按照这两篇硕士论文提供的线索，在互联网上检索“大成故纸堆数据库”，正好检得杨鸿烈此文，即《中国法律史的写作》（全文仅一页，共有三段。参见图4）。

---

① 于乃仁、于乃义：《回忆云南法政学校》，载中国人民政治协商会议云南省委员会文史资料委员会编：《云南文史资料选辑》第35辑，云南人民出版社1989年版，第31页。

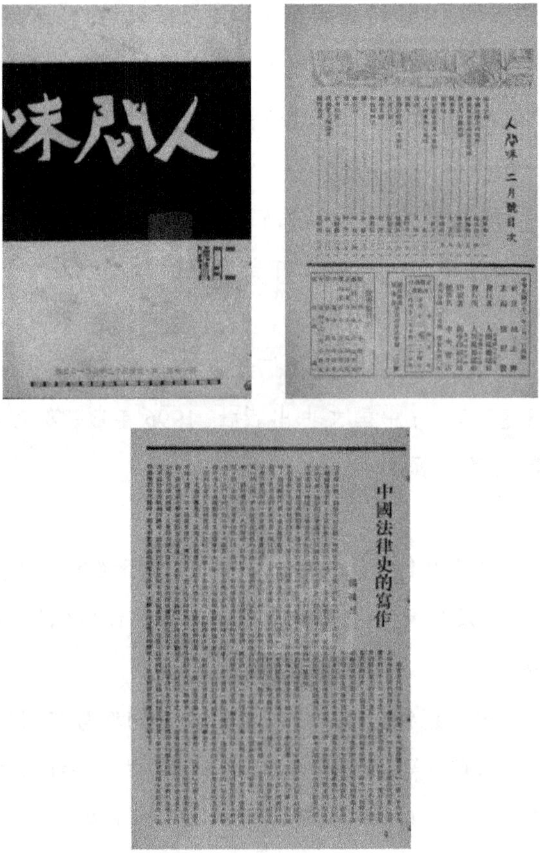
人間味
二月號
人間味 二月號目次
中國法律史的寫作

图4 《人间味》封面、目录及杨鸿烈《中国法律史的写作》一文
（源自“大成故纸堆数据库”）

在此，先抄录杨氏该文文末一段文字如下（下划线为笔者所加）：

十五岁中学毕业，就考入本省省立法政专门学堂，在政治经济科里，学了一点“法学通论”“民法总则”“经济学”之类，也不感受兴味，混了一年，就万里远行，来到北京，考入高等师范学校（后来升格为师范大学）学历史一年，学英语六年，蒙先师梁任公先生的邀约，就在清华大学研究院专心著述，于是旧日未曾完稿的《中国法律发达史》也就写好十分之七八，笔者很感受得到笔者和司法事业，自幼即有些微的兴趣，又觉得我国人自数千年来即有深固优越的法家天才，试以拙著所引各朝代纂修注释法典的学者而论，便济济跄跄，实在不亚于前古欧洲的罗马，就是在近世有沈家本与王宠惠诸氏，也很可以在国际上占得一个相当的位置；笔者很盼望我国今后能产生一批既了解新时代精神，而又不数典忘祖的伟大法家，那么在法律发达的历程上，就更要放出绝大的光彩来了。①

这里所说的“学英语六年”似乎有误，或当为“五年”。1919年至1925年，在今北京师范大学学习（一年史地部与五年英语部）。其中，有两个细节值得关注：（1）（1918年），“十五岁中学毕业，就考入本省省立法政专门学堂，在政治经济科里，学了一点‘法学通论’‘民法总则’‘经济学’之类”；（2）“旧日未曾完稿的《中国法律发达史》也就写好十分之七八”。

尤其（1）是作者1943年的自述，可作为直接证据信从。由此推测，叶树勋在制作“杨鸿烈生平年表”时，并没有读到杨鸿烈1943年发表的这篇文章。很显然，前揭韩林博、张家田两位同学的硕士学位论文下划线部分文字的那个细节，应该就是来自杨氏1943年《中国法律史的写作》一文。很可能是因为疏忽大意，韩、张二位同学未能在其论文中直接注明这一出处。

此外，杨氏1943年此文还提供了学界以往不甚清楚的两个信息，可以补充其“生平年表”。其一，该文第一段开头即说：

---

① 杨鸿烈：《中国法律史的写作》，《人间味》1943年2月号（第1卷第1期）。

笔者在民国十五年，写完《中国法律发达史》一书，十六年交上海商务印书馆付印，迁延多时，到十九年才算出版问世。笔者真不料在十五年的一年之内，竟能把这部上下两钜册，长有五十万余言的艰钜庞大的专门著作，完成脱稿。

据此亦可知：(3)《中国法律发达史》一书完稿于1926年(一年之内)，1927年交付出版，1930年面世。比较而言，叶树勋推断“杨鸿烈的研究专题《中国法律发达史》大概在1927年夏撰成”[①]，恐怕是有欠准确的说法。

根据其自述的(2)和(3)这两个细节，可以推测：杨鸿烈1925年7月参加考试后，作为第一届同学被清华国学院录取，很可能在1925年就提前准备好了《中国法律发达史》这一选题，并且和梁启超沟通过。1926年全力以赴完成书稿。另，据其所谓“旧日未曾完稿的”说法，甚至可以怀疑他在考入清华之前就已开始动笔写作《中国法律发达史》。

其二，抄录该文的第二段文字如下(下划线为笔者所加)：

笔者自以为幸福的事，即是恰恰生长在中国法系与罗马英美法系交替影响的过渡时期，更幸运赶得上<u>亲见中国固有司法制度的威仪，使笔者在儿童时候所得的印象，重新呈现流露出来</u>。笔者记得十一二岁在故乡(云南省晋宁县)高等小学校肄业，常和一些同学，在休课时，跑到县衙门里，去看县官审案，(我们云南的土话叫做“过堂”)一张挂红呢围的长公案桌上，放着硃笔，大砍瓦，白色锡制的一对签筒，靠长桌的右面放着一个印架，上有“封印大

① 叶树勋选编：《杨鸿烈文存》，江苏人民出版社2016年版，“导言”第4页。

> 吉”，交叉贴着两条红色封批，县官巍巍乎坐在大椅上，身旁站立一个书吏，两旁有手拿笞杖锁链一些差役，案前跪着的人，尽是原告被告；有时县官很怒的拍他的“惊堂木”——俗名“压风器”，口里骂出“混账忘八蛋”的话来，不久就见虎狼似的差役，把跪着的一人拉在地上，向臀部责打好几十下；又见有时差役拿皮制鞋底似的“掌嘴”——一种讯刑——将跪着的另一人的两颊，打得红肿；有时两造争辩的异常激烈，县官的“惊木”，直拍得出火花来，直到日已西落，堂上还悬着煤油灯，往下审讯。笔者又仿佛记得一个同学，曾领导笔者去看过拘留所，一间屋子用两列木栏，划分成三部分，左右靠墙的散禁着许多老小的人，近门口的一间小屋，木栏里，又监禁着几个女犯。在县城中央阁楼下，有次看见一个站囚笼的人，笼旁贴着县官的一张告示，聚集得许多人在彼处观看；又在关圣公大门前，见三个拖链带脚镣掮枷坐着的人；这些似幻似真的事，都随着笔者的童年如波逐流的飘逝而去，直到笔者升入云南省城（昆明）中学，革命业已成功，政体根本改变，就再也不能重温我的儿童时的梦境了。①

这种十一二岁时对中国固有司法制度的亲身感受，再加上十五岁考入云南法政专门学校学习过法律课程（即曾有受过法学教育）的背景，或许是引导杨鸿烈选择研究中国法律史的主要内因。而其外因，恐怕就是受到梁启超及其《中国法理学发达史论》一文的启发。

以上，借此机会，不揣浅陋，略费笔墨考证有关杨鸿烈个人学术经历的若干史实细节，以补充以往相关研究的不足和“杨鸿烈生平年表”的遗漏。

---

① 杨鸿烈：《中国法律史的写作》，《人间味》1943年2月号（第1卷第1期）。

3. 1989—1990年法律史学界的检讨与反思

1989—1990年，关于中国法律思想史之史料学方面存在的问题，法律史学者就有所警醒，并曾进行检讨与反思，其典型者有如下两例。

其一，曾宪义、范忠信在《中国法律思想史研究通览》中，谈到“史料利用方面的问题”时，有这样一段文字进行总结：

> 总而言之，通常人们的研究往往由于仅仅盯住“子书”及“文集”、人物列传等常见的部分史料，使得研究的视野相当狭隘，使得一部中国法律思想史差不多成为“中国士大夫阶层的法律思想史”了。走出这一困境的最好办法是开拓新的资料领域，把一切可能利用的东西都充分利用起来。甚至，对于已经被开发利用的史料，也可以进行“挖潜”工作，找出它从前曾被忽视的用途来，旧材料有了新用途，实际上也就是开拓了新的资料领域。有人提议建立“中国法律思想史史料学”，专门研究资料的来源、性质、价值和使用等问题，看来不无道理。①

而关于所谓“史料学问题”，则进一步明确有如下的内容：

> 迄至目前，从未见到有人系统地研究过这个问题，更不见专论。我们认为，这个问题作为一个专题来专门研究是必要的。什么样的史料可视为法律思想史料？这些法律思想史料最可能蕴藏于

① 曾宪义、范忠信编著：《中国法律思想史研究通览》，天津教育出版社1989年版，第133—134页。

哪些古籍之中？如何来整理，收集、使用这些史料？史料间的某些考证、辨伪问题等等，这都是这一专题所应具体研究的内容。[①]

这里虽未明确提到考古文物资料，但现在如果仔细揣摩其主张以“史料学”的视角来开拓新的史料领域，进而展开整理与研究的提法，就可推断应是考虑到将相关考古文物资料包括于其中的。只是这里所提倡的建立“中国法律思想史史料学”这一工作目标，后来并未得到实质性的推进。

其二，在《中国法制史研究综述（1949—1989）》中，刘斌总结夏商周法律制度研究存在的问题，其中：“第二，史料研究中的不足”问题。即，“史料不足是一个突出的问题。然而就在这不足的史料中，也存在研究不足的问题，这就是对具体的史料作切切实实的研究少”。特别是，对文物中的法律史料（例如甲骨文、金文）和先秦法律典籍的研究都不够。如果“夏商周法律制度的研究要深入”，就“更要在史料上下功夫，花气力、作具体的、过细的、全面的、系统的、深入的研究”。“第三，资料使用上的问题”。即，“研究夏商周时期的法律制度，不仅资料少，而且还存在一个资料真伪的问题”，“必须谨慎使用《尚书》《周礼》《仪礼》《礼记》”。但“时至今日，法学界仍有人不加分辨，把先秦古籍一概作为信史”处理。如“引用先秦古籍，最好能以出土的文物资料印证，至少也要以各种历史文献资料互相佐证，真正做到‘慎重斟酌’，这一点是研究夏商周时期法律制度必须予以注意的”。[②]

比较而言，刘斌所指出的问题更具有明确的针对性，可谓一语中

---

① 曾宪义、范忠信编著：《中国法律思想史研究通览》，天津教育出版社 1989 年版，第 178 页。

② 张晋藩主编：《中国法制史研究综述（1949—1989）》，中国人民公安大学出版社 1990 年版，第 84—87 页。

的：对文物中的法律史料（例如甲骨文、金文）和先秦法律典籍的研究都不够，尤其在“资料使用上的问题”方面显得更为突出，例如：强调“必须谨慎使用《尚书》《周礼》《仪礼》《礼记》”，切忌“不加分辨，把先秦古籍一概作为信史”。但其不足之处在于，对文物中法律史料的检讨与批评着力不多。

令人遗憾的是，当时的法制史学界对此总结似乎没有作出什么反应，或许并未引起学界的关注。即使在今天，这些问题也仍然没有得到研究者的足够重视。比较典型者，例如，关于周代所有权问题。无论历史学者还是法制史学者，一般都引用《诗·小雅·北山》[①] 作为西周土地国有制的根据。[②] 刘斌就此概括如下：

---

① ［清］阮元校刻：《十三经注疏》上册，中华书局1980年版，第463页。

② （1）关于历史学界的共识，详见林甘泉、田人隆、李祖德：《中国古代史分期讨论五十年（一九三九——一九七九）》，上海人民出版社1983年版，第265—270页；王明阁：《先秦史》，黑龙江人民出版社1983年版，第182页。（2）代表性法制史教材、著作有，中国人民大学国家与法权历史教研室编：《中国国家与法权历史讲义（初稿）》第1分册，中国人民大学出版社1963年版，第49页；张晋藩、张希坡、曾宪义编著：《中国法制史》第1卷，中国人民大学出版社1981年版，第60页；肖永清主编：《中国法制史简编》上册，山西人民出版社1981年版，第67页；法学教材编辑部《中国法制史》编写组：《中国法制史》，群众出版社1982年版，第42页；游绍尹、吴传太：《中国政治法律制度简史》，湖北人民出版社1982年版，第45页；刘海年、杨一凡编著：《中国古代法律史知识》，黑龙江人民出版社1984年版，第129页；薛梅卿主编：《中国法制史教程》，中国政法大学出版社1988年版，第39页；李志敏：《中国古代民法》，法律出版社1988年版，第75页；胡留元、冯卓慧：《长安文物与古代法制》，法律出版社1989年版，第5页。（3）法律史资料汇编有，北京大学法律系国家与法的历史教研室编：《中国国家与法的历史参考书》第1分册，法律出版社1959年版，第43页；法学教材编辑部《中国法律思想史》编写组：《中国法律思想史资料选编》，法律出版社1983年版，第30页；蒲坚编著：《中国古代法制丛钞》第1卷，光明日报出版社2001年版，第70页。（4）值得注意的是，陈顾远有这样的态度：“盖‘普天之下，莫非王土’，王自可对于诸侯‘锡之山川，土地附庸’，而旧日部落既公有其土地，一时亦不能在实际上皆夺归于王，更必封之以存其旧，王对土地之观念一变，而有形式上实质上转移土地所有权于诸侯之事；诸侯则仿其意而分之卿大夫，采地食邑遂又发生。”陈顾远：《中国法制史》，商务印书馆1935年版，第326—327页。

关于西周时期的财产所有权，学术界比较一致的观点是国王享有全国土地和附着在土地上的奴隶的最高所有权，所谓“溥天之下，莫非王土；率土之滨，莫非王臣”。[①]

即使时至今日，也仍可见到历史学者坚持这种观点：

《诗·小雅·北山》云“溥天之下，莫非王土。率土之滨，莫非王臣。”所谓“王土”不仅代表西周国家对所辖疆土的主权，也表示周王对天下山川土田拥有法理上的所有权。[②]

其实，引用《诗·小雅·北山》这四句的作法，最早在《左传·昭公七年》中就可见到：无宇因其守门人逃入楚王的章华之宫里，要进宫抓人，负责管理宫室的官员不许，便逮捕无宇进见楚王。于是，无宇向楚王申诉说（下划线为笔者所加）：

天子经略，诸侯正封，古之制也。封略之内，何非君土？食土之毛，谁非君臣？故《诗》曰：“普天之下，莫非王土；率土之滨，莫非王臣。”天有十日，人有十等，下所以事上，上所以供神也。故王臣公，公臣大夫，大夫臣士，士臣皂，皂臣舆，舆臣隶，隶臣僚，僚臣仆，仆臣台。马有圉，牛有牧，以待百事。[③]

---

① 张晋藩主编：《中国法制史研究综述（1949—1989）》，中国人民公安大学出版社。

② 杜勇、李玲玲：《西周中后期土地关系变化的再认识》，《中原文化研究》2022年第5期。

③ 最初引用者信息是，何兹全主编：《中国通史参考资料（古代部分）》第1册，中华书局1962年版，第54页。又，参见杨伯峻编著：《春秋左传注》第4册，中华书局1981年版，第1283—1284页。

无宇在此引用《诗》四句，是作为“封略之内，何非君土？食土之毛，谁非君臣？”的根据。这段文字并没有受到以往法制史学者的关注。而在后边略去未引的文字中，包括所谓“周文王之法”“仆区之法”，这是目前一般中国法制史教材必定引用的。

值得注意的是，刘斌接着指出，已有学者对此通说提出不同的意见：

> 邹、杜在文章中首先认为《诗经》“溥天之下，莫非王土；率土之滨，莫非王臣”四句是“形象思维的艺术语言，直接拿过来作为西周土地所有制性质的概括，是缺乏科学性的”。[①]

近来，看到哲学学者白彤东在其书中更为直接地指出这一理解之误（下划线部分为笔者所加）：

> 封建制度恰恰不是一套专制制度，它是一套分封自治的制度。当然有人会说，《诗经》里面不是说了，“普天之下，莫非王土；率土之滨，莫非王臣”？整个周帝国的土地和上面的人，都从属于周王。但我们看到了，西周的制度并非如此。但为什么这首诗这么说？我建议大家去读读这首完整的诗。读了大家就会发现，这首诗实际上是一个大臣在说，为什么周王你有事情就来找我？你什么事都来找我，我自己的家，我自己的老母亲，都没有时间照顾。“普天之下，莫非王土；率土之滨，莫非王臣。”也就是说，有那么多大臣，你为

---

① 张晋藩主编：《中国法制史研究综述（1949—1989）》，中国人民公安大学出版社1990年版，第51页；邹君孟、杜绍顺：《西周土地所有制问题浅见》，《华南师范大学学报（社会科学版）》1987年第3期。

什么不去找他们？所以，这是一个大臣抱怨周王的诗，而不是在描述周代的制度。[①]

根据孙作云的研究可知，《北山》“这几句话在这首诗里虽是泛指，但也反映当时的政令统一，亦合于宣王时代的情况”。而“《北山》也是战士嗟叹行役之歌”，可确定为西周晚期宣王时的作品。[②] 又，刘宝才、周苏平在谈到《诗经》所反映的西周史事的主要内容时，也指出，“西周后期社会动荡、政治腐败及西周灭亡。主要见于《小雅》的《正月》《北山》《十月之交》《雨无正》”等篇。[③]

这种质疑并非没有道理。以西周晚期具有文学性描写的四句诗，来作为西周土地所有权的根据，恐怕是难以站得住脚的。但是，目前所见的中国法制史教材和相关专著，都没有对这条史料进行辨析鉴别，仍然在所谓西周所有权的问题上继续引用这条资料作为根据。[④]

以上所引这两种法律史的学术史综述性著作，都是三十多年之前法律史学界所进行的阶段性总结与反思，其中所强调的主要问题就是：法

---

① 白彤东：《天下：孟子五讲》，广西师范大学出版社 2021 年版，第 11 页。又，关于《北山》的现代语译，参见袁愈荌译诗、唐莫尧注释：《诗经全译》，贵州人民出版社 1991 年版，第 297—298 页。

② 孙作云：《诗经与周代社会研究》，中华书局 1966 年版，第 379—380 页。

③ 刘宝才、周苏平：《西周史料述要》，载人文杂志编辑部编：《西周史研究》（人文杂志丛刊第二辑），人文杂志编辑部 1984 年版，第 371 页。

④ 吴镇烽：《用金文资料来研究西周政治法律制度》，载石兴邦主编：《考古学研究——纪念陕西省考古研究所成立三十周年》，三秦出版社 1993 年版，第 438、445 页；李朝远：《西周土地关系论》，上海人民出版社 1997 年版，第 125 页；郑秦：《中国法制史纲要》，法律出版社 2001 年版，第 25 页。此外，法制史学者撰写的民法史出现稍微不同的表达，例如，（1）“周人诗歌中有‘溥天之下，莫非王土；率土之滨，莫非王臣’的说法。”叶孝信主编：《中国民法史》，上海人民出版社 1993 年版，第 53 页。似乎由此可体会到，其作者的理解或与一般法制史学者的解读有所不同。（2）认为《大盂鼎》铭文所见，“就是‘溥天之下，莫非王土；率土之滨，莫非王臣’的根据”。参见孔庆明等主编：《中国民法史》，吉林人民出版社 1996 年版，第 6、15 页。这个说法是有问题的。

律史学者要坚持拓展史料的范围，注重传世文献的史料批评；要加强考古文物中法律资料的研究，坚持在深入研读史料的基础上进行法学的专业性研究。可以说，这些认识至今仍未失去学术价值和理论意义，而且在此有必要从法律史的角度重新审视。

三、夏、商、西周时期法律史料的现状及其鉴别

(一)先秦史史料的整体特点

夏、商、西周法律思想的史料，属于先秦史的史料范围之内。因此，首先，必须明确把握先秦史史料的整体特点。

关于先秦史史料的整体特点，有学者概括为"史料来源的多样性"。[①]而考古学者徐苹芳则指出，"在中国上古秦汉史研究中，众所周知的有两个史料来源。一是文献史料，这是中国古史研究的主体史料，一般地说从现在传世史料中不可能再有什么从来不为人知的新史料出现。但是，近代考古学诞生以后，这种情况有了变化"。即，"考古新出的古文献推动了中国古史的研究，它们的学术价值和意义是毋庸置疑的。这是第一个史料来源"。而"中国古史研究的第二个史料来源是考古学的发现和研究，即有关古代遗迹和遗物的史料，这是考古学研究的主要对象和内容"。[②]

一般认为，先秦史史料所呈现出的具体特点就是：(1)大多记事简单，内容晦涩，利用比较困难。(2)散佚十分严重，造成史料的极端匮乏。(3)有相当一部分史料来源于对口传史料的追记，因此真实性较差。(4)许多史料被保存在儒家经典之中。[③]这里的总结是中肯的，其

① 王晖、贾俊侠：《先秦秦汉史史料学》，中国社会科学出版社2007年版，第1—2页。
② 徐苹芳：《中国历史考古学论集》，上海古籍出版社2012年版，第63页。
③ 何忠礼：《中国古代史史料学》，上海古籍出版社2012年版，第21—24页。

中（1）至少应该包括商代甲骨文、西周金文。

毋庸置疑，夏、商、西周时期的法律史料，当然也具有以上的这些特点。然而，如果要研究夏、商、西周的法律思想，还必须面对两个基本问题：第一，夏、商、西周时期有否法律存在。这是研究这一时期法律思想的前提。第二，夏、商、西周时期法律史料的具体状况及其鉴别。

（二）夏、商、西周时期是否有法律

这里先讨论第一个基本问题。《左传・昭公六年》记载有《禹刑》《汤刑》《九刑》等，这是今日耳熟能详的法制史的基本知识。如果确实如传世文献所记载的，那么夏、商、西周时期应该是有所谓“刑书”这种法律文本传世文献的。由此假说，或可再进一步推测：这些法律文本在当时也应该是书写在简册之上的。由《左传・定公九年》所载郑国邓析作“竹刑”这一事例[①]，或许可以想象到这种法律文本的载体及其基本形态。

据《尚书・多士》记载，周公曾追述说“惟殷先人，有册有典，殷革夏命”。[②]关于此条史料，学界的一般认识是：这种“典”“册”的性质，在当时可能“只是诏令之类的文字，保存起来犹如后世之所谓档案”。[③]

---

① 吕思勉注：“定公九年，郑驷歂杀邓析而用其《竹刑》。竹刑当著之简策。然非以喻之人民也。”“郑人铸刑书”条，载吕思勉：《吕思勉全集》第9册《读史札记》上册，上海古籍出版社2016年版，第301页。其文末有最早的发表信息（原刊《光华大学半月刊》第5卷第5期，1937年1月9日出版）。

② ［清］阮元校刻：《十三经注疏》上册，中华书局1980年版，第220页。许倬云引周原卜辞（H11: 84），认为其中“𠕁周方伯”之“‘𠕁’当即册，商人有典有册可能是册封周人为方伯的意思”。（许倬云：《西周史（增补二版）》，生活・读书・新知三联书店2018年，第79、80页。）另一片周原卜辞（H11: 82）也见有“𠕁周方伯”。学界对此语一直存有争议。参见杨升南：《周原甲骨族属考辨》，《殷都学刊》1987年第4期；李学勤：《周文王时期卜甲与商周文化关系》，《人文杂志》1988年第2期；王宇信：《周原庙祭甲骨“𠕁周方伯”辨析》，《文物》1988年第6期；李桂民：《周原庙祭甲骨与“文王受命”公案》，《历史研究》2013年第2期；杜勇、李玲玲：《周原庙祭甲骨族属问题再探讨》，《历史研究》2020年第6期。

③ 黄永年：《古籍整理概论》，上海书店出版社2013年版，第3页。

具体而言,“史官在对君王的言论进行现场记录后,就形成了官方的档案文书。这些档案或‘书于竹帛’,成为简册,藏于‘盟府’之中。如《逸周书》的《尝麦》篇,篇末即云‘太史乃藏之于盟府,以为岁典’。《尚书·多士》言‘惟殷先人,有册有典’,讲的就是这种情况”。[①] 而这也“说明殷人曾有记载汤革夏命的‘典’‘册’。当时的典册可能是刻写在竹木之上的,可惜年代久远,早已荡然无存了”。[②] 尽管竹简“作为书写材料到底可以上推到何时,国内外学术界似尚未有统一的认识”,但是现在“可以放心地说,简册作为书写载体在商代就已经出现,而且魏晋以前一直都是古书的主要书写材料”。[③] 而黄天树则根据殷墟甲骨文字及卜辞所载,证实《尚书》这个记载是可靠的,“商人的书写工具主要是毛笔,书写材料主要是简册”,而“商代已普遍使用简册”。[④]

不过,《左传·昭公六年》所见的《禹刑》与《汤刑》,很明显就是周人的追述之说。《九刑》之名,见载于《左传·文公十八年》《左传·昭公六年》,以及《逸周书·尝麦解》[⑤],其具体情况究竟如何,今已不可考。

此外,今文《尚书》之《吕刑》篇中的一段文字,被司马迁在其《史记·周本纪》之中引用,唯其称“吕侯”“吕刑”为“甫侯”“甫刑”。[⑥]

---

① 程浩:《有为言之:先秦“书”类文献的源与流》,中华书局 2021 年版,第 248 页。

② 陈高华等:《中国古代史史料学》,北京出版社 1983 年版,第 1 页。又,参见钱存训著:《书于竹帛——中国古代的文字记录》,上海书店出版社 2002 年版,第 72 页;李零:《简帛古书与学术源流(修订本)》,生活·读书·新知三联书店 2008 年版,第 65 页;李学勤:《古文字学初阶》,中华书局 2013 年版,第 67 页。

③ 详见冯胜君:《出土材料所见先秦古书的载体以及构成和传布方式》,载刘钊主编:《出土文献与古文字研究》第 4 辑,上海古籍出版社 2011 年版,第 196—205 页;李零:《简帛古书与学术源流(修订本)》,生活·读书·新知三联书店 2008 年版,第 65 页。

④ 黄天树:《关于商代文字书写与契刻的几个问题》,载赵敏俐主编:《中国诗歌研究》第 18 辑,社会科学文献出版社 2019 年版,第 4、5 页。

⑤ 吕思勉注释:“《周书·尝麦》:‘令大正正刑书九篇。’疑即其物。《周官·司刑》疏,引郑注《尧典》云:‘正刑五,加之流宥、鞭、扑、赎刑,此之谓九刑。’‘贾、服以正刑一加之以八议’,附会不足据。”吕思勉:《吕思勉全集》第 3 册《先秦史》,上海古籍出版社 2016 年版,第 313 页。

⑥ 《史记》卷 4《周本纪》。

关于《吕刑》篇的性质及其成书时代，学界颇有争议，甚至形成一桩公案，久讼不决。[①]值得注意的是，已有学者根据郭店楚简《缁衣》篇称引的三处《吕刑》，推定"《吕刑》初始文本出现的时代肯定在郭店简的时代之前，或当在春秋至战国初期"，"但其写定的时代（亦即今本《吕刑》文本定型的时间）则当在郭店简以后，其最终形成可以说是战国后期的述古之作，其具体时间可能与《周官》《王度记》等相近，其最后写定者可能属于战国后期齐国的法家学派"。[②]据此，现在可以确定该《吕刑》篇与西周的法律文本没有关系。此外，还要指出的是，法学界也曾有将《尚书》之《洪范》篇性质确认为法典或宪法之误说。[③]

关于西周时期是否确实有成文法律，法制史学界通行的是肯定之说。但是，也不乏有学者提出异议。[④]就证据而言，因为没有实物证据，

---

① 详见马小红：《试论〈吕刑〉的制定年代》，《晋阳学刊》1989年第6期；刘起釪：《〈尚书·吕刑〉篇作者考》，《文史》2004年第2辑，上海古籍出版社2004年版，第5—10页；尤韶华：《〈吕刑〉的穆吕之争：〈尚书·吕刑〉性质辨析》，《江苏警官学院学报》2012年第2期。

② 晁福林：《郭店楚简〈缁衣〉与〈尚书·吕刑〉》，《史学史研究》2002年第2期。

③ 详见李力：《夏商周法制研究评析》，《中国法学》1994年第6期。或将《尚书》作为三代的法律文本解读（张家国：《〈尚书〉：夏、商、周三代法律文本的诠释》，《法学评论》2000年第3期），此说难以站住脚。又，关于《洪范》篇的书写时代有争论，或可赞同程浩"倾向于该篇主体部分的生成要晚于其所声称的商末周初"的意见。相关讨论情况详见丁四新：《近九十年〈尚书·洪范〉作者及著作时代考证与新证》，《中原文化研究》2013年第5期；李若晖：《〈尚书·洪范〉时代补证》，《中原文化研究》2014年第1期；庞光华：《"司空"新考——兼考〈尚书·洪范〉的成书年代及其他》，载《上古音及相关问题综合研究——以复辅音声母为中心》，暨南大学出版社2015年版，第718—754页；程浩：《有为言之：先秦"书"类文献的源与流》，中华书局2021年版，第12页注①。

④ 例如，李峰认为，据西周金文所见诉讼事例，可知争议与纠纷的"这种解决与其说是按法律原则，还不如说是根据政治现实来决定的游戏规则。因此，西周不可能，也没有必要创造一部成文的法典"。又，陈公柔也主张，从西周铭文所载《约剂》来看，"西周时期，尚无法律科条，亦无专任审理诉讼之司法官吏"。而"在研究古代中国法制思想上，靠以维持尊卑、纲纪的礼，当是最早的法；其次才是法与刑的逐渐发展"。李峰：《中国古代国家形态的变迁和成文法律形成的社会基础》，《华东政法大学学报》2016年第4期；陈公柔：《先秦两汉考古学论丛》，文物出版社2005年版，第118、121页。

而肯定之说所依据的是后世追述者的描述，所以否定之说也值得倾听。这种理论上的探讨，恐怕只不过是纸上谈兵而已，公说公有理，婆说婆有理，谁都无法说服谁，充其量都是一种假说或者臆测。由于缺少法律文本实物的证据，因此现在根本无法确定夏、商、西周时是否确实有成文法律面世。正如吕思勉所说的，“成文法起于何时，不可考”。①

又，据《左传·昭公六年》，“时则子产作《刑书》。二十九年，晋赵鞅铸刑鼎。定公九年，郑驷颛杀邓析而用其《竹刑》。又昭公七年，楚陈无宇引周文王法。又谓楚文王有《仆区之法》。《韩非子·外储说上》，谓楚庄王有《茅门之法》。皆刑书之名可考者也。此等法律，其详已不可得闻，其稍有可知者，始于李悝之《法经》”。② 但是，关于《法经》，至今则有不同看法。③ 据考古发掘，可知目前所见最早的法律文本实物，是战国时期青川郝家坪秦木牍所载秦武王二年（前309年）修订

① 吕思勉：《中国制度史》，上海教育出版社1985年版，第805—806页。

② 吕思勉：《吕思勉全集》第3册《先秦史》，上海古籍出版社2016年版，第313页。

③ 关于《法经》真伪问题的争议不是本文要讨论的主题，暂且抛开不论。不过，应该倾听一下日本学者石冈浩的意见：“在传承战国时代之秦律的睡虎地秦墓竹简（睡虎地秦简）中，含有战国时代之魏律。既然秦律与魏律之间存在某种关系，就不能否定《法经》六篇的存在。”即，《为吏之道》第五栏末尾抄录有公元前252年题为《魏户律》《魏奔命律》各一条。因此，“秦法制文书包含有魏法之事，让人想起秦商鞅继承了魏李悝《法经》六篇的史书记录”。或据《晋书·刑法志》《唐律疏议》的记载，赞同程树德《九朝律考》之说，以为《法经》为帝制时代诸律之始。此为通说。因此，整理小组认为睡虎地秦简《法律答问》的解释范围，与《法经》六篇大体相符，于是“整理时就按六篇的次第试加排列”。舒之梅主张，“解释作为秦律主体部分的刑法的《法律答问》，其内容也大体上与上述六篇相合。可以推想，被解释的律文，很可能是商鞅制订的法律条文”。李峰以为，前揭通说“实际上无法证实。而且，从文献中能看到的情形是，《法经》的内容和我们现知的秦国法律并没有直接联系”。今见“最早的成文法可能就是四川青川郝家坪战国秦墓M50出土的《为田律》（309 BC）”律文。石冈浩等：《史料からみる中国法史》，法律文化社2012年版，第9—10、13—14页；睡虎地秦墓竹简整理小组：《睡虎地秦墓竹简》，文物出版社1990年版，第93页；舒之梅：《珍贵的云梦秦简》，载中华书局编辑部编：《云梦秦简研究》，中华书局1981年版，第4页；李峰：《中国古代国家形态的变迁和成文法律形成的社会基础》，《华东政法大学学报》2016年第4期。

的《为田律》的秦律抄本，而这条律文则是“孝公十二年商鞅变法时制定的律”。[①] 这是目前形成的一个共识。

如此，研究者现在所面临的问题是，既然目前未见到夏、商、西周的法律文本，应该如何研究其相应时期的法律思想呢？这不由得让我们想起这一事实：丘汉平的《先秦法律思想》一书，实际上只是以战国诸子百家为研究对象。[②]

（三）夏、商、西周时期法律史料的具体状况及其鉴别处理

接着，再讨论第二个基本问题。先秦时期各个阶段法律史料的性质、存在现状及其史料价值，均颇具其各自的独特性，必须一一进行甄别处理，在对具体问题进行具体分析之后，再做出相关的判断与评鉴。

1. 夏代法律史料的现状及其鉴别

夏代，是司马迁在《史记·夏本纪》中所记载的中国历史上最古老的一个王朝。自 1950 年代起，夏代才被郭沫若明确划进奴隶制时代，“迄今许许多多的论著和博物馆陈列，都以夏代为中国历史上第一个奴隶制王朝”。[③]

迄今学界尚未发现夏代的一手资料，今见涉及夏代法律的零散史料亦均为二手资料。由于“关于夏代的资料，仅有后人零星的记载和传说，因而要研究这一时期的法律制度是一件非常困难的工作”。[④] 即使在今天来看，刘斌在三十多年前所下的这一判断也仍然是相当准确到位且未过时的。

---

① 广濑薰雄：《简帛研究论集》，上海古籍出版社 2019 年版，第 449、455 页。

② 参见丘汉平编著：《先秦法律思想》，光华书局 1931 年版。

③ 李学勤：《郭沫若同志对夏代的研究》，《中国史研究》1992 第 3 期。

④ 张晋藩主编：《中国法制史研究综述（1949—1989）》，中国人民公安大学出版社 1990 年版，第 84 页。

从20世纪先秦史研究的学术史来看，关于夏代史的研究，学界曾经有两种处理方式。[①]其一，20世纪上半叶，传世文献所记载的夏代基本上被作为传说时代处理。今日研究思想史的葛兆光对此则持较为谨慎的态度，认为“夏代的历史渺渺茫茫，神话、传说与历史掺杂在一起，考古发现无法确定，历史文献也不足征，只好暂时放在一旁”。[②]其二，20世纪下半叶，中外学者持有两种截然相反的认识。这亦如李学勤所说的，“所有的中国国内的学者都不怀疑夏朝的历史性，西方的学者反而多半采取保留的态度”。[③]

夏代的史料状况实际上是怎样的呢？詹子庆回答：“令人遗憾的是，夏代文字至今尚未确认（有些学者认为已经发现了若干字），当然就更谈不上夏代达到‘有册有典’的水平了。至今为止，我们不能肯定留传下来的任何一篇文献是属于夏代的，只能通过古书中记载的所谓《夏书》《夏训》《夏礼》《夏时》《禹之总德》《禹誓》《禹刑》等名称或里面摘引的片言只语，向后人透露出一点信息，即夏人可能已创造了某种符号（或文字）来承载和传递文明。”[④]

这里提到的《禹誓》，为《墨子·明鬼下》所引，与《尚书》之《甘誓》是同篇异名关系，是因为传“‘书’者在对‘书’进行命名时”采用不同的命名原则：《甘誓》“采用的是‘因事命篇’的原则，所谓‘甘誓’

---

① 详见李学勤：《〈五帝本纪〉〈夏本纪〉讲义》，清华大学出版社2022年版，第128—131页。

② 葛兆光：《中国思想史》第1卷，复旦大学出版社2001年版，第20页。

③ 罗泰：《文献考古并重的〈剑桥中国远古史〉筹编述略》，《汉学研究通讯》1995年第14卷第1期。又，日本的中国史学界至今也基本上如此。这从最近出版的两本中国历史研究的指南性概论著作可见一斑。砺波护、岸本美绪、杉山正明编的《中国歴史研究入門》（名古屋大学出版会2006年版）始自“殷、西周”时期，石冈浩、川村康、七野敏光、中村正人的《史料からみる中国法史》则直接从春秋战国时期落笔。

④ 詹子庆：《夏史与夏代文明》，上海科学技术文献出版社2012年版，第19页。

即为夏君‘大战于甘’的誓师之词”，而《禹誓》“则是‘因人命篇’，以为该篇为禹所作”。其“篇名非一时之作，非出自一人之手”。[①]

在此，就以《尚书·甘誓》为例，来说明目前夏代的法律史料在整体上所面临的困境。

中国法制史教材一般都引用《尚书·甘誓》篇的片段，作为夏代有“军法”存在的根据。但是，根据最新的研究，可以确定：这个片段并不是夏代的“军法”而是后人拟制的。因此，所谓夏代“军法”的通说是不成立的。[②]

如果跨出法制史学界的学科藩篱，再将研究的视野放宽些，就会看到非法学学科领域已有关于《甘誓》篇的旧论新说。在此，举出三个代表性的事例。

其一，顾颉刚在《论〈今文尚书〉著作时代书》中，将今文《尚书》二十八篇分为三组。其中，第二组（十二篇）包括：《甘誓》《汤誓》《高宗肜日》《西伯戡黎》《微子》《牧誓》《金縢》《无逸》《君奭》《立政》《顾命》，[③]其判断如下：

> 这一组，有的是文体平顺，不似古文，有的是人治观念很重，不似那时的思想。这或者是后世的伪作，或者是史官的追记，或者是真古文经过翻译，均说不定。不过决是东周间的作品。[④]

---

① 程浩：《有为言之：先秦“书”类文献的源与流》，中华书局2021年版，第277、278、279页。

② 详见李力：《〈尚书·甘誓〉所载夏代“军法”的研究》，载王沛主编：《出土文献与法律史研究》第8辑，上海人民出版社2020年版，第1—39页。

③ 这里所列仅有十一篇，应该是遗漏了一篇。或以为：“《洪范》大约是入第二组的。而在排印时漏掉了。”刘宝才、周苏平：《西周史料述要》，载人文杂志编辑部编：《西周史研究》（人文杂志丛刊第二辑），人文杂志编辑部1984年版，第365页。

④ 顾颉刚编著：《古史辨》第1册，上海古籍出版社1982年版，第201页。

其二，关于《甘誓》的写作时代，程浩有如下的两个论断：

A. 而《尧典》《皋陶谟》《甘誓》三篇的年代也不会早到夏代，其中的论说更不可能是现场记录，因此都不能归为“书”类文献。

B.《尚书》中的《尧典》《皋陶谟》《禹贡》《甘誓》等，以及《逸周书》的“三训”之类的绝大部分篇目，都是此类春秋战国时的构拟之文。需要注意的是，这类文献虽非历史实录，但也反映了春秋战国时人的认识，仍具有较高的历史价值。[①]

其三，关于《甘誓》篇之《墨子》本（《墨子·明鬼下》所引《禹誓》），刘宝才、周苏平解释说：

《左传》和先秦诸子纷纷引《书》，而各家引文已有差别。儒家书中和《墨子·明鬼下》引用的《甘誓》，文字出入很大，《墨子》各篇引用《书》的文字也有歧异，说明战国时代《书》已广泛流传。战国时代儒墨两家都依照自己的观点，对上古史料有所改造。[②]

如果依照这些判断，法制史学者在研究夏代法律时，就要考虑彻底放弃夏代有所谓“军法”这一通说，进而要思考的问题是：在其成书时代，其作者究竟想通过此来表达一种怎样的法律思想或法律学说呢？

在这种史料情况下，由于“受资料的限制，夏史研究相对薄弱，大部

① 程浩：《有为言之：先秦“书”类文献的源与流》，中华书局2021年版，第11、13页。
② 刘宝才、周苏平：《西周史料述要》，载人文杂志编辑部编：《西周史研究》（人文杂志丛刊第二辑），人文杂志编辑部1984年版，第360页。

分研究都围绕考古资料的解释和分析进行”，而且“关于夏代的文字资料非常少，确定和利用考古资料是研究夏史的主要方式”。[①] 但是，关于夏代的考古发掘，目前的进展并不乐观。

考古学者徐苹芳在其2001年发表的《中国上古秦汉史研究中的考古学思考》一文中，写有如下一段文字：

> 夏商周的历史研究，从考古学的角度，我讲三点：首先是夏，我坚信中国历史上夏的存在。目前的问题是，如何确定考古发现的那些文化和遗址是夏的遗迹，譬如大家都很注目的二里头文化和遗址，虽然很有可能是夏的遗迹，但它不能像依靠甲骨卜辞来认定殷墟那样确凿无疑。我想这需要考古学家的努力。二里头遗址至今没有一个全面的勘察，它的总体布局是什么？如果是夏墟，它的宫殿区、王陵区、埋藏有文字记录的刻辞坑在什么地方？这都是大陆考古学家应该做的事情。我坚信将来一定会有夏墟文字刻辞的出土，那将是继殷墟甲骨文之后中国上古史上的又一次重大发现，一定会轰动世界学林。[②]

这是一段相当中肯而朴实的文字叙述。虽然至今考古发掘没有发现夏代的文字记录，但是我们仍然对未来的夏代考古发掘充满着期待。

毫无疑问，在史料方面存在的这些客观的不利因素，必然会影响到法律史学者试图探索研究夏代法律与法律思想的学术进程。

---

① 中国社会科学院历史研究所编：《改革开放三十年的中国古代史研究》，中国社会科学出版社2010年版，第35—36页。

② 徐苹芳：《中国历史考古学论集》，上海古籍出版社2012年版，第64—65页。

今见夏代的法律史料，[①] 均源自传世文献的追述性记载。尤其值得关注的是，在《中国法律思想史资料选编》中，关涉夏代的法律思想资料分别选自:《史记·夏本纪》,《尚书》之《尧典》《皋陶谟》《甘誓》篇,《左传》之《宣公三年》《襄公四年》《襄公二十六年》《昭公十四年》，和《礼记·礼运》。[②] 或许它们就是东周以后的学者以其所处时代的背景、史实与观念等为素材而完成的。而且，如果仔细筛选研读，就会发现其中有的内容恐怕与法律或者法律思想无甚关系。

因此，这些追述性记载，绝非夏代的一手资料。如果确实如此的话，那么这些记载很可能就是后世学者头脑之中所形成的有关所谓夏代法律与法律思想的一些认识与看法。假如非要称之为夏代的“法律思想”，也应该属于这些追述性记载的作者及其所处的那个时代的法律思想或者法律学说。[③]

2. 商代法律史料的现状及其鉴别

商代，是有文字可考的中国历史上的第一个王朝。不过，目前所见其原始资料作为文献流传下来者，几乎都是两周时期才出现的作品。与夏代的史料状况不同的是，在商王朝后期，武丁即位后，出现大量的文字资料，可以作为一手资料。其载体有多种多样，除了人们熟知的十五六万片殷墟甲骨文之外，还有金文、玉石文字、陶文等。[④]

在《中国法律思想史资料选编》中，涉及商朝的法律思想史料分

① 王文清、杨升南辑:《夏代史料选编》，载田昌五主编:《华夏文明》第1集，北京大学出版社1987年版，第438—440页；蒲坚编著:《中国古代法制丛钞》第1卷，光明日报出版社2001年版，第12—14页。

② 法学教材编辑部《中国法律思想史》编写组:《中国法律思想史资料选编》，法律出版社1983年版，第1—4页。

③ 详见李力:《史料与学说：20世纪的夏朝法制研究及其评析》,《贵州大学学报（社会科学版）》2021年第6期。

④ 刘源:《甲骨文不等同于商代文字》,《中国社会科学报》2017年8月11日。

别选自：(1)传世文献：《史记·殷本纪》，《尚书·汤誓》及《盘庚》上中下、《微子》，《诗经·商颂》之《玄鸟》及《长发》《殷武》，以及《礼记·表记》。(2)"殷墟甲骨卜辞"7条(《前》1.50.1、6.25.2，《粹》868、487，《乙》3787、4604，《佚》850)。[①]

另外，目前所见通行的法律史教材，则以传世文献记载和商代甲骨文为据，判定商朝的法律思想的核心是神权法思想，并且在此时达到了顶峰。若借用李零的话，则"这些说法都是值得商榷的"。[②]

对法律史学者常常引用的今文《尚书》之五篇《商书》，学者们有程度不同的评判。例如，关于《盘庚》三篇，论者多认为属当时之作，虽然不能"排除在流传的过程中曾经遭到改动的可能"，但是其"主体应该还是盘庚时期的实录"。[③]

然而，陈梦家早就指出《汤誓》《盘庚》篇为战国时代拟作的作品，另外三篇"商书"也是战国时代的著作。[④]齐文心认为，《汤誓》"是汤伐夏桀时的誓师之词"，"其内容应有原始的史料根据"，但"文字比较浅显，象文中的'尔''庶''天'等都是周人的用语。其写定的时间较晚，是战国时代的作品"。而《盘庚》三篇，是盘庚"在迁都前后对臣民的告诫，为当时史臣所记"，"写定的时代最早，史料价值最高"。一般

---

① 法学教材编辑部《中国法律思想史》编写组：《中国法律思想史资料选编》，法律出版社1983年版，第5—12页；蒲坚编著：《中国古代法制丛钞》第1卷，光明日报出版社2001年版，第18—35页。另，法学教材编辑部《中国法制史资料选编》编写组的《中国法制史资料选编》上册(群众出版社1988年版，第1—73页)，则只列"商周"，其下之目有：1.甲骨文法律文献，2.金文法律文献，3.周易(节选)，4.尚书(节选)，5.周礼(节选)，6.左传(节选)，7.国语(节选)。

② 李零：《简帛古书与学术源流(修订本)》，生活·读书·新知三联书店2008年版，第66页。

③ 程浩：《有为言之：先秦"书"类文献的源与流》，中华书局2021年版，第145—147页。

④ 陈梦家：《尚书通论(增订本)》，中华书局1985年版，第112页。

认为,《盘庚》“是殷代的文献,但在文字上也不免经过周人的加工润色”。其他三篇“商书”,或“可能是东周时写定的”,或“当写成于春秋时代”。[①]

值得关注的是,西方学者则以为,《汤誓》的“年代可标定为[西]周”,“可能是周的开创者所作以证明自己征服商的合理性”。其中“有许多迹象,如用‘殷’称商都和商族人,表述了成熟的关于天的观念等”,这表明《盘庚》“这篇文献也写定于周”。[②]

就法律史研究领域而言,如何处理殷墟甲骨文资料与法律史的关系,[③]存在着两种截然不同的态度。一方面,坚持不将殷墟甲骨文作为法律史料处理者,例如,滋贺秀三主编《中国法制史——基本资料的研究》、[④]李明晓《散见出土先秦两汉法律文献校注》。[⑤]另一方面,从法律史角度整理殷墟甲骨文而成法律史料集者,主要有:1994年,杨升南撰写的《甲骨文法律文献译注》。[⑥]2016年,王亚龙等完成的《出土先秦法律史料集释》之第一章“出土甲骨刻辞中法律相关材料集释”。[⑦]2022

---

① 陈高华、陈智超等:《中国古代史史料学》,北京出版社1983年版,第2、3页。

② 鲁惟一主编:《中国古代典籍导读》,李学勤等译,辽宁教育出版社1997年版,第403页。

③ 关于甲骨文与商代法律及其研究,详见李力:《从〈肇契枝谭〉到〈甲骨文法律文献译注〉——关于商代甲骨文法律史料整理研究的学术史考察》,载徐世虹主编:《中国古代法律文献研究》第4辑,法律出版社2010年版,第1—23页;李力:《1904—2009年:百年来的殷墟甲骨文与商代法制史研究》,载王沛主编:《出土文献与法律史研究》第1辑,上海人民出版社2012年版,第14—57页。

④ 滋贺秀三编:《中国法制史——基本資料の研究》,东京大学出版会1993年版,第3—4页,第43页注释(1)、(2),第53页。

⑤ 李明晓:《散见出土先秦两汉法律文献校注》,西南师范大学出版社2015年版,第2、291页。

⑥ 刘海年、杨升南、吴九龙主编:《中国珍稀法律典籍集成》甲编第1册,科学出版社1994年版。

⑦ 宁全红等:《出土先秦法律史料集释》,四川大学出版社2016年版,第1—28页。

年，王沛主编的《甲骨、金文、简牍法制史料提要》出版，其第二章“甲骨法制史料”实为今见各种甲骨著录书籍的简介。①

这种分歧直接影响到对殷墟甲骨文与商代法制关系的认识，其突出表现是：在有关甲骨文中所谓“五刑”的问题上，存在两种近乎针锋相对的意见。②这也说明，中国的法律史学者对于商代甲骨文的性质及其特殊功能，恐怕还没有深刻到位的认识、更专业的把握。③

法律史研究者必须认识到，尽管殷墟甲骨文是研究商史最为可靠的材料，但是如彭邦炯指出的，“对于商史研究也有很大的局限性”。具体而言，第一，“就甲骨文的时代讲，它只是商王朝后期的部分文字记录”，是“盘庚迁都后二百七十三年间”的遗物。第二，“甲骨文的数量虽多，涉及面也广，但所记录的内容却是十分有限的”，“大多只是商王室占卜之辞，程式千篇一律，内容异常简单”。第三，“在甲骨文史料的应用上，还牵涉到对文字本身的解读问题。现有甲骨文单字四千余，其中可识的字，为学者所公认的不到一半，有许多字尚待进一步识别。有的字，各家的释读不一致；有的字，从文字学的角度去看，它的形、音、义都得到了正确的解决，并为大家所公认，但运用起来则仍有疑难”。④

此外，关于甲骨文的内容，齐文心曾概括如下：

---

① 王沛主编：《甲骨、金文、简牍法制史料提要》，上海古籍出版社 2022 年版，第 25—39 页。

② 籾山明：《甲骨文の“五刑”をめぐって》，《信大史学》1980 年第 5 号；李力：《从〈肇契枝谭〉到〈甲骨文法律文献译注〉——关于商代甲骨文法律史料整理研究的学术史考察》，载徐世虹主编：《中国古代法律文献研究》第 4 辑，第 22—23 页；李力：《1904—2009 年：百年来的殷墟甲骨文与商代法制史研究》，载王沛主编：《出土文献与法律史研究》第 1 辑，第 22—24 页，第 45—53 页；周博：《卜辞所见商代寇贼的犯罪与惩罚》，《四川大学学报（哲学社会科学版）》2022 年第 2 期。

③ 参见徐义华：《商代契刻卜辞于甲骨的动因》，《河南社会科学》2022 年第 1 期。

④ 彭邦炯：《商史探微》，重庆出版社 1988 年版，第 11—12 页。

> 甲骨刻辞的内容涉及殷人的经济生产、政治军事活动及意识形态等多方面，如：农业、畜牧、田猎、阶级关系、军队、监狱、战争、方国、鬼神崇拜、天文历法、气象、建筑、疾病等。[①]

这个概述符合殷墟甲骨文的基本情况。其中，与法律活动相关的就是所谓"监狱"一项，并没有提及法律和审判活动。不过，这个所谓商代的"监狱"当是现在的概念，其中关押的对象是多种身份者。[②]

殷墟甲骨文并非直接的法律史料，这是因为它们不是商代法律文本的遗文，这是确定无疑的。不过，其中是否有当时审判活动的记录，仍值得再斟酌推敲。[③]古文字学者解读研究甲骨文中某些与法律或刑罚有关之文字的成果，就文字本身而言固然是权威性解释（尽管古文字学学者之间也存有不同的解读意见）。但是，这些卜辞是否属于适用法律的结果与记录，以目前所见的资料尚难以证实。

关于这一点，早在1942年，李远之在《历代刑罚之沿革及其研究》一文就对这种依据甲骨文字来研究商代刑罚的做法提出质疑：

> 我国许多治法制史的学者，都放许多工夫斤斤于刑罚起源之可靠，博引群书，间及龟甲金石，殷墟文字，而其结果则得益甚少。以本题之范围而言，似不必埋首于古籍中求一证明最古的死刑与体刑之制度。盖在古时，根本未有政治组织，部族征伐，日月相寻，其被俘于他族者，杀之刑之，一随胜利者的意志。因为杀与鞭朴，均为

---

① 陈高华等：《中国古代史史料学》，北京出版社1983年版，第5页。

② 齐文心：《殷代的奴隶监狱和奴隶暴动》，《中国史研究》1979年第1期；林沄：《商史三题》，"中研院"历史语言研究所2016年版，第120页。

③ 例如，林沄认为："花东子卜辞记载了有关'刑'的一场官司。"其所举文例为花320·1、2、4、3、5。林沄：《商史三题》，"中研院"历史语言研究所2016年版，第85—86页。

人类野蛮的本性，初无创始者为谁之可言；这和研究民事商事法规的法制史，极有不同之点，不可不予注意。

例如今日从《殷墟文字类编》考出一个商代的杀字，余杭章氏的《说刑名》考出“镏”字和“闟”字都是古代杀戮的意义，这又有什么实益呢？难道没有这几个字，便可反证三代之前不会有死刑了吗？[①]

在这里，初次提出根据甲骨文字的字形来论述商代刑罚这种研究方法是否可靠的问题。这一直是运用甲骨文字研究商代法制时，必须要客观面对的。1950年代，胡厚宣在评价一部商代史著作时，也专门谈到这个问题：

此外，在《古代史》尤其是商代的研究中，还有一个常被使用的方法，就是因甲骨文中有一些什么字，所以商代应该是一个什么社会的问题。

譬如说，甲骨文有奴婢臣妾媒姘好嬗等字，所以商代应该是奴隶社会。因甲骨文有渔鲅田兽等字，所以商代应该是渔猎社会。因甲骨文有牧字，所以商朝人应该是营着游牧生活。因甲骨文有焚字，所以商代农业应该还很幼稚，商朝人还在使用着原始的烧田耕作法。又以甲骨文有买卖资货财贷等字，所以商代已有商业交易的行为。又以甲骨文有父母祖妣妻妾嫔妃兄弟姊妹儿子侄孙等字，所以商代已有宗法家族的称谓。

我们应该首先加以批判，这种方法，在根本上是大成问题。

奴字焚字在周代的金文和汉代的《说文解字》中，也是有的，

① 李远之：《历代刑罚之沿革及其研究》，《真知学报》1942年第2卷第1期。

你能说周代汉代也是奴隶社会和使用着原始的烧田耕作法么？隋、唐的《广韵》，宋代的《集韵》以及清朝的《康熙字典》，现在的字典字汇，也都有奴字焚字，你能说隋、唐、宋代、清朝和现代还是奴隶社会和原始烧田耕作法的农业社会么？

甲骨文字，在今日发现的材料中，是时代最早的中国文字。但若以甲骨文就是中国的原始文字，说中国的文字，发生创造于商朝，那就错了。商代文化之高，甲骨文字之进步，今日学者多能言之。以甲骨文中象形字的固定化行款化，和形声字假借字数量的繁多，就可以证明甲骨文决不是原始的文字。关于甲骨文以前中国文字发展的历史，有人说至少也在千年以上，有人说至少也在夏以前。倘以造字时的社会背景，来说明商朝的社会，那是一个很大的错误。

更何况有些字，在认识上根本就成问题。[①]

如果将这些批评的意见放在甲骨文与商代法制史的研究上，也可以说是一语中的、切中要害。只在甲骨文中找出与刑罚或法律相关的文字，就说商代有这种刑罚等存在。这种方法确实是大成问题的。

而且，现在还可以看到，日本学者竹内康浩也有如下一段精辟的见解：

我们有必要重新认识到，从文字的形状中可以看出的，实际上是某种行为曾经存在过的痕迹。例如，甲骨文中有劓鼻形的字，那么，它只是表示着当时存在或曾经存在过“劓鼻”这种行为。而它背后是否有权力、权威的控制，而使其作为一个制度性确立的刑罚

① 胡厚宣：《古代研究的史料问题》，云南人民出版社2005年版，第46—47页。

被执行过，这样的事实单从字形上是无法得知的。在甲骨文中，很多用法已经完全脱离字的原义（例如否定词“不”），那么就更是无从得知了。另外，商墓里常见到的殉葬者被断头的例子也并不直接是表示刑罚的意思，不能不说正如籾山氏所言，从甲骨文的字形去探讨刑罚的尝试，大体上都落到这样的陷阱里了。[①]

如果对以上的这些批评或认识，采取视而不见或者刻意回避的态度，恐怕就不是符合学术规范的做法，也难以准确把握殷墟甲骨文这种史料的性质及其学术价值。而法律史学者若据此来构建商代的法律知识体系，则难免含有不少臆测与想象的成分。

今后值得再研究的问题是，这些有刑罚文字的卜辞是否与商代的人祭人殉有直接关系。

3. 西周法律史料的现状及其鉴别处理

周代（包括春秋、战国时期），是中国开始有文献史料传下来的第一个历史朝代，即有《尚书》之《周书》等传世文献。[②] 而“通过跟西周春秋铜器铭文作对比”，可以相信其中“大部分（自《大诰》以下各篇），虽然其文字在不断传抄刊刻的过程中已经出现了不少讹误，但是大体上还保持着‘原件’的面貌”。[③] 这是西周法律史料的主体。[④] 此外，还有

① 竹内康浩：《商周时期法制史研究的若干问题》，载佐竹靖彦主编：《殷周秦汉史学的基本问题》，中华书局2008年版，第94页。

② 陈高华等：《中国古代史史料学》，北京出版社1983年版，第42—44页。

③ 裘锡圭：《中国出土古文献十讲》，复旦大学出版社2004年版，第141页。

④ 关于西周法律史的史料，详见法学教材编辑部《中国法律思想史》编写组：《中国法律思想史资料选编》，法律出版社1983年版，第13—38页；蒲坚编著：《中国古代法制丛钞》第1卷，光明日报出版社2001年版，第40—94页。

西周金文中所见的法制史料，[1] 则是本文要重点关注的。

迄今可见商周时期有铭铜器大约有一万六千件，[2] “从形式上讲，有五大类，一是祭祀类，二是媵嫁类，三是册赏类，四是战功类，五是诉讼类。所谓‘铭公记德’，都是颂扬家族光荣”[3]。其中，第五类“诉讼类”铭文屈指可数，均为西周时期的。

那么，该“诉讼类”铭文在中国古代的法律史料中处于怎样的位置呢？美国学者郭锦主张，由于难以确定殷墟甲骨文中所见的几种肉刑“是否为正式法律所规定，所以我们以西周法律铜器铭文为至今中国最早的有关法律之古文字资料”。[4] 而美国学者夏含夷在谈到青铜器铭文的作用时，则更为明确地说，“为纪念诉讼事件而作的铜器铭文把中国司法实践最早的实物证据上推了好几个世纪”。[5] 这样的定位是相当准确的。

“20 世纪的金文研究，其实就是一个金文材料史料化以及以此为基础的先秦古史重构过程。”[6] 金文法律文献的整理与研究，可以说就是该过程之中的一个重要环节。

中国学者有关金文法律史料的整理成果，具有代表性的是杨升南

---

① 松丸道雄、竹内康浩：《西周金文中の法制史料》，载滋贺秀三编：《中国法制史——基本資料の研究》，东京大学出版会 1993 年版，第 4—55 页；法学教材编辑部《中国法制史资料选编》编写组：《中国法制史资料选编》上册，群众出版社 1988 年版，第 2—13 页；杨升南：《金文法律文献译注》，载刘海年、杨升南、吴九龙主编：《中国珍稀法律典籍集成》甲编第 1 册，第 235—365 页。

② 张桂光：《商周金文摹释总集》第一册，北京大学出版社 2010 年版，“前言”第 1 页。

③ 李零：《简帛古书与学术源流（修订本）》，生活·读书·新知三联书店 2008 年版，第 53—54 页。

④ 郭锦：《法律与宗教：略论中国早期法律之性质及其法律观念》，载高道蕴、高鸿钧、贺卫方编：《美国学者论中国法律传统（增订版）》，清华大学出版社 2004 年版，第 56 页注①。

⑤ 夏含夷主编：《中国古文字学导论》，《中国古文字学导论》翻译组译，中西书局 2013 年版，第 14 页。

⑥ 陈絜：《商周金文》，文物出版社 2006 年版，第 20 页。

《金文法律文献译注》。其中，共收录有西周至战国时代与法律相关的41件青铜器铭文，按其内容分为六个方面，在“有关法律思想”一目之下，有西周后期的三件铜器铭文。[①] 这些金文“是王公贵族们对铸器缘起的记述，尽管有时为了夸耀自己的功勋，文字很长，但其性质仍和后世纪功颂德的碑刻相近似”。[②] 因此，即使可以作为法律史料，也存在一定的局限性。现在的问题是，究竟应该以什么为标准来选取这些西周时期的金文资料，进而将其作为法律史料呢？

引人注目的是，关于先秦时期历史研究的困难以及金石史料所存在的问题，日本学者浅原达郎站在殷、西周时代历史研究的角度阐述如下：

> 所谓先秦时期历史研究的困难，这恐怕是任何一个研究者都会有的痛感。如果从最初就以意气消沉的话总结的话，那么坦率地说，甚至有了这样的疑问：尤其关于殷、西周时期的部分，果真其历史研究本身是否成立？一个要因就在于史料的匮乏，首先是文献史料之量非常少，而且史料成立的时期一直都是相当偏后的时代。作为同时代史料的金石史料，即甲骨文与金文等，虽然可弥补文献不足，但是应该不断地质疑：在史料的性质上，反映着这个时代历史的多少部分呢？可是，如上还有一个更为深刻的要因在于，就致力于其同时代史料而言，存在古文字学这个大障碍。……若对古文字学敬而远之，则进行殷、西周时代的历史研究，无论如何都是不可能的。质疑殷、西周时代的历史研究成立与否就在于此。[③]

① 刘海年、杨升南、吴九龙主编:《中国珍稀法律典籍集成》甲编第1册，第346—356页；王沛:《金文法律资料考释》，上海人民出版社2012年版；王晶:《西周涉法铭文汇释及考证》，中国社会科学出版社2013年版。

② 黄永年:《古籍整理概论》，上海书店出版社2013年版，第3页。

③ 砺波护、岸本美绪、杉山正明编:《中国歴史研究入門》，名古屋大学出版会2006年版，第28—29页。

浅原氏在这里所说的，实际上涉及以下三个问题，这正是应该引起法律史研究者特别重视的。

第一个问题是，殷、西周时期“史料的匮乏，首先是文献史料之量非常少，而且史料成立的时期一直都是相当偏后的时代”。

此前，许倬云在《西周史》中也提出过类似看法：

> 夹在中间的西周，论文献史料，只有《诗经》《尚书》中的一部分，及春秋史料中追述西周的一些材料。在近代考古学发达以前，金文铭辞已有若干资料，足以补文献之不足。但是相对来说，有关西周的史料，比之商代及春秋，都远为贫乏。①

既然如此，对于这种传世文献所见的商周法律史料的现状，就要有清醒的认识：以这样的史料能否构建起商周法律的知识体系？

第二个问题，西周金文的性质及其特点。以往的法律史学界比较忽略这一问题。值得注意的是，海外学者有不同的认识，存在着争议。李峰专门就此进行的概述性评介，让中文读者第一次如此方便而全面了解到日本学者之间以及美国学者之间争论的基本情况。②

在日本方面，还要补充的是，白川静在1971年就主张：“中国之古铜器以祭器为主，它们是在祭祀神灵之时，供献牺牲，酌满香酒，与神共飨而使用的器物。”又，青铜器“原本用于神事，奉献神灵，祈求神意，而具有媒介神人之机能”。③

---

① 许倬云：《西周史（增补二版）》，生活·读书·新知三联书店2018年版，“前言”第5页。

② 详见李峰：《西周的政体：中国早期的官僚制度和国家》，吴敏娜等译，生活·读书·新知三联书店2010年版，第13—23页。

③ 白川静：《金文的世界：殷周社会史》，温天河、蔡哲茂译，联经出版事业公司1989年版，第2—3页；白川静：《金文の世界——殷周社会史》，平凡社1971年版。日文版未见读。

在美国方面，学者之间曾就此问题展开讨论。其中，最有影响的是罗泰的意见。

夏含夷介绍，1993年，罗泰在《西周研究的课题：评论文章》的第一部分，即“1.2 西周铜器铭文的性质”，针对夏含夷1991年《西周史料：铜器铭文》评价说：

> 罗泰花费笔墨最多、也是最引学界关注的是该文第1.2部分，即“西周铜器铭文的性质”，特别是在其第1.2.1部分“仪式背景”中，对人类学观点加以特别强调。罗泰认为青铜器是礼器，其用途完全是为了宗庙祭祀，而铜器铭文也只是为了向祖先乞命求福。在此基础上，罗泰进而指出铭文内容所体现出来的其实是主观思想，原本就不属于历史记载。因此，罗泰对夏含夷把铜器铭文当作“史料”来加以研究利用的做法进行了批判，认为铜器及其铭文只能当作宗教学资料来研究。[①]

2006年，罗泰在中国发表《西周铜器铭文的性质》一文，坚持主张“有必要考虑铜器铭文在其他西周文字记录中的地位”，“铜器铭文本质上是宗教文书”，“严格说来，它们已不是第一手的史料”；并强调“任何西周铜器铭文都必须首先放在礼制背景中来理解”。在该文的开始，他将这个“礼制的背景”阐述如下：

> 铜器铭文铸刻在祭祀用的容器、用具和乐钟上。而铜器是当时最尊贵的物品，在周代的物质世界和精神世界里占有核心地位。当

---

① 夏含夷：《西观汉记——西方汉学出土文献研究概要》，上海古籍出版社2018年版，第231页。

时唯有世家大族才可能拥有铜器，用以祭祀祖先。容器和用具摆放在祭坛上，用来向祖先进献食物，并伴以乐器演奏。我认为，要理解铜器铭文的全部内涵，必须把铭文与器物的用途合起来考察。换言之，铭文不是单纯的文本。它们的主要作用不是为后世子孙传递历史讯息，而是作为繁文缛节的礼仪活动的组成部分。在有条不紊的仪式中，祭典、歌舞和其他活动共同进行，使参与者经历全身心、全方位的感官刺激。这种仪式是为了与逝去的祖先交流，铜器铭文也是以天上的神灵为读者。这一点，从经过精心斟酌编辑的铭文的字里行间可以清楚地看到。铭文与祭品紧密接触，才能传达给祖先。铜器的纹饰进一步加强所传递的信息。铜器作为传播媒介，本身也起了与铭文同样重要的作用。

铭文在礼器上的位置，说明铭文的主要功能不是为文件存底。铭文通常位于人不易看到的部位。实际使用中的容器尤其是如此；铭文一般不是在容器底部就是在内壁，要是器内盛放祭品，就会被盖住。钟的铭文虽然在表面，但也有部分铭文在钟的背面。在斜挂的甬钟上，我们只有蹲在钟架下，从后面才能读到。这么安排，主要是为了让铭文的内容与祭品、祭乐融为一体，而并不是为了便于人读。

因此，“铭文的‘意义’通过礼器的功用表达出来：这里重要的不是把信息铸到礼器上去，而是让神人之间的沟通行礼如仪。正如大量没有铭文但功用丝毫无损的礼器所显示的，把礼仪信息铸成铭文是附加的做法，并不是非如此不可”。[①]

---

① 罗泰：《西周铜器铭文的性质》，载北京大学考古文博学院编：《考古学研究（六）——庆祝高明先生八十寿辰暨从事考古学研究五十年论文集》，来国龙译，科学出版社2006年版，第343—344页。

然而，李峰主张“铸造金文的目的其实是无限制的”，因此“没有一个理论可以也不应该用来解释所有有铭青铜器的铸造。总而言之，我看到的是与有铭青铜器制作密切相关的一个更为广泛的社会背景，更准确地说，是多重的社会背景（social contexts）”。有若干例证表明，“西周有铭铜器的使用并非仅限于宗庙中进行宗教-礼仪仪式时，也可能用于其他社会场合”，“因此根据一种场合下铜器的使用来决定有铭铜器的性质是很危险的。如果说青铜器确实存在所谓的‘性质’（nature）的话，那么其性质必须是多样的，或者说可能是多种不同‘性质’的组合”，并且“有铭铜器的使用场合不仅是多样的，而且也是可以变化的，一件有铭铜器可以灵活转换于不同的社会场景之中，因此拥有了多重的社会含义”。如此，“不能也不应该仅根据其使用的某一个场合来进行推测，而是必须考察每一次铸造事实背后的真正的和特定的动机”，而“释读铭文会为这个问题提供重要线索”。具体到与法律相关的纪念性铭文，例如倗生簋、散氏盘、曶鼎、九年裘卫鼎等器所具有的“参考性功能（referntial function）”表明，“作器者纪念重要历史事件的愿望需求促成了这些铭文的出现”，因此“宗教并不是西周有铭青铜器制作并使用的唯一社会环境，更不应是我们现在理解它们的唯一方式”。[①]

关于青铜器之“纪念性”的特点，李零指出，“商周金文多是纪念家族（王族和贵族）光荣的私人题记，而战国秦汉金文多是反映器物制作和使用的工官题记，前后发生革命性变化。”因此，这种文字的作用是其“纪念性”。其“‘纪念性’是为了‘永垂不朽’，常常是用‘硬材料’，或刻铭与丰碑，或垂言于鼎彝，有开放的空间，强烈的视觉效果，让你看见了就忘不了”。[②]

---

① 李峰：《西周的政体：中国早期的官僚制度和国家》，吴敏娜等译，生活·读书·新知三联书店2010年版，第17—21页。

② 李零：《简帛古书与学术源流（修订本）》，生活·读书·新知三联书店2008年版，第46页。

了解海外学者的这些争论，有助于开阔我们的学术视野。特别是，李峰的意见及其评析对于进一步研究西周金文法制史料，具有重要的指导意义。

在研读西周金文法制史料时，必须注意两点：其一，“有证据指出上面的文字在写成的时候，这些文献内容只是第二手甚至是第三手的资料，而非第一手的资料”。[①] 这是非常有见地的认识。在这个问题上，顾立雅、夏含夷、罗泰已形成共识。[②] 其二，如李峰所说的，“虽然这些纪念性质铭文的目的是为了记录并传承作器者认为重要的历史事件，但它们并不一定常常记录真实的历史”，“当然会反映一定的主观性甚至偏见”。[③]

第三个问题，法律史学者如何面对古文字学这个摆在先秦史研究者面前的大障碍？

浅原达郎在此引据李零的讲述，即如李学勤所形容的，“古文字太难，不下于六七门外语，进了这个门再进那个门就难了”。而“林沄先生讲他的经验，说他最初研究古文字也是志在历史，但一研究开来才知道，是永远回不来了”。李零说，“他们的话，现在我懂：学问大了，胆子就小了；要把学问做好，不能不收其放心”。[④]

当然，古文字学同样也是横在法律史学者面前的一座大山。这是我们研究西周金文法制史料时应该时刻警醒的，必须充分认识到，金文法律史料的整理与研究，因此面临着相当大的难度与不确定性。

---

① 夏含夷：《孔子之前：中国经典诞生的研究》，黄圣松等译，万卷楼图书股份有限公司 2013 年版，“导论”第 4 页。

② 顾立雅的看法，参见夏含夷：《西观汉记——西方汉学出土文献研究概要》，上海古籍出版社 2018 年版，第 213 页。

③ 李峰：《西周的政体：中国早期的官僚制度和国家》，吴敏娜等译，生活·读书·新知三联书店 2010 年版，第 22—23 页。

④ 李零：《中国方术考》，人民中国出版社 1993 年版，“自序”第 2 页。

因其年代久远，有的字迹不甚清楚，有些文字的隶定在古文字学界颇有分歧，有些文句的理解也不尽同。由此导致学者对于铭文的认识存在多种意见，甚至对于铭文的性质、案情、当事人的看法等，都存有一定的偏差或距离。例如，曶鼎、㑹匜铭文难以顺利读通，而且诸家理解颇有分歧，[①]那么如何评析松丸道雄和竹内康浩的解读意见？

尤其是，法律史研究者没有受过古文字学的专门训练，毕竟不是古文字学研究方面的专家，因此决不能固步自封，在研究中应该格外重视古文字学者的释读意见。最有代表性的例子，就是师旂鼎铭文、㑹匜铭文所见的"赘"字——虽然都知道这是一个表示"判决"意思的法律用语，但是究竟应该读作哪个字，争议较大，一直没有达成一个令人信服的意见。[②]陈公柔曾提出质疑："诸家或释为概，以为梗概之概；或读为契，刻也"，"按此字释劾、释谳，于义皆能允洽，而于形、于声，则尚待推敲"。[③]邬可晶的考证解决了这个问题，其结论是：该字从贝、濬声，《说

① 松丸道雄、竹内康浩：《西周金文中の法制史料》，载滋贺秀三编：《中国法制史——基本資料の研究》，东京大学出版会1993年版，第21—28页，第40—43页；张经：《曶鼎新释》，《故宫博物院院刊》2002年第4期；涂白奎：《对〈曶鼎〉铭文第二段的考释》，载北京大学考古文博学院编：《考古学研究（六）——庆祝高明先生八十寿辰暨从事考古学研究五十年论文集》，科学出版社2006年版，第416—425页；南玉泉：《论曶鼎案例中的诉讼主体——兼谈西周的审判制度》，载徐世虹主编：《中国古代法律文献研究》第3辑，中国政法大学出版社2007年版，第1—21页；黄海：《曶鼎通考》，上海人民出版社2022年版。

② 详见杨升南：《金文法律文献译注》，刘海年、杨升南、吴九龙主编：《中国珍稀法律典籍集成》甲编第1册，第315—316页，第328页；陈公柔：《先秦两汉考古学论丛》，文物出版社2005年版，第135页，第140—141页；王沛：《㑹匜集释》，载徐世虹主编：《中国古代法律文献研究》第4辑，第26—29页；王沛：《金文法律资料考释》，第158—161页；王晶：《西周涉法铭文汇释及考证》，第115—117、261—262、283页；王沛：《金文法律术语类考》，载王沛主编：《出土文献与法律史研究》第3辑，上海人民出版社2014年版，第248页；宁全红等：《出土先秦法律史料集释》，四川大学出版社2016年版，第39—40、47—48页。

③ 陈公柔：《先秦两汉考古学论丛》，文物出版社2005年版，第127页。

文》对其字形的分析靠不住,“以‘贝’为意符,前人已指出‘贝无坚实之意’,所以《说文》释其本义为‘探坚意也’,恐怕也有问题”。在此读为“决”,这是古汉语中“最常用的表示判决、断狱之词”。[①]但遗憾的是,这个研究并未引起法律史学者的关注和重视。

因此,关于古文字资料的解读,法律史学者首先应该重视并把握、吃透古文字学者发表的相关研究成果,切忌自我封闭、自说自话。近十年以来,不同学科领域的学者持续研读曾伯陭钺铭文,进而推进了这个铭文研究的进程,就是一个很好的个案。[②]

此外,还有两个问题,也是研究西周法律思想绕不开的。在这里先提出来,以便将来做进一步的研究。

其一,是如何将非古文字资料作为法律史料使用的问题。这个非古文字资料,就目前法律史研究而言,最典型的,就是有“刖人”纹样(“刖人”守门形象)的西周青铜器。

从总体上看,法律史学者对这类青铜器资料缺乏关注与研究。1980年代末期,胡留元、冯卓慧曾据此印证西周时期有刖刑。[③]目前所见最重要的研究成果,是考古学者胡嘉麟的《西周青铜器上的“刖人”——兼

---

① 邬可晶:《说金文“贽”及其相关之字》,载复旦大学出土文献与古文字研究中心编:《出土文献与古文字研究》第5辑,上海古籍出版社2013年版,第230、232页。又,王宁:《从“歺+又”之字梳理及清华简〈四告〉“决”的问题》,简帛网之“简帛论坛”,2020年11月5日。

② 王沛:《刑鼎源于何时?——由枣阳出土曾伯陭钺铭文说起》,《法学》2012年第10期;李力:《“羉”“殹”“历”三字的疑难与困惑:枣阳曾伯陭钺铭文之再研读》,载徐世虹主编:《中国古代法律文献研究》第8辑,社会科学文献出版社2014年版,第1—21页;王沛:《曾伯陭钺铭文的再探讨》,载徐世虹主编:《中国古代法律文献研究》第9辑,社会科学文献出版社2015年版,第1—13页;郭永秉:《曾伯陭钺铭文平议》,载徐世虹主编:《中国古代法律文献研究》第10辑,社会科学文献出版社2016年版,第1—19页;李凯:《从曾伯陭钺看周代的“德”与“刑”》,载桂涛主编:《中国古代法律文献研究》第14辑,社会科学文献出版社2020年版,第8—22页。

③ 胡留元、冯卓慧:《长安文物与古代法制》,法律出版社1989年版,第34—35页。

论先秦时期的刖刑》一文。据其整理，目前所见这类铜器有八件，包括：方鼎，三件；鬲，三件；盘，一件；车形盒（“可能是当时贵族妇女放置首饰、化妆品的专用器具”），一件。据其观察，“青铜器的刖人形象多为头戴瓜皮小帽，少数为绾发，有的背部纹身燕子图案，说明可能来自周边的异族。从装饰题材来看，刖人在受刑后主要从事守门或守囿工作”。他的判断是，“青铜器上的‘刖人’发式和服饰具有较强的异族特征。有的‘刖人’背部有燕子纹图样，表明其身份与东夷和淮夷有关”。因而“这些青铜器上的‘刖人’可能就是在战争中俘虏的异族人。将这种纹样装饰于青铜器既有炫耀武功，又有警告的意味”。其初步认识是，“这些现象说明了刖刑在西周时期总体上处于衰落期。这是由于西周统治者的统治思想发生了重大的变化”。至“西周中后期周王朝的统治力开始下降，‘刖人’纹样的出现反映了这个时期的社会状况”。[①] 但问题是，这样的认识是否准确呢？作为法律史料，仅仅去印证刖刑存否是远远不够支持深入的研究，而考虑应如何从法律思想的角度解读这种母题的西周铜器，才比较合乎作器者的本意，仍然是个有待探索的新领域。

其二，必须引起注意的是，法律史学者如何应对运用考古学发现研究得出的新结论。

例如，美国学者罗泰曾经提出一个新颖的、颠覆性的看法：“就孔子（约前 551—前 479 年）生前中国社会制度的起源问题而言，传统文献记载和新的考古材料就有明显的不同。”具体来说，即：

> 孔子及其弟子认为，他们那个时代政治及宗教制度的基本原则，在周代（约前 1046—前 256 年）早期就已确立了。

① 胡嘉麟：《吉金元鸣——中国古代青铜时代的考古学研究》，上海古籍出版社 2020 年版，第 298—305、312—313 页。

现代考古学已经显示，有关西周早期的这种看法很可能是一个历史虚构，是后人将一个哲学理想投射到模糊的、由选择性记忆而建构起来的过去。

西周（约前1046—前771年）到孔子生前的考古发现，已经可以让我们确定，这套让孔子朝思暮想的礼乐制度，实际起源的时间并不在西周早期，而是相对较晚。

在西周的前两百年里，周代基本上承袭了商代（约前1600—前1046年）的传统。只是在西周晚期，公元前850年前后，周王朝才创立他们自己独特的礼乐制度，以及由此而来的一套新的政治制度。①

另一位美国学者夏含夷，在其所撰写的《剑桥中国远古史》之第六章“西周时期的政治史合文学史”中，“靠金文资料和传世的早期文献来复原从武王伐纣以前平王东迁的三百年历史事件的顺序和大概的历史倾向。周朝在昭王于南方兵败战亡之后，则经过全面的改革，包括军事改组、行政机构的专业化、礼制维新等方面”。②

以往的中国法律史研究者，曾经根据《礼记·明堂位》所见周公“制礼作乐”和《左传·文公十八年》所载“先君周公制礼”这两条资料，③在相关的法律史教材或者论著中持有一个通说，即：周初时期，周

① 罗泰：《宗子维城：从考古材料的角度看公元前1000年至前250年的中国社会》，吴长青等译，上海古籍出版社2017年版，第1—2、441—442页。

② 罗泰：《文献考古并重的〈剑桥中国远古史〉筹编述略》，《汉学研究通讯》1995年第14卷第1期。

③ ［清］阮元校刻：《十三经注疏》下册，中华书局1980年版，第1488、1861页。

公"制礼作乐"，从而完成了"周礼"的整理和完备工作。[1] 如果我们赞同上述罗泰、夏含夷的结论，恐怕就应该着手重新修订旧说，并且考虑如何重写先秦法律思想史。

以上所述夏、商、西周法律思想史料的现状，不由得让人联想起顾颉刚在《与钱玄同先生论古史书（十二年二月廿五日）》中，谈到其"层累说"的一段论述（下划线为笔者所加）：

> 我很想做一篇《层累地造成的中国古史》，把传说中的古史的经历详细一说。这有三个意思。<u>第一，可以说明"时代愈后，传说的古史期愈长"</u>。如这封信里所说的，周代人心目中最古的人是禹，到孔子时有尧、舜，到战国时有黄帝、神农，到秦有三皇，到汉以后有盘古等。<u>第二，可以说明"时代愈后，传说中的中心人物愈放愈大"</u>。如舜，在孔子时只是一个"无为而治"的圣君，到《尧典》就成了一个"家齐而后国治"的圣人，到孟子时就成了一个孝子的模范了。<u>第三，我们在这上，即不能知道某一事件的真确的状况，但可以知道某一事件在传说中的最早的状况</u>。我们即不能知道东周时的东周史，也至少能知道战国时的东周史；我们即不能知道夏商时的夏商史，也至少能知道东周时的夏商史。[2]

特别值得关注的，是这段文字的最后两句。若套用一下，则可以说：即使不能知道夏商西周时期的法律思想史，也至少能够知道东周时期的夏商西周法律思想史。

---

① 例如，张晋藩、张希坡、曾宪义编著：《中国法制史》第1卷，中国人民大学出版社1981年版，第49页；胡留元、冯卓慧：《夏商西周法制史》，商务印书馆2006年版，第353—354页。

② 顾颉刚编著：《古史辨》第1册，上海古籍出版社1982年版，第60页。

四、余论

至此为止，本文以较大的篇幅完成了预定的研究计划和任务。在这里，先简要归纳一下相关的结论。

1. 在学术史的考察梳理过程中，厘清了以往误传或者失传的史实细节。

（1）梁启超的《中国法理学发达史论》一文，初刊于 1906 年（分两次在《新民丛报》连载），1904 年之说、1905 年之说均误。杨鸿烈采用“法律发达史”一词，当是受到梁氏此文的直接影响。

（2）1918 年，十五岁的杨鸿烈中学毕业后，考入云南省省立法政专门学堂，在政治经济科学习一年，修“法学通论”“民法总则”等法学专业课程．这一经历为其将主要研究方向确定在法律史领域奠定了基础。

（3）杨鸿烈的《中国法律发达史》一书，可能在其考入清华国学院之前就已开始动笔撰写，1926 年（一年之内）完稿，1927 年交付出版，1930 年面世。

2.1989—1990 年法律史学者的阶段性反思，直指 20 世纪夏、商、西周法律史研究之问题（主要是传世文献，尽管对甲骨文、金文的法律史料价值还没有充分的认识）所在，但是当时并未引起学界的警醒和关注，今天应当就此重新进行反思。

3. 目前尚未发现夏、商、西周的法律文本实物。相关传世文献所载的各种法律之名称，或许是东周时期流传的认识与看法。而至今考古发掘所获最早的法律文本实物，是战国时期青川郝家坪秦木牍所载秦武王二年（前 309 年）修订的《为田律》抄本，是孝公十二年商鞅变法时期所制定的。

4. 今见传世文献所载的夏、商法律史料绝不是一手资料，而是后人（两周时期）追述之说，实际上体现的可能是其成书时代相关作者的法律思想或法律学说。殷墟甲骨文不是直接的法律史料，其中所见监狱和刑罚文字的意义可再讨论，尤其是其刑罚文字是否可与商代的人祭人殉考古资料联系起来，重新考虑其所具有的意义。

5. 作为法律史研究者，必须清醒地认识到：西周的法律史料也相当匮乏。有关诉讼的西周铜器铭文，则是目前所见古文字资料中其所属时代最早的法律文献。而摆在法律史学者面前的首座大山，就是古文字学的困难。是否能明确把握其铭文的性质与史料价值以及其功能，则是第二座大山。

6. 如何将商周无文字的青铜器、考古遗迹及其相关的研究成果，纳入法律思想史研究的视野中，将是法律史学者今后开拓研究的新问题。

接着，作为本文的结尾，最后想要谈到的问题是，如何评价以往的中国法律思想史、中国法律史研究，今后的先秦法律思想史、先秦法制史研究应该怎么进行，特别需要注意的问题是什么？

回顾20世纪中国法律史研究的学术进程，可以说无论在史料的开拓使用和思想解读的视野以及教科书撰写的范式方面，基本上没有超出杨鸿烈1930年代《中国法律发达史》《中国法律思想史》的范围。如果借用葛兆光的话来评判，就是“中国学界现在缺的是从容，不缺的是生猛，太少了‘新诗改罢自长吟’的沉潜，太多了‘倚马立就’的急就章”。[①]

为什么会是这样的结果呢？值得法律史研究者深思。恕我直言，至少有两个因素是法律史学者必须大胆直面的。

第一，在法学与历史学之间，可能法律史学科本身就具有某种“自

---

① 葛兆光:《到后台看历史卸妆》，四川人民出版社2021年版，第192页。

卑”感与“自闭”症。这样讲也许并不准确，但我心里常常会有这样的疑问产生。

一方面，在法学院内被以实用为主的部门法学“边缘化”而产生自卑，法律史学科的生存时时刻刻成其为问题，导致研究者更多考虑的是“饭碗”可否保得住，总是在想方设法去“讨好”部门法学以求得其青睐，但结果却适得其反。另一方面，也很少与非法学学科打交道，在学术上缺乏不同学科科际整合交流的想法与实践。最终的结果是缺少拿得出手的具有自主“知识产权”的学术成果，甚至会导致对其他学科学术前沿与思潮的反应相对比较迟钝。例如，“毫无疑问，在思想史上，21世纪的考古发现最直接的影响当属古书的再发现与走出疑古思潮的笼罩”。[①] 似乎法律史学界过去很少会受到这种新发现与走出疑古思潮的笼罩，甚至对20世纪早期的疑古思潮也几乎无甚反映。

第二，法律史研究者大多缺乏史料学的基本功底，或者说不够重视史料学的学术意义，进而导致在研究中处理史料时出现常识性的错误与问题，更不要说去拓展新的史料领域。这可能在培养硕士研究生尤其博士研究生时，恐怕就已经不知不觉地埋下了伏笔。在这个问题的认识上，不能再有困惑，更不要迟疑不决。令人欣慰的是，最近看到个别年轻的法律史学者已经有学术危机感，开始转变看法。[②] 至于是否会有效，现在无法过早地下判断。

作为一个法律史研究者，如何突破以上两个因素的束缚与制约呢？只能沉下心来，从练好学术研究的基本功入手，特别是要夯实史料学的基础，明确法律史学科的性质及其定位，不卑不亢，做好自己，拿出自己在学界站得住脚的作品。

---

① 葛兆光：《思想史视野中的考古与文物》，《文物》2000年第1期。

② 朱腾：《走出中国法律史学“危机”论——从缺乏共享平台的学科间的对话说起》，《中国法律评论》2022年第1期。

另外,或许葛兆光的回答为我们指明了前进的方向,即:

> 因此在最后,还有一个问题需要回答,那就是:在考古发现的文物中,有文字的毕竟是少数,大量没有文字只有图形的考古成就与文物资料如何进入思想史的研究视野?
>
> 其实,无文字的文物并不等于无意义的文物,任何经由人工的文物本身就携带了人的想法,从无文字的考古发现与文物资料中重建思想话语,恰恰是思想史家的责任。[①]

进而"扩大史料的边界,是历史学进步的最主要的推动力,20世纪中国学术的发展,离不开资料的新发现"。[②] 为此,就要考虑如何扩大研究史料的视野,这也是法律史研究者的责任。如此,有很多新的史料与研究题目摆在我们的面前,需要研究者继续不断努力。因为"思想史本来就需要跨学科的研究",所以其叙述的内容,"应当涵盖(1)作为思想基础的知识与技术(也包括当时普遍认可的常识和预设)","(2)理性的或非理性的思想(包括精英思想也包括一般思想)","(3)也包括宗教、精神和信仰"。[③]

那么,在今后的研究中需要注意的问题是什么呢?就夏、商、西周法律史研究来说,涉及三个方面。

其一,如何处理史料匮乏与推测、想象的关系?

回答这个问题有较大的难度。但是,之前已有学者提出了处理这个问题的基本态度,并如实阐述其风险性所在。

---

① 葛兆光:《思想史视野中的考古与文物》,《文物》2000年第1期。

② 葛兆光:《到后台看历史卸妆》,四川人民出版社2021年版,第237页。

③ 同上书,第236、233页。

例如，葛兆光在“重构上古思想世界”时，开门见山地指出（下划线为笔者所加）：

上古思想世界是一个很难解的谜，时间是一去不复返的，在那个离今天已经几千年，只能依靠古代传说、考古实物和晚期人类学调查来重新拟构的时代，人们究竟想什么，怎么想，他们并没有留下文字的直接记载，只能由后人去想象、推测和揣摩，《管子·侈靡》有一段对话说：“问曰：古之时与今之时同乎？曰：同。其人同乎不同乎？曰：不同。”古人和今人虽然都在同一个时间过程中生存，但是不同时间段的今人与古人，所思所想其实已经大不一样，所以这些想象、推测和揣摩，也未必真的能够重现古代，只是说我们尽可能地经由这些途径，去探寻和重构最接近事实的上古思想。①

在拟构上古思想世界之际，研究者要有充分的心理准备，尽可能把握各种相关的史料，理解后来不同时期学者的想象和推测，以极其慎重的态度推测、想象，以探寻最接近事实的上古思想。

近读邢义田新书，看到他早在1967年初的一篇日记里，记录下阅读卡尔（E. H. Carr, 1892—1982）《什么是历史》的真实感想（特别是下划线部分，下划线为笔者所加）：

近读Carr: *What is History?*，书中曾对雅典民主发生怀疑。这和我以前的一个想法不谋而合。我认为我们现在对古史有一层史料不足征的困难，愈在历史起源的前端，愈是支离的片断，而我们

① 葛兆光：《中国思想史》第1卷，复旦大学出版社2001年版，第6页。

往往仅根据这些断简残编，描绘出古史的一个甚于我们所能知的景况。这种景况中臆测多过事实。而这些臆测是由现在人的思想，想象当时可能的情形而来。而现在的思想的造成是由当今环境塑造的结果。如今的环境和过去的环境相去何止千里。正因为史料不足，对历史想象应采慎重态度的重要，由此可见。[①]

这个感想虽距今已超过半个世纪，但今天读来仍不乏其震撼力，令人毫无距离感。这些简直就是我想说而又说不出来的心里话。

就目前所掌握的非第一手法律史料而言，夏、商、西周时期的法律思想，都可以视为东周时期以后学者对上古时代法律思想的一种记忆或叙述，其所反映的恰恰是这个文献成书、流传时代的学者们的思想与认识。这恐怕正是东周时期以后的人们所持有的一种有关夏、商、西周时期的法律思想史或者学说史。对于夏、商、西周法律思想的研究来说，这可能反而是更加合适而且符合历史逻辑的认识。

其二，是否能以近代法律概念和部门法框架来构建夏、商、西周法律的知识体系？

日本学者竹内康浩以胡留元、冯卓慧的《西周法制史》（陕西人民出版社 1988 年）为例，在列出该书的章、节目录后，就其中存在的问题指出：

显而易见，经常出现“刑事”“民事”“所有权”这样的完全是近代法的常用语。现代我们所用的概念，在西周是怎样存在的，对此我们应该当作问题来设定。首先，这一点是疑问。再者，如果使

① 邢义田口述、马增荣笔录：《真种花者：邢义田访谈录》，三联书店（香港）有限公司 2022 年版，第 165 页。

前文的内容构成充足的话，当然就不得不大量引用《周礼》，结果，必须指出，在双重意义上，都不能不说有偏离西周时期的实际情况及其理解的倾向。而相关商周时期法制史的概说，实际上几乎都是采用这样的叙述方法。[①]

在此，涉及两个问题：一是，能否在近代部门法框架之下以近代法律概念来重构商周法制？这样的叙述方法，始自杨鸿烈1930年的《中国法律发达史》，几乎是此后法制史教材和论著通行的作法，也并不限于商周法制史。二是，可以将《周礼》的内容填充到部门法的框架之中吗？毋庸置疑，在今天，《周礼》不能被作为西周史料来使用已是一个基本常识。

我们也看到，考古学者陈公柔以《倗匜》铭文研究为例，批评西周法制史研究中存在的这一通病：

近年以来在讨论《倗匜》等的论文中，论者往往以现代民法、刑法等概念相牵合，用意至善，而颇有圜枘方凿之感。按中国古代法律历史，从李悝著《法经》至汉九章律，直至清律为止，在法律的款目、格局、次序上，大体是从同一系统发展而来的。后世在研讨西周法制及其公文书（判牍）的程式时，不必以近代的民法、刑法概念相衡量。因为其中若干内容，皆与当时社会背景相密合，用近代法律观点剖析，必有甚多不易解释之处。[②]

其分析到位、批评有据，矛头直指今西周法制史研究问题之所在。

---

① 竹内康浩：《商周时期法制史研究的若干问题》，载佐竹靖彦主编：《殷周秦汉史学的基本问题》，第91—92页。

② 陈公柔：《先秦两汉考古学论丛》，文物出版社2005年版，第144—145页。

近现代法律上所使用的概念，在西周乃至整个中国古代法律史中都是不存在的。在近代部门法的框架下，以近代法律理念来重构西周法制，从表面上看凸显了法学的学科性，进而融入法学院的知识体系之中，但是实际上却根本偏离了西周时期甚至整个中国古代法律史的实际情况。

其三，如何构建夏、商、西周时期的国家政权组织结构？

中国法制史学者尝试构建夏、商、西周之国家机构的理论框架的工作，开始于1950年代。这是当时受到苏联法学“国家与法的历史”课程及其教材直接影响的结果。根据1959年《中国国家与法的历史参考书》第一分册，可以了解到当时建构这种知识体系的指导思想与基本思路。这本参考书从商代开始的，在“一、国家机关”之下，设有“1. 中央机关”“2. 地方机关”[①]，1980年代的教材沿用这个体系。[②]后来，改革教材编写体例，不再将国家制度列入研究对象。但是，在商代、西周的“行政军事立法”部分与西周“司法制度”部分，仍可见这种“中央”与“地方”分立的模式。[③]

夏代被列入法制史教材，则始于1963年的《中国国家与法权历史讲义（初稿）》第一分册。即，以恩格斯《家庭、私有制和国家的起源》的国家起源说为理论武器，考察传世文献所记载的夏之国家机构及其职能。[④]这种叙述模式，一直被各种版本的法制史教材和相关论著沿用下来。

其实，历史学界也一直面临着这个问题。历史学家张帆有如下的概括：

---

① 北京大学法律系国家与法的历史教研室编:《中国国家与法的历史参考书》第1分册,“目录”第1—4页。

② 肖永清主编:《中国法制史简编》上册，山西人民出版社1981年版，第18—22页。

③ 胡留元、冯卓慧:《夏商西周法制史》，商务印书馆2006年版，第262—281、521—527、542—557页。

④ 中国人民大学国家与法权历史教研室编:《中国国家与法权历史讲义（初稿）》第1分册，中国人民大学出版社1963年版，第7—12页。

中国古代国家的发展，从政权组织结构和统治方式的角度看，可以分为两个阶段。第一阶段包括夏、商、周三代，当时的国家建立在部族联合和分封制的基础之上，属于贵族君主制形态，集权程度不高，管理比较松散。第二阶段从秦朝统一开始，直至清朝灭亡，其特点是以皇帝为核心的中央集权官僚制统治，政权组织结构更加紧密，统治力度也大大加强了。如马端临所总结："三代而上，天下非天子之所得私也。秦废封建，而始以天下奉一人也。"为方便起见，也可以将这两个阶段称为中国的"王制时代"和"帝制时代"。①

一言以蔽之，中国法制史学界存在的问题，即，以秦汉以后"帝制时代"的国家政权组织结构，来构建"王制时代"的商、西周的国家政权组织结构。因此，历史学界对这两个阶段的划分即"王制时代"和"帝制时代"，同样也可以考虑适用于中国法制史的叙述。

法律史学者应当随时关注历史学者有关这个问题的最新成果和相关研究动态，并吸收到先秦法律史的研究之中。例如，林沄早就提出"商代国家是方国联盟的新观点"，"经过三十多年的探索，目前先秦史学界在夏、商、周三代都是复合制国家这一点上基本上已经达成共识了。这种国家有什么具体的特点则还在逐渐深入的认识过程中"。具体而言，"商代的国家并非统一的大国，而是众多方国的联合体。因此商王第一重身份乃是方国联盟的盟主。这种盟主地位主要是靠不断的征战胜利而取得、巩固和强化的"。"成汤在与夏桀决战之前，很有可能像周革汤命之前一样，已经组织起自己的方国联盟而称'王'了"。而"殷墟卜辞中的武丁自称为'王'。当然是继承他的先王的功业，而他

① 张帆：《中国帝制时代"君主专制"问题片论》，载北京大学历史学系、北京大学中国古代史研究中心编：《吴荣曾先生九十华诞颂寿论文集》，中华书局2018年版，第733页。

自己领导的一系列对其他方国的征战，无疑更强化了他的王权”。应该说，“从商代到周代，总体上是继承大于变革”的。[①]

邢义田曾特别提醒研究者，“中国史研究还是不能过度依赖社会科学的理论”，即：

> 来自西方的社会科学和史学理论不是没有好处，好处是可以自不同角度刺激思考和提问。但以中国古代史而言，我感觉如何正确解读史料，应该更为根本。古代史史料太少、太片断又不易确实掌握其意义，即便能套用理论去提问，多半没有材料可以回答，能借理论深化认识的更为有限。稍一不慎，生搬硬套、削足适履的毛病就上身。我据涵化理论谈府兵制，用计量方法分析孝廉问题，都是活生生的例子。这些经验和觉悟，使我不想再卖弄理论。[②]

笔者非常认同他的这个亲身体验。正确解读史料才是更为根本的，套用某种理论框架恐怕是不切实际的削足适履之举。

---

① 林沄：《商史三题》，“中研院”历史语言研究所2016年版，第98、99、137页。

② 邢义田口述、马增荣笔录：《真种花者：邢义田访谈录》，三联书店（香港）有限公司2022年版，第13、15页。

睡虎地秦简《法律答问》中的"人道"思想*

张艳林**

摘　要　云梦睡虎地秦墓竹简作为秦律的载体，其内容并非只有严苛的法律条文，也闪耀着诸多符合人类社会发展规律，追求人的生命、价值、尊严、平等和发展的思想。《法律答问》部分从其规制社会生活内容，"廷行事"的判例形式、恤刑明允原则、法的公开与普及、以"智""端""欲"的标准区分故意与过失、主观期待性以划分刑罚，以身高作为责任能力认定尺度等制度均体现出中国传统"人道"思想。

关键词　睡虎地秦简　法律答问　人道　儒家　法家

世人提及秦之法，往往离不开在法家"法""术""势"思想影响之下，以刑与罚为主要手段的法律制度体系。在"乱世用重典"的指导思想下，秦之法逐渐走向严苛与残酷，并成为秦暴政的标志。睡虎地秦

---

*　因原简牍存在文字缺失无法辨识等情况，本文所引用的简牍排序与内容参照中国政法大学中国法制史基础史料研读会整理发表于《中国古代法律文献研究》第12辑《睡虎地秦简法律文书集释（七）：法律答问1—60简》、第13辑《睡虎地秦简法律文书集释（八）：法律答问61—110简》、第14辑《睡虎地秦简法律文书集释（九）：法律答问110—135简》编排，简文以该系列丛书释文为基础进行研究。

**　张艳林，西南民族大学旅游与历史文化学院讲师。

墓竹简所记载的不仅有秦律条文，还有律文的解释、判例与治狱程序等，仔细研读不难发现在通过"刑"与"罚"实施对身体、财产等处罚之外，也处处闪耀"人道"。本文所论之"人道"可从两个维度理解。第一维度为与天道、地道相对应的人道。《老子》曰："有物混成，先天地生……字之曰'道'……故道大，天大，地大，王亦大。域中有四大，而王居其一焉。人法地，地法天，天法道，道法自然。"[①]"道"可分为天、地、人三道。天道讲阴阳、四时，是宇宙万物遵循的最本质的规律。地之道，则属五行，物质，是运行的客观社会、生活环境。人道，即指为人之道，指人的行为的规范或规律。而"王"仅是受天命行"人"道的统治者。天、地、人三者共同运行、相互作用方有人取法地，地取法天，天取法道，道最终取法自然。由此维度，睡虎地秦墓竹简所载秦律作为"人"的行为规则、人类社会的行为规律，无疑是人道的。第二个维度的"人道"则指涉于人的生命、尊严、地位、价值的尊重，追求人的自由、平等。凡称人道多以西方人道主义思潮理论为基础，该理论产生于14—16世纪的文艺复兴时期，强调对人的生命、价值和人性的尊重与关怀，对人的自由、平等和发展的追求。这个维度的"人道"则与中国传统文化中儒、法二家思想对"人"的关切异曲同工。

作为对中国历史影响深远的儒、法两家思想，二者的关系学界已有诸多共识，认为"儒法斗争主线"[②]是在特定历史条件下对历史人物人为地政治性划分与虚构。法家源出于儒家，也是广泛的共识。钱穆认为"开诸子之先河者为孔子"[③]，"人尽夸道教政，顾不知皆受之于李吴。

---

① 《道德经》。

② 俞荣根：《超越儒法之争——礼法传统中的现代法治价值》，《法治研究》2018年第5期。

③ 钱穆：《国学概论》，商务印书馆1997年版，第34页。

人尽谓法家原于道德，顾不知实渊源于儒者”[①]，章太炎也支持法家本来自儒家出的观点。法儒两家的思想，无论是“德主刑辅”还是“务德不务法”，在维护统治秩序的前提下，在对于“人”的关切上，虽有分歧，但并非绝对排斥。儒家历来以“仁”与“礼”为核心，重民、顺民，强调“民贵君轻”，重道德与人伦，自然有诸多“人道”思想。法家在重视法令赏罚的基础上，虽以人性本恶为基点，弱化道德作用，但并非全盘否定“人”的价值。作为法家“大宗”，在重视法令基础上，管仲也将“礼义廉耻”视为国之四维加以重视。慎到也曾提出“法非天降，非从地出，发乎人间，合乎人心而已”[②]。如果秦律只有非人道的严刑峻法，何以“秦人皆趋令，行之十年，秦民大悦”[③]。

在战国及封建帝制初期的秦，虽崇尚法家“以法治国”的路径，其对“人”的认知与一千多年后的人道主义理论标准相去甚远，但研读睡虎地秦简《法律答问》内容，不难发现，以法家思想为指引的秦律并非只是冰冷严苛的制度，相反，无论是从“刑不上大夫”到“法不阿贵”的平等适用的转变，还是在恤刑中体现的“仁者，爱人”的以人为本，都能感受到具有儒法融通特质及中国文化传统特色的“人道”精神。

一、《法律答问》体例中的“人道”

睡虎地秦墓竹简，又称睡虎地秦简，1975年12月出土于湖北省云梦县睡虎地十一号秦墓。墓主“喜”是一名在秦始皇时期曾任安陆令史、安陆御使、鄢令史等职务的小吏。睡虎地秦简记载了战国晚期至秦

① 钱穆：《先秦诸子系年》，商务印书馆2005年版，第264页。
② 梁启超：《论中国学术思想变迁之大势》，上海古籍出版社2001年版，第147页。
③ ［汉］司马迁：《史记》卷68，中华书局2006年版，第2231页。

始皇时期的秦的法律制度、行政文书、占卜书等，共1155枚完整竹简，残片80枚，内容主要包括十部分：涉及法律制度的《秦律十八种》《秦律杂抄》《法律答问》；涉及官方军备物资管理和度量衡的《效律》；载明审判原则及对案件进行调查、勘验、审讯、查封等方面的规定和案例的《封诊式》；记载秦国对外战争和墓主事迹的《编年记》；对县道官员发布告示的集锦的《语书》；官吏的行为规范的《为吏之道》；日常活动择吉避凶的甲种与乙种《日书》。其中《语书》《效律》《封诊式》《日书》为原竹简上载明的标题，其他均为后人整理拟定。

其中《法律答问》共计210枚简，共187条，均无标题。出土时部分竹简已散乱，现有编联为整理小组根据《法经》六篇的次第试排而得。简文中出现“孝公”，可以推测《法律答问》记载的是商鞅变法之后秦的制度。此外，简文中还有“以玉问王”，从“王”可以推测部分简文内容为秦统一六国之前的秦的法律制度。无论从其内容或是形式，均体现着古时“人道”思想的影响与作用。

从《法律答问》的内容来看，对“盗”罪的规制最多，其余罪名涉及主奴、贼杀、婚姻家庭、邻里关系、赡养老人、户籍、民间经济纠纷、征敛、辞讼等内容，涉及社会生活的诸多方面，关切普通人生活与发展。例如在谋生方面：“隶臣有巧可以为工者，勿以为人仆、养”[①]，即隶臣有技能可以做工匠的，就不要当仆人或做劳役。除体现出社会分工分化外，某种程度上体现了对人技能或劳动价值的发现与尊重；在个人财产方面，规定“公有责百姓未赏，亦移其县，县赏”[②]，官府欠百姓债，百姓移居他县后，由移居县偿还，明确表达了尊重百姓私有财产

① 睡虎地秦墓竹简整理小组：《睡虎地秦墓竹简》，文物出版社1990年版，第76页。
② 同上书，第60页。

的立法导向；就夫妻关系而言，秦律保护妻子的人身权利："妻悍，夫殴治之，夬（决）其耳，若折支（肢）指，胅體（体），问夫可（何）论？当耐。"[①]虽处在男尊女卑的封建时代，夫妻社会、家庭地位有着明显差距，但基于"人道"，如若夫随意侵害妻子的人身安全，仍可能面临处罚。此外，秦律通过强制性的义务设定引导邻里互助从而维护社会稳定："贼入甲室，贼伤甲，甲号寇，其四邻、典、老皆出不存，不闻号寇，问当论不当？审不存，不当论，典、老虽不存，当论。"[②]贼入室伤害甲，甲呼喊求救，如经审理四邻确实不在家，则不被论罪；但作为典、老，即使不在家，因为作为管理者，应当有更为严格的义务，故"虽不存，当论"。

就《法律答问》形式而言，籾山明先生有如下分类：1. 特定用语概念的规定，包括：对难懂语句所作辞书性定义、对模棱两可之用语所作的具体性定义、区别分辨不清的两个用语。2. 律无规定的判断：在正文不完全的情况下、在正文全部缺失的情况下，即法律名词解释与法律无规定时候的审判原则与依据。[③]《法律答问》也通过"廷行事"的形式记载诸多已有案例，供处理疑难案件时比照参考。整理小组认为"廷行事"是已有判例，也有学者依据汉律中奏谳制度认为"某些'廷行事'是通过奏谳制度而形成的法庭之惯例"[④]。《法律答问》中出现的"廷行事"，通常有两种情况：1. 用作比照参考，不做结论。如第38、39简所提到控告他人盗窃110钱，审问查明实际盗窃100钱，控告者故意加了10钱的盗窃金额。对于诬告者的处罚，答问规定为"赀一盾依律"

① 睡虎地秦墓竹简整理小组：《睡虎地秦墓竹简》，文物出版社1990年版，第185页。
② 同上书，第193页。
③ 籾山明：《中国古代诉讼制度研究》，李力译，上海古籍出版社2009年版，第236页。
④ 曹旅宁：《睡虎地秦简〈法律答问〉性质探测》，《西安财经学院学报》2013年第1期。

但也同时将“廷行事以不审论，赀二甲”的情形罗列出，作为对照参考。2. 明确结论，以“廷行事”作为定罪量刑的依据或律文的补充说明。比如对仓库管理不善的处罚是依据鼠洞的数量多少与洞口大小决定，这可参考既有案例，或直接在律条中写明某行为已有判例按某罪论处，或列明成例的处罚对象及刑罚。

现代判例法最大的优点，莫过于其使正义看得见摸得着。[①] 判例作为律文补充，还可使官吏与百姓更加精确地预测自身行为须承担的法律后果，对照已有判例，能够预测自身可能受到的处罚，形成威慑，避免“国无明法，不肖者敢为非，是谓重乱”[②] 的情况出现。应律审判的补充，判例比起律文更加浅显易懂，更有助于律法的普及与公开，从而实现法对于不同人的平等与公平适用。从横向来看，同一时期内，判例对律文的补充和说明，使得案件的法律依据尽可能详细与明确，有助于不同地区同类案件的处理尽可能获得同样的对待，有助于维护律法的统一性与权威性。由权威制定的“廷行事”并非某人任意创制的，而是通过严格的先例筛选形成的“模版”，助推律法在不同郡县的审判机关间尽可能统一地适用。

从纵向来看，不同时期内，判例可以保持律法的稳定与连续。在律法没有发生重大变化的情况下，通过将具体的案例与原则融入律法条文中，可以将纵向不同时段的裁判标准形成尽可能统一的标准。

由此可见，《法律答问》不仅从内容上体现了秦律对个人谋生方式、个人财产、婚姻家庭、人身安全、邻里关系等方面超越生存层面的“人道”关切，还从形式上为法律实现平等与公平的适用提供了基础。

---

① 雎晓鹏:《从贾探春的‘判例法’说起”》,《人民法院报》2019 年 10 月 25 日。

② ［战国］商鞅:《商君书·画策》,石磊译注，中华书局 2011 年版，第 135 页。

二、《法律答问》中的恤刑明允原则

“五刑”最早见于《尚书·吕刑》。据传,《吕刑》为周穆王命吕侯为司寇时所作,有改革当时刑罚使之从轻的意旨,其中不乏诸多具有“人道”的法律原则,对秦律也有影响。如师听五辞:“五辞简孚,正于五刑,五刑不简,正于五罚。五罚不服,正于五过。”[①] 即罪情和所承担之刑罚需要相适应,不可徇私舞弊、乘机抱怨采取轻罪重罚或重罪轻判,这与现代法中“罪责刑相适应”原则内核一致。在《法律答问》中也有体现。例如第69、71、72简的“擅杀”行为,区分普通主体与人奴擅杀亲子或具有继承权的非亲子,以宗族血缘关系为基础,处以“为城旦舂”“弃市”“上报”“城旦之,畀主”等不同的刑罚。

而“五刑之疑有赦,五罚之疑有赦”[②] 则是表明正于五刑或五罚但仍有所怀疑的,应当减等处理,这属于与“疑罪从无”原则相类似的“疑罪从轻”。在睡虎地秦墓竹简的《封诊式》《秦律杂抄》等,司法程序、证据规则等方面均有体现。

在《吕刑》中得以制度化的赎刑在《法律答问》中较为常见。与“赀”作为财产刑不同,赎刑并非独立的刑种,而是以财物、劳役等免除应当判决或已经判决的刑罚。不同于过往之赎,秦律可用金钱赎免刑罚,也可用劳役赎免,有赎死、赎宫、赎耐、赎黥等形式。在自古已有的对宗室后裔、有爵位者等特定身份可用金钱赎免刑罚的基础上,《法律答问》中的一些条款赎免可适用于所有主体,无论是否有特殊身份或等

① 王世舜、王翠叶译注:《尚书》,中华书局2012年版,第325页。
② 同上书,第327页。

级。如第65简中“內(纳)奸,赎耐”[①]收容坏人,可赎耐。在第30—31简中也有规定撬门行窃,某些情况下要赎黥。

简而言之,刑罚循道而治、罪责刑相适应、用刑中正、上下比罪、惟察惟法等“人道”原则体现在《法律答问》的具体情形与方法中,在实现法权威性与社会治理目的的同时,一定程度上保护了人的基本权利。

三、性质探讨及“法”的公开普及

关于《法律答问》的性质,长期以来学者基于秦律条文编联、律文解释及法律制度等不同视角持有不同的观点,比较主流的观点有四种。一为通说。整理小组认为,法律答问“多采用问答形式,对秦律某些条文、术语及律文的意图作出明确的解释……秦自商鞅变法,实行‘权制独断于君’,主张由国君制订统一政令和设置官吏统一解释法令。本篇绝不会是私人对法律的任意解释,在当时具有法律效力”[②]。由此可见,整理小组将《法律答问》定性为官方制订的,具有法律效力的法律解释。陈公柔在通说基础上进一步分析认为答问“由掌握执法权力的机构人员,以答问的形式对法律上的某些条文的解释……与条文具有同等的法律效力……须由中央一级的衙署来制定。……《答问》中的诠释,必须是出自御史及丞相处之法官,而以御史处之法官最有可能”。[③]二是“学吏教材”说。张金光先生主要持“学吏教材”的观点:“《法律答问》是对律文的解释,答问内容主要为量刑加减……睡虎地秦简法律

① 睡虎地秦墓竹简整理小组:《睡虎地秦墓竹简》,文物出版社1990年版,第108页。

② 中国政法大学中国法制史基础史料研读会:《睡虎地秦简法律文书集释(七):〈法律答问〉1—60简》,载中国政法大学法律古籍整理研究所编:《中国古代法律文献研究》第12辑,社会科学文献出版社2018年版,第51页。

③ 陈公柔:《先秦两汉考古学论丛》,文物出版社2005年版,第179页。

部分为法律教本，就是供明晰法律用的法律教材选编。[①]在睡虎地秦简中，除了《编年纪》外，其余“全部切关吏事，应系研习吏事比较完备的材料，乃作教材之用”。[②]在此观点基础上，有学者对比岳麓秦简的一条田律与睡虎地秦简相似的律文，认为“可能是喜学习法律的教本或治狱使用条文，是秦统一之前的律文，而非喜辞世前行用的秦律”[③]。《法律答问》内容涉及盗事者、贼杀、家庭婚姻、郡县除佐及辞讼、民间放牧、租赋徭役、户籍制度、居民之间经济纠纷等，均是以“吏”视角出发，涉及“吏治”的诸多疑难问题，以吏为师，将官府通常处理问题的办法和实务技巧记载备学也不无可能。第三类观点认为《法律答问》是官吏实务指南。该部分一共187条，涉及“盗”共42条，涉及杀人、伤害的具体情形26条，捕亡11条，诉讼相关21条，对于特定概念的解读25条，其余多为“吏”治内容。涉及盗、杀人、伤害、捕亡的条文，多以“行为+结果”，个别条文引入“盗意”等主观要件，以法律要件为指引，对应相应的法律后果；虽寥寥数语，已具备现代法学中“犯罪构成要件”的解释与说明，对于审理者具有指引作用。关于诉讼的解答，法律答问提出了受理标准，也是审理者必备的技能。因此，《法律答问》中的问答包括特定用语概念的名词解释与律无规定时的处理方式，一是为了正确解释例，二则是针对疑罪之律的适用例，这些问答“都是为执行职务而不可缺少的指南”。[④]第四类是“私家解释说”，鉴于目前整理的《法律答问》乃整理小组结合位置、内容整理而成，由于竹简保存不全，目前并无系统的组织结构，多为对具体的问题的解答。但《法律答问》中

① 张金光：《秦制研究》，上海古籍出版社2004年版，第728—729页。

② 张金光：《论秦汉的学吏教材——睡虎地秦简为训吏教材说》，《文史哲》2003年第6期。

③ 曹旅宁：《睡虎地秦简〈法律答问〉性质探测》，《西安财经学院学报》2013年第1期。

④ 籾山明：《中国古代诉讼制度研究》，李力译，上海古籍出版社2009年版，第22页。

多次出现“两种或两种以上不同解释并列共存，是其非官方法律文件的佐证之一。”[①] 例如对于第8简：“司寇盗百一十钱，先自告，可论？当耐为隶臣，或曰赀二甲”[②]，此外，第38、39、44、122、196简等均有以“或”字连接的两种及以上不同处理方式。“或”字的解释，有学者认为有现代法律中“并罚”的意思，不属于解释并存；也有学者认为，“法官有解释法律的权力，但不能对法律有丝毫改动；法官解释有其权威性，但又不是国家明令颁布的文件”[③]。存在这种模棱两可的情况，与法律的确定性是存在矛盾的。换言之，官方解释不可能存在或然的结论。这种“一问二答”的形式，很有可能是喜或者其他吏私人对日常案例或吏民问法的记录。除此外，还有认为“《法律答问》类似汉世‘律说’，或可称之为‘秦律说’”[④]、吏民问法记录[⑤]，等等。

在此探讨《法律答问》的性质，并非为了对其性质进行定性考证，而旨在对其背后的思想及作用进行分析。无论《法律答问》属于“官方法律解释说”“学吏教材说”，抑或“实务指南”、私家解释或学吏笔记，其条文及规定均有“人道”精神。首先，如按照整理小组观点，《法律答问》是官方对当时律文的解释，即在当时，已有了现代意义上“司法解释”的雏形。即以官方机构为主体，针对具体之案件，对于法与承载法之精神的律文的解释的公开目的和最终目的都是实现正义和保障安全。就现代意义上的法律解释而言，法律解释通常是由官方授权的组织对立法者立法意图的阐释，或是由司法机关针对法律在执行过程中遇到

① 张伯元：《出土文献研究》，商务印书馆2005年版，第238页。

② 中国政法大学中国法制史基础史料研读会：《睡虎地秦简法律文书集释（七）：〈法律答问〉1—60简》，载中国政法大学法律古籍整理研究所编：《中国古代法律文献研究》第12辑，社会科学文献出版社2018年版，第66页。

③ 张伯元：《出土文献研究》，商务印书馆2005年版，第240页。

④ 李学勤：《简帛佚籍与学术史》，江西教育出版社2001年版，第193页。

⑤ 张伯元：《秦简〈法律答问〉与秦代法律解释》，《华东政法学院学报》1999年第3期。

问题的解释与回应，法律解释通常是为了明确法律适用和统一完善法律体系。而以此为视角，理解《法律答问》也同样适用。睡虎地秦简成书于战国晚期至秦始皇时期，商鞅变法后已有全国通行的较成体系的成文律法，律文较为原则化与抽象化，但在实际审判中，针对相对模糊的律文，不同的“判官”对于律文或有不同的理解，以致对律文的适用、审判结果会有诸多不同。通过答问的形式对过于抽象的律文进行要件式、场景化的明晰与细化，使“判官”能够更加准确地理解律文要旨，告别晦涩的法律条款，防止权力者滥用职权，将律文更加公平公正地用于审判中。在秦始皇统一六国后，高度的中央集权亟须天下“车同轨，书同文，行同伦”[①]的政策支撑。以答问形式作出的法律解释就发挥了“行同伦”中统一法律适用的功能，通过明晰部分概念和解答疑议，统一“天下”的律文见解，进而以实现各郡县之间对同一问题审判的相对公平与公正。此为“人道”其一。

其次，如果《法律答问》并非官方法律解释，而是“学吏教材”或官方“实务指南”，乃至于私人对法律的解释或私人学吏笔记，也可证成“皇极”之道与法的合一。墓主“喜”作为地方品级并不高的官员，能够获得并学习“学吏教材”或处理官府事务的“实务指南”，反向表明秦通过对官吏日常实务的教材或指南的推广，是为“普法”，力图在各郡县间实现官吏所依“法”之统一。此为“人道”其二。

再次，《法律答问》的存在证明当时的“法”已具备一定程度的普及性与公开性。

《商君书·定分》中秦孝公已有“法令以当时立之者，明旦欲使天下之吏民皆明知而用之，如一而无私，奈何？”[②]之问。通过“为法令，置

① 唐品主编：《礼记精粹·中庸》，天地出版社2017年版，第335页。

② ［战国］商鞅：《商君书·定分》，石磊译注，中华书局2011年版，第186页。

官吏，朴足以知法令之谓者，以为天下正"[①]设置专管官吏，以"皆各以其故所欲问之法令明告之"[②]的形式，回答百姓关于律法在生活中适用的困惑，使得"法明白易知而必行"[③]，最终达到"民愚则易治"[④]的社会效果。由此可见，早在商鞅变法时期，统治者已对法令的向百姓普及与公开做出了顶层设计，并通过专事法令官员的设置和"以室藏之"等方式，形成中央到郡县"法官"与吏、民三者制衡的关系。

秦国经过对外不断开疆拓土、对内的系列改革，国力逐渐强大，也形成了有一定体系的"法"的文化。《法律答问》作为其法令的载体和表现形式，一定程度上证明了当时法令的普及与公开。首先，从地理位置来看，睡虎地秦简出土于现湖北省云梦县，在战国前期并非秦之疆域，至秦穆公时期，云梦县属于楚地。随着秦国的征伐，战国末期至秦始皇时期，现湖北省云梦县虽已被纳入秦国版图，但其疆域广大，云梦县仍不属于秦国统治的中心腹地。在郡县制的推行下，曾属楚地，偏安秦一隅的云梦，也已实现法令上的"行同伦"，无差别地适用于秦国法令。其次，从墓主身份来看，墓主"喜"在秦始皇时期曾任安陆令史、安陆御使、鄢令史等职务，职位不高，从其生前抄录的竹简中选录了律文、名词解释、办案实例，还有检验、勘验等刑侦和法医学相关内容来看，墓主"喜"可能是专事法律实务的基层小吏。也就是说，秦之普法已推行至郡县乃至更为基层的地区，由于古时司法权与行政权合一，专职官吏负责普法"使天下名皆知而用之"，也负责执法、审判，等等，百姓有关于法令困惑，皆可问法于吏。由此可见，当时的"法"已具备了一定程度的普遍性与公开性。

---

① ［战国］商鞅：《商君书·定分》，石磊译注，中华书局 2011 年版，第 187 页。
② 同上。
③ 同上书，第 189 页。
④ 同上。

无论《法律答问》的性质如何，正是由于律法的普遍适用，才会有诸多疑议需要去明晰与解答，无论解答主体为官或私，通过解释、教材或指南的形式，将律文公之于众，使得人人均可了解、学习“法”，并非以仅为强权机关或统治阶级知晓熟悉的隐秘的“恶法”肆意强势推行，增加民的负担。法的公开和同等的适用，是中华法思想的进步与“人道”的最佳彰显。

四、量刑要件中的“人道”

《法律答问》中已明确犯罪动机等主观要件作为量刑的依据。第一类，根据主观上是否有犯意，即以“智（知）”与“不智（知）”、“端”与“不端”、“欲”与“不欲”来区分行为人的主观恶意程度，从而在量刑上存在差异。

1. 犯罪动机——“智（知）”与“不智（知）”

第14简到16简，写明了“盗”罪中，夫盗妻匿的三种情形，其中：

第14简：“夫盗千钱，妻所匿三百，可（何）以论妻？妻智（知）夫盗而匿之，当以三百论为盗；不智（知），为收。”

第16简：“妻所匿百一十，可（何）以论妻？妻智（知）夫盗，以百一十为盗；弗智（知），为守臧（赃）。”

通过条文可以看出，无论妻子是否知道钱的来源，在秦律中均认定为共同犯罪，夫妻双方均须处以刑罚，但以妻子主观上的“智（知）”与“不智（知）”，在量刑上体现出差异。夫盗1000钱，妻匿300钱，如妻子知道钱为盗窃而来，则妻子以盗300钱处以完舂；如妻子不知，则仅处以“收”刑。夫盗200钱妻匿110钱时，如妻子知道钱为盗窃所得，则以盗110钱处以耐隶妾，如不知则仅处以“守臧”。

2. 犯罪故意与过失——“端”与“不端”

在第 43 简中，以“端”和“不端”区分嫌犯在主观上是否故意，从而在量刑中考虑处以不同的法律处罚，这一点在诸多简文里均有体现。

表 1

简文	主观方面要件	结果
第 43 简：甲告乙盗牛若贼伤人，今乙不盗牛、不伤人，问甲可（何）论？	端	诬人
	不端	告不审
第 33—34 简：士五（伍）甲盗，以得时直（值）臧（赃），臧（赃）直（值）过六百六十，吏弗直（值），其狱鞫乃直（值）臧（赃），臧（赃）直（值）百一十，以论耐，问甲及吏可（何）论？甲当黥为城；吏为失刑罪，或端为，为不直（值）。	端	甲：黥为城旦；吏：不直
	不端	吏：失刑罪

“端”为故意，以此来衡量行为人主观上的恶意程度。在 43 简中，区分告者是否为故意诬告，如属故意，则被认为是犯罪，需要进行审判并依照“诬人”承担相应法律后果，如非“端”，则虽告不审。故意与否不仅针对百姓犯法的情况，也对官吏等“公职人员”在履职过程中故意或过失的违法行为进行规范。在第 34—34 简则规定“吏”在违反程序行为出现审判错误的情况。由于甲盗窃，在抓获时应当对赃值认定为 660，当时吏仅按盗窃 110 处罚。在此情况下，以“端”与“不端”区分吏在职务行为之下是否存在违法的故意。如吏的误判是过失造成，则以“失刑罪”，即在刑罚的适用或量刑上出现错误来处理，而如果是故意为之，则处以“不直”加重处理。“不直”是针对官吏职务犯罪的罪名。在《法律答问》第 93 简对该罪名进行名词解释，解为“罪当重而端轻之，当轻而端重之”，即专职官吏在审判时故意将罪重按罪轻，将轻罪故意判为重罪。

3. 主客观统一——“欲”与“不欲”

除了在主观上按行为人是否有犯罪动机、是否具有主观故意之外，《法律答问》还从犯罪主观动机与犯罪行为实施的统一的角度进行了分析与解读。第30—31简针对撬锁盗窃的行为下，犯意的不同与是否实现开锁盗窃结果，处以相应的不同处罚。在有故意盗窃意图的情况下，无论是否撬锁成功，均处以“赎黥”；在无盗窃意图的情况下，如锁已撬开，则认定为“抉”，未能撬开，则处以较轻的财产刑“赀二甲”。

表2

简文	犯意	客观结果	判罚
第30—31简：士五（伍）甲盗，以得时直（值）臧（赃），臧（赃）直（值）过六百六十，吏弗直（值），其狱鞫乃直（值）臧（赃），臧（赃）直（值）百一十，以论耐，问甲及吏可（何）论？甲当黥为城旦；吏为失刑罪，或端为，为不直。	欲有盗	未启而得	赎黥
	欲有盗	弗能启	赎黥
	非欲盗	已启	抉
	非欲盗	未启	赀二甲

4. 责任能力的认定——身高

现代中国的法律中，未满14岁无刑事责任能力，不负刑事责任，已满14岁未满16周岁的仅对八类犯罪负刑事责任；在2021年《民法典》适用后，无民事行为能力界限下调至8岁，8岁到18岁为限制行为能力人，直至18岁能为自身民事行为负完全责任。由此可见，在现代中国法律中，以年龄为划分刑事与民事行为能力的标准。在《法律答问》中，也有以身高作为责任能力的区分和认定的标准。第6简规定“甲盗牛，盗牛时高六尺，系一岁，复丈高六尺七寸，问甲（何）论？当完城旦”。在没有提及其他影响因素的情况下，根据“六尺”与一年后“六尺七寸”的不同身高，对于甲责任能力的认定有所不同，其所承担的责任也有“系”与“城旦”的不同处罚。

在主观要件与犯罪动机方面,《法律答问》中以“智(知)”与“不智(知)”区分是否存在主观上的犯罪动机;以“端”与否区分行为人的故意与过失,以“欲”与“不欲”区分对违法认识的期待可能性,并对其采取区别性的处罚。不同于源于西方法以年龄为责任能力认定标准,《法律答问》中体现了秦律以身高作为责任能力认定依据,并对不同责任能力不同的处罚做了阐述。这些从要件上的精细区分一定程度上体现出了法家在“人皆挟自为心”基础上搭建的以法来治理、以赏罚为手段的制度体系,以期实现“以刑去刑,刑去事成”[①]的目标。但不可否认的是,在主观上将“不智(知)”“不端”“不欲”等并非“挟自为心”进行区分,从而不予处罚或减轻处罚的设定,也是以普通的“人”的发展教化为原本出发点,摒弃简单粗暴的以结果论刑、罚的手段,是具有“人道”光辉的。

五、关于秦律中的“人道”思考

本文分析了睡虎地秦墓竹简《法律答问》部分的“人道”思想,除此之外,“人道”思想在《封诊式》《效律》《司空律》《治狱》以及诸多秦律在司法程序、证据规则中均有体现。在中华传统典籍中,不难发现中华民族的法观念中早已形成的“以礼乐、法俗、政、刑、律典为治道的法律形式体系”[②],无论是制度层面的政、刑、律典,还是思想文化层面的礼乐与法俗,作为治道,均不可避免地受到贯穿中国文化长河的中德、仁、义、三纲、八目、五常、王道的“道统话语体系”[③]的影响与浸润,而在此

① [战国]商鞅:《商君书·靳令》,石磊译注,《中华书局》2011年版,第103页。
② 杜文忠:《“道”之法意》,《中国人民大学学报》2019年第4期。
③ 同上。

文化之下形成的中国文化特色下的“人道”，其内涵大于现代西方概念下的人道主义理论。中华传统文化中的“人道”与我国文化深度融合，包容了“儒”“法”学的精华，除了对人的生命、生存、尊严、价值等的关切外，还包含着对人类以及人类社会行为的规范或规律的遵循与敬仰。所有的制度层面的法、律、令，均皆源于此“大法”。

中国历史数千年演进，人对自身的认识处于进步中，对社会认知也在不断进步中。法律之中“人道”精神的实现程度应根据社会发展不同程度做动态评价，在对中国古代对人的关切进行评价时，绝不以现代的西方人道主义标准去评估和衡量古代社会法律之中的人道情况。首先，本文所探讨的“人道”并非诞生于西方，且在人类进入文明社会之初就已萌发，伴随人类社会的不断发展逐步得以实现与发展。正如对秦律《法律答问》中的“人道”的认识和评价应当回溯到当时分封制土崩瓦解、集权制逐步形成的环境中进行。秦律的制定稳定了社会环境、鼓励耕战，从而生产发展、社会进步，实现国家稳定，客观上是有利于人类社会发展与进步的。其次，古人评价秦律“密如凝脂，繁如秋荼”。在西方世界还在被宗教迫害困扰时，中华民族已经懂得在德与教化失灵的情况下，通过对社会生活各方面细致入微的规定使得社会中的每个人产生成文的、制度化的行为规则，生命得到尊重，财产得到保护，生存得到发展。最后，秦律虽繁杂、严苛，但制度上是平等与公正的。它强调法律的成文，也强调法律的公开与普及，并且通过“法律答问”“廷行事”等方式使其更加简单易懂，教化官吏与百姓对自身行为产生预期。突破了奴隶制以来“刑不可知，则威不可测”的落后制度，已是“人道”莫大的进步。

北魏礼法与女性形象的建构*

——基于故宫院藏北魏女性墓志的考察

张剑虹**

摘　要　北魏律例上承汉晋，下启隋唐，是法律儒家化的典型，依据儒家标准对女性角色定位，这种角色定位与墓志所见的女性形象完全一致，但史书、小说、诗歌里的女性形象更加多元化，不仅有儒家推崇的贤媛，更有妒妇；不仅有温柔娴静，更有勇武、泼辣、干练。形象构建的差异源于各自的功能不同。从与礼法保持一致的角度来看，墓志承担了教化的功能。

关键词　北魏　礼法　墓志　故宫

一、北魏礼法对女性角色的定位

北魏入主中原后，随着生产方式逐渐从狩猎、游牧转变为农耕，在政治层面开始了全方位的封建化改革：禁用鲜卑语，采用汉话；禁用胡服改穿汉服；改鲜卑复姓；提倡胡汉广为联姻，鼓励鲜卑人与汉族精英

---

*　本文得到北京故宫文物保护基金会学术故宫万科公益基金会专项经费资助。

**　张剑虹，故宫博物院研究馆员。

家族通婚，分定姓族，建立了北魏的门阀体制；参之古制，实行礼制改革，以圆丘大祭为核心的祭祀制度代替了游牧民族文化的祭祀制度，确立嫡长子继承制，将孝观念作为礼制的核心，复兴吉、凶、嘉三礼；大规模修律，以儒家化法典代替鲜卑族的习惯法。从398年修订《天兴律》开始，历经《神麢律》《正平律》《太安律》《太和律》，至504年《正始律》完成，北魏在148年的统治时间里，修律持续了106年。这在中国历史上绝无仅有。

> 古代礼律关系密切，而司马氏以东汉末年之儒学大族创建晋室，统制中国，其所制定之刑律尤为儒家化，既为南朝历代所因袭，北魏改律，复采用之，辗转嬗蜕，经由齐隋，以至于唐，实为华夏刑律不祧之正统。

> 北魏之初入中原，其议律之臣乃山东士族，颇传汉代之律学，与江左之专守晋律者有所不同，及正史定律，既兼采江左，而其中河西之因子即魏晋文化在凉州之遗留及发展者，特为显著，故元魏之刑律取精用宏，转胜于江左承用之西晋旧律。①

陈寅恪分析了北魏律例的发展历程、影响因素和特点，这两段广为学者引用，说明了学界认可其观点，北魏律例由此可见一斑。

北魏律例是儒家化法律，礼法合一，体现了儒家礼制的基本精神。对女性角色的定位主要集中于婚姻、家庭、财产等方面。

---

① 陈寅恪：《隋唐制度渊源略论稿·唐代政治史述论稿》，生活·读书·新知三联书店2001年版，第111—112页。

太和二年（478 年），孝文帝诏令仿效古制，重新制定婚礼，著集为律令。

> 婚娉过礼，则嫁娶有失时之弊；厚葬送终，则生者有糜费之苦。圣王知其如此，故申之以礼数，约之以法禁。乃者，民渐奢尚，婚葬越轨，致贫富相高，贵贱无别。又皇族贵戚及士民之家，不惟氏族，高下与非类婚偶。先帝亲发明诏，为之科禁；而百姓习常，仍不肃改。朕今宪章旧典，祗案先制，著之律令，永为定准。犯者以违制论。①

该诏令规定了婚配的门第以及婚礼的仪式，禁止皇族与身份卑微的人联姻，宗室诸王公主必须选择汉族高门为姻亲，婚礼的要件是聘礼。规定同姓不婚的条款。

赋予妇女特殊情况下的离婚权。太和九年（485 年），八月庚申，诏曰："今自太和六年已来，买定、冀、幽、相四州饥人良口者，尽还所亲。虽娉为妻妾，遇之非理，情不乐者，亦离之。"②

赋予妇女财产权。太和十五年（491 年）颁布均田令，妇女可以获得露田二十亩、倍田二十亩、麻田五亩，共计四十五亩。虽然这个数字远远少于男子的受田数目，但这是对妇女在君为天、父为天、夫为天的封建男尊女卑社会中经济上私有财产的认可与保护。

确定了"柔"的女性形象。太和十年（486 年），冬十月，甲戌，诏曰："乡饮之礼废，则长幼之序乱。孟冬十月，人闲岁隙，宜于此时，导以德义。可下诸州，党、里之内，推贤而长者，教其里人父慈、子孝、兄友、弟顺、夫和、妻柔。不率长教者，具以名闻。"③

---

① 《魏书》卷 7 上《高祖孝文帝纪》太和二年五月诏。

② 《魏书》卷 7 上《高祖孝文帝纪》太和九年八月诏。

③ 《魏书》卷 7 上《高祖孝文帝纪》太和十年十月诏令。

二、北魏墓志对女性形象的建构

故宫博物院现藏有62方北魏女性墓志（拓片），有的仅有拓片，无墓志实物，有的拓片和实物兼具，拓片有清代拓片、民国时期拓片和现代拓片，同一墓志可能在不同时期被拓多次。多为独立的墓志，也有夫妇合葬墓志。具体见下表《故宫博物院藏北魏女性墓志（铭）拓片一览表》。

这62方墓志的墓主分为以下几个群体：

1. 皇族女性。由后宫妃嫔、王侯之妃和公主构成，其中，后宫妃嫔、王侯之妃基本是世家贵族女性。比如，城阳王元寿妃曲氏、彭城王元勰之妃李媛华、彭城王元勰之女宁陵公主、北海王妃李元姜等。

2. 世家女性。北魏经过封建化改革，形成了士族门阀体制。世家贵族女性墓志的墓主由在室女和迎娶女构成，不包括迎娶的公主和嫁到帝王家的皇后、妃嫔。这类女性墓志是北魏女性墓志中数量最为庞大的一类。比如，司马景和之妻孟敬训。

3. 职业女官。这是北魏政治体制的一个特色。女官设置较早，并非北魏才有，但北魏之前的朝代都是将女官与后宫嫔妃混为一谈。首次将女官与嫔妃分开，另立女官系统始于北魏孝文帝。

> 置女职，以典内事。内司视尚书令、仆。作司、大监、女侍中三官视二品。监、女尚书、美人，女史、女贤人、书史、书女、小书女五官，视三品。中才人、供人、中使女生、才人、恭使官人视四品。春衣、女酒、女飨、女食、奚官女奴视五品。[①]

① 《魏书》卷13《皇后列传》。

此处详细规定了女官的品阶、责任和权位，将女官纳入国家官员品级体系，女官内司，官居一品，相当于尚书令、尚书仆射这类国家政治事务的首脑，提升了女性的地位。

职业女官是北魏首创，这类女性的墓志也集中于北魏，根据目前出土文献情况，所有北朝女官墓志集中在北魏时期，尚未发现东魏至北周时期的女官墓志。故宫院藏这方面的墓主有6个，分别是女尚书冯迎南、女尚书王僧男、内大监刘阿素、御膳张安姬、御膳王遗女、大内司杨氏。

4. 比丘尼。在佛教盛行的北魏，比丘尼出家之前的身份非常多元，来源于社会各阶层，后宫女性、世家贵妇、平民、婢妾等。比丘尼虽然是职业佛教徒，但其出家前的身份与经历影响到其出家的动机、目的与结局。故宫院藏这类墓主有统慈庆、智首。

对墓主身份的分析是理解其形象建构的基础。在古代社会中，身份是女性一生关键性要素，身份不同，墓志的写法、侧重点不同。对世家女性，墓志会书写其孝敬舅姑、教育子女、管理家务等情况；对后宫妃嫔，可能会涉及墓主处理政务的情况，因为她有足够的机会将管理家政的能力扩展到国家政治领域，这是其他阶层女性无法接触到的。

综合来看，故宫博物院藏的北魏女性墓志（拓片）塑造了辅君助夫的后宫妃嫔、维护家族利益的士族女性、处理政务的职业女官、历经尘世的比丘尼等女性形象，覆盖面广，有一定的代表性。所处年代在太和之后，即孝文帝改革之后，体现北魏中后期、封建化改革之后的女性形象。

表1　故宫博物院藏北魏女性墓志（铭）拓片一览表

序号	墓志拓片名称	时间
1	近拓魏任城王妃李氏墓志	景明二年十一月十九日
2	民国拓北魏侯夫人墓志	景明四年三月二十一日
3	近拓魏司州府人虎各仁妻孙氏墓志（残片）	正始三年二月十九

续表

序号	墓志拓片名称	时间
4	近拓城阳王元寿妃麴氏墓志	正始四年八月十六
5	近拓北魏伊氏张夫人刘华朱墓志	正始四年秋
6	近拓北魏江阳王次妃石婉墓志	永平元年
7	近拓北魏给事君元愿平夫人王氏墓志	永平二年十一月二十三
8	近拓宁陵公主元氏墓志	永平三年正月八日
9	近拓魏北海王妃李元姜墓志	延昌元年八月二十六
10	近拓魏贵华恭夫人王普贤墓志	延昌二年六月二日
11	近拓魏元飏妻王夫人墓志 清拓魏元飏妻王夫人墓志轴	延昌二年十二月
12	清拓/民国拓魏司马景和妻墓志	延昌三年正月十二
13	近拓魏高祖九嫔赵充华墓志	延昌三年九月二十八
14	民国拓北魏耿氏墓志	延昌三年七月十五
15	近拓北魏赵郡王妃冯会墓志	熙平元年八月二日
16	近拓北魏王遵敬并妻薛墓铭记	熙平元年九月八日
17	民国拓北魏王诵妻元贵妃墓志	熙平二年八月二十日
18	民国拓/近拓魏平阳王妃李氏墓志	熙平二年十一月二十八日
19	近拓魏夫人梁氏残墓志	熙平二年
20	近拓耿寿姬墓志	神龟元年三月八日
21	近拓北魏元腾及夫人程法珠墓志	神龟二年
22	近拓魏皇太后高照容墓志	神龟二年
23	旧拓/民国拓魏参军元珽妻穆玉容墓志	神龟二年
24	近拓魏饶阳男元遥妻梁氏墓志	神龟二年
25	近拓魏太尉公穆妻尉太妃墓志	神龟三年六月三十
26	民国拓魏宫内大监刘阿素墓志	正光元年元月十日
27	近拓魏赵光夫人墓志	正光元年十月二十一日
28	民国拓魏第一品张安姬墓志	正光二年三月二十九
29	民国拓北魏王僧男墓志	正光二年九月二十日
30	民国拓魏宫内司高唐县君杨氏墓志	正光二年十一月
31	民国拓魏傅母王遗女墓志	正光二年
32	民国拓北魏司马氏墓志	正光二年

续表

序号	墓志拓片名称	时间
33	近拓女尚书冯迎男墓志	正光二年
34	近拓魏洛阳故人段华息妻□砖	正光二年
35	近拓魏陶翰夫人刘惠芳墓志	正光三年四月五日
36	民国拓/近拓北魏孝明帝元诩充华卢令媛志	正光三年四月三十日
37	近拓辅国将军长乐冯邕之妻元氏墓志轴	正光三年十月二十五
38	近拓魏夫人孟元华墓志	正光四年正月十六日
39	民国拓魏齐郡王妃常氏墓志	正光四年二月二十七
40	近拓/清拓魏元谭夫人司马氏墓志	正光四年三月二十三日
41	近拓魏比丘尼统慈庆墓志	正光五年五月十八
42	民国拓/近拓元緦妃李媛华墓志	正光五年八月六日
43	近拓魏乐安王妃冯季华墓志	正光五年十一月十四日
44	近拓魏元公夫人薛伯徽墓志	孝昌元年十一月二十日
45	民国拓北魏文成皇帝于仙姬夫人墓志	孝昌二年四月四日
46	近拓魏伏君妻咎双仁墓志	孝昌二年五月十九
47	近拓魏元伏牛妻□龙姬墓砖	孝昌二年
48	近拓北魏元公妻薛夫人慧命墓志	武泰元年二月十七日
49	近拓魏穆君夫人元洛神墓志	建义元年四月十八日
50	近拓魏武昌王妃吐谷浑氏墓志	建义元年八月十一日
51	民国拓魏兰将夫人墓志	永安元年
52	民国拓魏比丘尼智首墓志	永安二年十一月七日
53	近拓魏于君妻和丑仁墓志	太昌元年十月二十四
54	民国拓魏王悦及夫人郭氏墓志	永熙二年
55	近拓魏石育及夫人戴氏墓志	永熙二年十一月二十五日
56	民国拓魏元湛妃王令嫒墓志	武定二年八月
57	民国拓/清拓魏任城王妃冯令华墓志	武定五年
58	民国拓魏东安王妃陆氏墓志	武定五年十一月
59	近拓魏若大妻□□砖志	不详
60	近拓魏孟珍妻焦铭砖	不详
61	近拓魏宛德赞妻杜氏墓砖	不详
62	近拓魏中山新口檀女曾优砖	不详

墓志（铭）由正文和铭构成，正文是散文，一般介绍墓主的籍贯、出身、生卒年月与地点、成长经历、优点、成绩等。铭为韵文，讲究辞藻华丽、对仗工整，经常运用叠韵，比如“介兹简简，膺此穰穰……德音秩秩，车服光光……宛宛游鱼，团团飞鹤”（李媛华）；“六笳颎颎，百两攸攸……夜忧耿耿，晨哭哀哀”（冯季华）；“混混三饶，浑浑大夜”（于仙姬）；“英英孤秀，茕茕哲人”（刘阿素）；“翘翘萎楚，灼灼云介”（元飏之妻）。

1. 门第出身

墓志对墓主形象的刻画从介绍、叙述其出身与门第开始。对女性墓主，不但介绍其出身家族，同时介绍其所归家族。出生门第之高贵与所嫁家族之兴旺兼顾。叙述其出身家族时，父亲与母亲家族都会介绍。拓跋休第二子、给事中元愿平之妻王徽音的墓志这样叙述：

> 夫人王氏，乐浪遂城人也，燕仪同三司武邑公波之六世孙，圣朝幽营二州刺史、广阳靖侯道岷之第三女，冀齐二州刺史、燕郡康公、昌黎韩麒麟之外孙。[①]

此段交代了墓主的出身门第情况。乐浪遂城是今天的朝鲜平壤市，王徽音是高丽族。

若墓主出自名门盛族，则会详细叙述其家族情况，不仅有父母，兄弟姐妹情况也都一一记载。门第的介绍往往占了墓志（铭）绝大部分篇幅。比较典型的是彭城王元勰继室李媛华的墓志，李媛华是文明太后孝文帝时期的朝廷重臣李冲第四女。

---

① 《近拓北魏给事君元愿平夫人王氏墓志》，故宫博物院藏。

> 亡祖讳宝，使持节侍中镇西大将军开府仪同三司并州刺史炖煌宣公。亡父讳冲，司空清渊文穆公。夫人荥阳郑氏。父德玄，字文通，宋散骑常侍，魏使持节冠军将军豫州刺史阳武靖侯。兄延，今持节督光州诸军事左将军光州刺史清渊县开国侯。亡弟休纂，故太子舍人。弟延考，今太尉外兵参军。姊长妃，适故使持节镇北将军相州刺史文恭子荥阳郑道昭。姊伸王，适故司徒主簿荥阳郑洪建。姊令妃，适故使持节抚军青州刺史文子范阳卢道裕。妹稚妃，适前轻车将军尚书郎中朝阳伯清河崔勖。妹稚华，适今太尉参军事河南元季海。子子讷，字令言，今彭城郡王。妃陇西李氏，父休纂。子子攸，字彦达，今中书侍郎、武城县开国公。子子正，字休度，今霸城县开国公。女楚华，今光城县主，适故光禄大夫、长乐郡开国公长乐冯颢。父诞，故使持节、侍中、司徒、长乐元公。女季望，今安阳乡主，适今员外散骑侍郎、清渊世子陇西李彧，父延寔。①

这部分内容处于墓志的开头，在实现墓志的基本功能——标志墓主身份及家世以便识别的同时，反映了当时士族门阀风气严重。崇尚朴实之风的北魏政权已经沾染了汉魏晋以来的士族门阀习气。表现在女性婚姻上，就是高度重视婚配门第的高低，讲究门当户对、秦晋相偶。前文已经提过孝文帝改革的一项重要内容是强制鲜卑贵族与汉族士族联姻，并身体力行，为自己的六个弟弟重新安排婚配，墓主李媛华出自陇西李氏，乃关中四姓之一，元勰奉旨与之结婚。

2. 容貌仪表风范

不论墓志是后宫妃嫔还是世家女性，墓志叙述反映出的形象是柔弱婉约、窈窕多姿的轻盈之美，多用洛神、巫山之女、汉上游妃、西施、王昭君等人物典故来表达对女性形象。所见墓主的表述，择其一二：

---

① 《民国拓/近拓元勰妃李媛华墓志》，故宫博物院藏。

“柔婉表于自然，静恭光于素里”（第一品嫔侯夫人）；“生禀淑灵之气，弱表柔敏之姿，怀琬琰而发晖光，蹈肃雍以穆贞懿”（齐郡王妃常氏）；“温柔表于弱龄，闲和章于早岁……穆穆在容，温温表性”（给事中明堂将伏君妻昝氏）；“颜如秋玉，色艳春葩……委縠徐步，望若游霞”（江阳王次妃石婉）；“凝质淑丽，若绿葛之延谷；徽音远振，如黄鸟之集灌”（元愿平之妻王徽音）。

有的用天地灵气来描述墓主的外形：“禀婺光之淑灵，陶湘川之妙气，生而端嶷，幼则贞华，睿性自高，神衿孤远。风仪容豫，比素月而共晖；兰姿照灼，拟芳烟而等映”（太妃李氏）；“禀河月之精，陶清粹之气”（赵郡王妃冯会）；“资含章之淑气，禀怀叡之奇风，芬芳特出，英华秀生”（司马景和之妻孟敬训）；“承联华之妙气，育窈窕之灵姿”（宣武皇帝第一贵嫔夫人司马显姿）；“修姱窈窕，玉莹金相，似星环极，如日照梁”（充华嫔卢氏）。

值得关注的是，在六方女官墓志中，只有冯迎男的墓志描述了墓主的外貌，说她“姿容婉淑”，其他五方墓志均未提及墓主容貌，只叙述了墓主的出身门第、聪慧以及工作能力、工作经历等。在比丘尼统慈庆墓志中，也未提及墓主的容貌外形。例外的是，比丘尼智首墓志中提及她的容貌“蟠根玉岫，擢质琼林，姿色端华，风神柔婉”，意在强调其出身高贵，她是景穆皇帝的孙女，北魏皇室成员。

这与墓主的身份与社会角色定位有关。女官的社会角色在于德、才、能、绩，对其盖棺定论时提及其容貌外形，甚为不妥。对于作为出家人、四大皆空的比丘尼，更无需提及其容貌外形。

3. 德行

与容貌外形不同的是，所有墓主的墓志中均提及德行，而且是当作重点内容叙述，借此证明墓主无愧此生。常见的表述有：

“含章之美，懋于早年；母德之风，志而方着”（显祖献文皇帝第一品嫔侯夫人）；“四行必修，六礼无忒，立言成范，动容作则”（李媛华）；“妇德徽于大邦，母仪光于蕃国”（太妃李氏）；“六行独悟，四德孤闲”（元愿平之妻王徽音）；“七德是履，六行唯彰，与仁何昧，祚善徒声。”（宁陵公主）；“五教聿昭，四德孔绪”（魏故贵华恭夫人）；“三德必修，四行无爽”（魏故乐安王妃冯氏）；“越自初婉，摹典内闱，出妃我后，四德斯谐。”（任城王妃李氏）；“秉四德以基厥身，执贞高而为行本。”（冯邕之妻元氏）；“四德孔修，妇宜纯备。奉舅姑以恭孝兴名，接娣姒以谦慈作称。”（司马景和之妻）、“四教徘徊，七德猷逸”（魏司徒参军事元诱命妇冯氏）、“展转四德，徘徊六行，发言以顺，动应斯敬。”（给事中明堂将伏君妻咎氏）、“姿量外洞，贞丰内效，德比九亲，行征一国，五训俱备，礼染家人”（故城阳康王元寿妃麹氏）。

4. 才艺

不论是皇族女性、世家女性还是女官、比丘尼，从小都可以受到良好的教育，诗书传家。即便是出身寒微的女官，也可以在宫廷里当作宫学生，受到系统的教育。从南朝迁入北魏的女性，更是文学成就甚高。才艺突出的女性基本在墓志中有所体现，比如，“五妙闲草隶，雅好篇什，春登秋泛，每辑辞藻，抽情挥翰，触韵飞英”（王普贤）；“禀气妍华，资性聪哲。学涉九流，则靡渊不测。才关诗笔，触物能赋。”（石婉）；“善于书记，涉览文史”（冯会）；“才丰女典，礼重母仪，古今所传，有矩有规”（慧命）；“聪警逸于机辩”（元斑之妻穆玉容墓志）。

墓志中用较大篇幅褒扬墓主才艺的当属女官墓志：“博达坟典，手不释卷。聪颖洞鉴，朋中独异……干涉王务，贞廉两存，称莅女功，名烈俱备。”（女尚书冯迎男）；“惠性敏悟，日诵千言，听受训诂，一闻持晓……能记释嫔嫱，接进有序，克当干心。使彤管扬辉”（女尚书王僧男);“女功纲综,巧妙绝群……化率一宫,课艺有方,上下顺厚”(大内司杨氏);“宰调酸甜,滋味允中”(御膳王遗女)。

5. 处理家务与家庭关系

在“妇主中馈,惟事酒食衣服之礼耳”的理念之下,女性的基本职责被定为敬老、事夫、育子。因此这部分内容是已婚妇女墓志不可缺少的内容。

> 奉舅姑以恭孝与名,接娣姒以谦慈作称。恒宽心静质,举成物轨,谨言慎行,动为人范。斯所谓三宗厉矩,九族承规者矣。又夫人性寡妒,多于容纳,敦桃夭之宜上,笃小星之逮下。故能庆显螽斯,五男三女,出入闺闱。讽诵崇礼,义方之诲既形,幽闲之教亦着。然尽力事上,夫人之勤;夫妇有别,夫人之识;舍恶从善,夫人之志;内宗加密,夫人之恤;姻于外亲,夫人之仁。夫人有五器,而加之以躬检节用。[①]

该墓志勾勒出墓主侍奉舅姑、教育子女、处理亲戚关系、勤俭持家的完美形象,塑造了儒家淑女标准的范例。

在已婚妇女中,有一类孀居独处的妇女,墓志多歌颂其守贞保节、养育子嗣。元勰的继室李媛华是个典型,她26岁守寡,育三子两女,其中第二子是孝庄帝。宣武帝元恪和高肇合谋杀害元勰,元勰被害当天,李媛华刚生下最后一个孩子,“时勰妃方产,勰乃固辞不赴。中使相继,不得已乃令命驾,意甚忧惧,与妃诀而登车”。[②]李媛华刚生产,危急时刻又送丈夫走上不归路,其心情暗淡绝望可想而知,“崩城结涕,朝哭攒悲”。[③]

① 《清拓/民国拓魏司马景和妻墓志》,故宫博物院藏。
② 《魏书》卷21下《列传第九下·献文六王下》。
③ 《民国拓/近拓元勰妃李媛华墓志》,故宫博物院藏。

> 子子讷，字令言，今彭城郡王。妃陇西李氏，父休纂。子子攸，字彦达，今中书侍郎、武城县开国公。子子正，字休度，今霸城县开国公。女楚华，今光城县主，适故光禄大夫、长乐郡开国公长乐冯颢。父诞，故使持节、侍中、司徒、长乐元公。女季望，今安阳乡主，适今员外散骑侍郎、清渊世子陇西李彧，父延寔。……藐尔诸孤，实凭训诱。诞此三良，形兹四国。无事（孟母）断机，弗劳屡徙。而日就月将，并标声价。齐名三虎，迈响八龙。妃既善母仪，兼闲妇德，三从有问，四教无违。①

此段墓志用了大量的典故来颂扬李媛华守节将子女抚养成人的事迹。将其比喻为孟母，儿子比喻为“三虎”“八龙”。“三虎”指东汉贾彪兄弟三人，素有贾氏三虎之称，“八龙”指东汉荀淑有子八人，时人称之为“八龙”。而李媛华三子亦“颁圭锡社，且公且王”。嫡子子讷“善武艺，少有气节”，次子子攸后登基为皇，是为魏孝庄帝，小子子正为始平王，居王侯之位。两个女儿也分别是县主、乡主，嫁入世家豪门。

还有育女功成的妇女，这种功绩主要通过女儿婚配盛门来显示，如冯邕妻元氏“二女未笄，皇子双娉，虽复妫姜取贵，杞宋见珍，何以加也”②。以舜之二妃、周室三母、齐杞梁妻及宋恭伯姬四位古代女性典范比拟其女可配皇族之弥足珍贵，彰显育女有成，也一定程度上反映了女性地位的相对提高。

后宫妃嫔的墓志还涉及处理国家政务。“妇德徽于大邦，母仪光于蕃国，四育宝璋，道映当世，奉时之绩，鸿册流芬。故庙堂庆其诞载，王业赖

---

① 《民国拓/近拓元勰妃李媛华墓志》，故宫博物院藏。

② 《近拓辅国将军长乐冯邕之妻元氏墓志轴》，故宫博物院藏。

其作辅，烈岳之胤，太妃其有焉。”[①]“朝野钦其懋庸，遐迩慕其徽范。”[②]

北魏后妃参政的情况普遍，从北魏始祖神元帝力微皇后窦氏开始，道武帝拓拔珪之母献明皇后贺氏、道武帝夫人贺氏、文明太后冯氏、宣武皇后胡氏等都是史书记载的参政后妃。后宫妃嫔具备识人断事的机智与敏锐力的，能够借助所处阶层的特殊性，逐步涉足政治领域，参谋得失，匡佐政事。

6. 宗教信仰

比丘尼墓志会详细地叙述墓主的宗教信仰。但对于普通妇女来说，有精神信仰的，其墓志只提及一二，寥寥几字带过。比如，“尊佛尽妙，禅练尚其极”[③]。虽然北魏盛行佛教，不少民众信仰佛教，但北魏女性并不是单一的崇尚佛法，更常见的是在接受儒家礼教的同时也学习佛经义理。比如江阳王次妃石婉，既有“履迁之孟”“芒卯之妻”修身以礼、育子以慈的儒礼操行，又不乏“归心至圣，信慕玄宗，东被遗教，无文不揽”的佛学修养。

总体来说，墓志通过叙述墓主为女、为妻、为母三个阶段的情况，塑造了贤妻良母的形象。为女素养主要包括先天条件（形貌、门第身份）及后天形成的素养（才学修养）；为妻之礼包括妇礼、敬老顺夫、守贞抱节三方面；为母之道主要是教养子嗣方面的事功。而且，形象塑造有主次之分：以温柔娴静、孝敬舅姑、恭顺丈夫、慈育子嗣式贤妻良母为重点；因时代条件及民族传统形成的主持家政、侧面辅政等方面也多有表现，这是次要方面。这种塑造路径源于当时社会对女性角色的定

① 《阳平王妃李氏墓志》，载赵超:《汉魏南北朝墓志汇编》（二），天津古籍出版社2008年版。

② 《近拓魏太尉公穆妻尉太妃墓志》，故宫博物院藏。

③ 《近拓北魏元公妻薛夫人慧命墓志》，故宫博物院藏。

位。"妇主中馈，惟事酒食衣服礼耳……如有才智，识达古今，聪明正当，辅佐君子，助其不足。"[①]《颜氏家训》这段话道出了当时妇女的社会角色。

三、北魏史书、诗歌、小说对女性形象的建构

与两汉相比，北魏时期的史书中出现了勇武女性的记载。虽然《魏书·列女传》开宗明义提到"夫妇人之事，存于织纴组纠、酒浆醯醢而已。"[②]但也记载了有勇有谋的妇女临危不惧、冲锋陷阵、保卫城池的英勇事迹。比如，任城国太妃孟氏、梓潼太守苟金龙妻刘氏。她们的事迹不仅在《魏书》里，在《北史》《资治通鉴》也收录。

> 任城国太妃孟氏，钜鹿人，尚书令、任城王澄之母。澄为扬州之日，率众出讨。于后贼帅姜庆真阴结逆党，袭陷罗城。长史韦缵仓卒失图，计无所出。孟乃勒兵登陴，先守要便。激厉文武，安慰新旧，劝以赏罚，喻之逆顺，于是咸有奋志。亲自巡守，不避矢石。贼不能克，卒以全城。
>
> 世宗时，金龙为梓潼太守，郡带关城戍主，萧衍遣众攻围，值金龙疾病，不堪部分，众甚危惧。刘遂率厉城民，修理战具，一夜悉成。拒战百有余日，兵士死伤过半。戍副高景阴图叛逆，刘斩之，及其党与数十人。自余将士，分衣灭食，劳逸必同，莫不畏而怀之。井在外城，寻为贼陷，城中绝水，渴死者多。刘乃集诸长幼，喻以忠

① 《颜氏家训》卷5《治家篇》。
② 《魏书》卷92《列传列女》。

节，遂相率告诉于天，俱时号叫，俄而澍雨。刘命出公私布绢及至衣服，悬之城中，绞而取水，所有杂器悉储之。于是人心益固。会益州刺史傅竖眼将至，贼乃退散。①

《北史》之《杨大眼传》记载了北魏后期名将杨大眼的妻子潘氏一身戎装，与男子一同游猎，至军营中与诸位将领谈笑风生，展现出如同男子一般的豪爽之气。

佛教史籍《洛阳伽蓝记》生动地描绘了北魏各阶层的女性，上至太后、公主，下至婢女、伎女，各有记述，形象各异。作者杨衒之具有极强的儒家思想，对北魏的礼乐教化深为自豪，但也欣赏多才多艺的女性，通过王肃与两位妻子的故事表达了对富有才情、敢爱敢恨女性的赞许。并通过胡太后的行为、瑶光寺藏污纳垢来批判贵族妇女的贪婪、淫乱。

《魏书·李安世传》中记载了李波之妹事迹，通过民歌来刻画其形象："百姓为之语曰：'李波小妹字雍容，褰裙逐马如卷蓬，左射右射必叠双。妇女尚如此，男子那可逢！'"这是以赞赏的态度描写了一位善于骑射的女性在战场上的飒爽英姿。

《世说新语》是魏晋南北朝轶事小说的集大成之作，其《贤媛》篇记载了24位女性，作者在选择贤媛上采取了多元化的标准，女性的德行、才智兼顾，不仅有贞顺守节的形象，也有拥有不俗的个性与卓然才能、追求自由洒脱的人生的形象。比如，王浑的妻子钟夫人和王湛的妻子郝夫人，在强调两人"女德"的同时，也明言两人的"才俊"。《贤媛》在一定程度上展示了当时社会女性的精神风貌，传达了社会对女子才能与智慧的肯定和赞美。女性能够大方地表达对异性仪容美的欣赏，追求平等自由的婚姻观和自我价值的实现。

---

① 《魏书》卷92《列传列女》。

与《贤媛》相对应的是《妒记》，记载了七个妒妇的故事，桓温之妻得知桓温纳李氏为妾后，提刀带着十几个婢女冲向李氏住所，兴师问罪。曹夫人听闻丈夫王导密营别馆、众妾罗列，即命车驾率黄门及婢女，各持食刀，前往杀讨。《妒记》把出于各种原因而产生嫉妒心理的女性收录在一起，虽然并没有作出批判，但通过讲述其中个别女性"无道嫉妒"，塑造出女性嫉妒即是危害的印象。这类作品的出现虽然体现了男权社会中对女性的教戒和束缚，但从另一方面也暴露出这时期的女性显示出自觉意识，她们敢于要求与丈夫的平等地位、反抗夫权，女性的嫉妒心态及其行为有时对夫权形成了一种约束。

四、北魏女性形象建构综合分析

（一）墓志与史书、诗歌、小说构建女性形象的差异

北魏女性形象在墓志与诗歌、小说、史籍叙述中呈现出一定的差异性。史书、诗歌、小说中记载了不少刚健勇武、泼辣大胆的女性形象，从普通劳动妇女到贵族王后。但墓志所见并非对这种尚武勇美之风的向往，而是充满着对娴静、柔弱、斯文、优雅的女性之美的认可与赞许。

考古发掘成果也许能提供一种真相。1960 年，内蒙古额尔古纳河上游新巴尔虎旗发掘出一批早期拓跋鲜卑的墓葬，发现女子墓室内的随葬品亦有环首铁刀、骨镞、铁镞、弓和马衔，[①] 这表明男女两性在墓葬形制和随葬品的类别上并没有明显的差别，也说明二者在生活方式和

---

① 郑隆:《内蒙古扎赉诺尔古墓群调查记》,《文物》1961 年第 9 期。

心性追求上，也颇为相似，北朝女性在生活中颇类于男子，刀马弓箭亦是其日常相随。

从地域来说，墓志女性有北方鲜卑女性，也有南朝投奔而来的汉家女子。从小生活环境、教育背景的差异，塑造了二者不同的形象。“天苍苍，野茫茫，风吹草低见牛羊”“大漠孤烟直，长河落日圆”的土地上孕育出来“愿为市鞍马，从此替爷征”的女性形象，与和风细雨、鲜花烂漫的江南培育出的“欲说还休”的女性形象怎么能一样呢？但奇怪的是，从墓志叙述中，如果不看籍贯、门第介绍，很难区分出墓主的地域。墓志掩盖了地域的差异。

关于夫妻关系，与史书记载相较，墓志中的夫妻关系并没有剑拔弩张，而是情投意合、举案齐眉。墓志侧重表现妻子对丈夫的恭顺有礼，展现为妻者温柔不妒之气度。司马显姿由于不嫉妒、大度，而在后宫得到升迁。“帝观其无嫉之怀，感其罔怨之志，未几迁命为第一贵嫔夫人。”[①]《妒记》中的妇女是不会存在于墓志中的。墓志中的北魏女性无一悍妒，均温柔敦厚，夫妻之结发深情、琴瑟之好难以言表，甚至有妻子去世，为夫者之伤悼情怀。“贞淑而作合君子，敬等如宾，和同琴瑟。”[②]

关于母子关系，史书所载母子关系多元化，并非一派和谐的画面，也有冲突。比如，文明太后因“不得意”而害子献文帝，宣武皇后胡氏亦因“母子之间，嫌隙屡起”而“阴行鸩毒”，以致明帝暴崩。亲母尚有如此狠心，况于后母乎。北魏女性善妒，对于前妻之子，虽不至殴打谩骂，但置之不理、有所忽视的盖大有人在。《颜氏家训·后娶篇》提到“凡庸之性，后夫多宠前夫之孤，后妻必虐前妻之子。非唯妇人怀嫉妒之情，丈夫有沉惑之僻，亦事势使之然也。前夫之孤，不敢与我子争家，提携鞠养，积

① 《民国拓北魏司马氏墓志》，故宫博物院藏。
② 《近拓魏乐安王妃冯季华墓志》，故宫博物院藏。

习生爱，故宠之；前妻之子，每居己生之上，宦学婚嫁，莫不为防焉，故虐之”，颜之推从现实利益层面分析了后母虐待前子的原因，“必虐”这种肯定的语气，说明这种现象并非个例，而是较为普遍的社会风气。而墓志中的后母养育的子嗣既有己生，也有他人之子（大多为丈夫前妻所生之子），特别是后者，体现慈母之气度。比丘尼智首出家前结婚两次，墓志叙述她对待前子“备加慈训，兼厚大义，深仁隆于已出。故以教侔在织，言若断机，用令此子，成名克构”[①]。莫非墓志女性皆为慈母？

关于守节与再嫁。墓志所见女性大多守贞抱节，即使丈夫去世，也一醮不改，私生活淫乱者更无一人。但史书所载并非如此单一，“改嫁实为恒事。后妃、公主，改嫁者亦甚多，而民间无论矣。改嫁有出自愿者，亦有为亲族所迫者，盖终不免有因以为利之意也。以不再醮而见旌表者，亦时有之”[②]。文帝幽皇后与中官高菩萨私乱，宫闱丑事频出。即使身居高位的皇亲贵族女性，也难免混乱之风，这与墓志记载女性之贞节守身的形象形成较大差距。

（二）墓志所见女性形象与礼法精神的一致

北魏墓志对女性形象的构建符合礼法精神。女性要具备温柔的品德，勤俭持家、尊亲抚子，也要有贞烈的品性。说明了北魏政权封建化的过程中，接受儒家思想的长期熏陶，社会风气不断发生变化，社会女性观念由最初的自由奔放转为尊奉封建礼教。

墓志反映了律例对女性地位的规定。冯邕妻元氏“都捐庶业，专奉内事”，其笃信佛法，捐财助贫；贺兰祥妻刘氏“租赋之资，每散姻戚，衣食之惠，必洽舆台”，她们这种布施散财行为说明女性具有相对的财产独立权，与均田令分配女性土地的规定完全吻合。

---

① 《民国拓魏比丘尼智首墓志》，故宫博物院藏。

② 吕思勉：《魏晋南北朝史》，上海古籍出版社 1983 年版。

（三）原因分析

墓志与史书、诗歌、小说对于女性形象建构方面的差异源于各自的功能不同。“行矣且无然，盖棺事乃了。”墓志是对墓主一生行迹的高度概括，墓志本身的特性使其带有谀美性，千余字中勾勒出墓主一生的图景，感知时代特有的韵味。墓志对女性形象的建构，以事实为基础，有一定程度的谀美和拔高，是现实与理想的复合体。这一方面体现了社会对女性的定义与认可，另一方面体现了对女性的要求与期望。

墓志是当时社会价值取向的一种书写形式，有社会统治与管理的舆论引导的功能。在构建女性形象时充满了理想化色彩，将诸多优秀品质集于一人：妇德方面，守贞抱节，贤妻良母；婚姻方面，门户匹敌，秦晋相偶；外形方面，风貌若神，仪形似画；才学方面，习礼明诗，高才清艺。这体现了统治阶层对女性的一种理想化期许，对于越是需要的东西，就越是大力提倡与宣传，以引导风气。统治者需要通过美好品质的宣传引导民众，虽不求内化于心，但社会舆论之影响仍不可忽视。

与之相较，史书、诗歌、小说却不受这些限制，史书在于记录当时发生的事情，以客观、真实为标准，叙述的内容多元化。诗歌、小说的作者则具备更多的自由度，自由选择叙述内容，自由塑造笔下人物。

另外，墓志塑造女性形象符合礼法精神，说明了北魏对于女性的理想化期许符合儒家标准，体现了拓跋鲜卑对汉文化的认可、接受、吸纳与学习。从这个角度说，墓志与礼法一样，承担了教化的功能。

论中国古代法典条标的起源问题*

——兼与《唐律疏议》(唐律)首创条标说商榷

周东平　刘安迪**

摘　要　部分法律史学者认为《唐律疏议》(唐律)在中国古代立法史上第一次设置了条标的观点颇可质疑。从书写材料看,条标应该出现在唐代之后雕版印刷技术成熟的时代。从现存史料看,最早版本的唐律包括《律疏》最初没有条标;目前所见传世文献《唐律疏议》目录中的条标,应是后人增加的,但何时加入并不清楚,且条标数也不一致。即使结合古代法典设"门"的立法技术考察,条标究竟起源于何时,目前只能做出大致时间段的推测,仍难以准确断言,有待进一步探析。①

关键词　《唐律疏议》　条标　目录　起源　版本

---

*　本文撰写过程中,得到楼劲、张春海、赵晶、刘晓林、吕丽、李雪梅诸位先生的指教,在此深表谢意!

本文是2022年国家社科基金后期资助一般项目"《隋书·刑法志》译注"(批准号:22FFXB008)、2021年国家社科基金重大项目"秦汉至唐律令立法语言分类整理、谱系建构与数据库建设"(批准号:21&ZD197)的阶段性成果之一。

**　周东平,厦门大学法学院教授、博士生导师;刘安迪,厦门大学法学院博士生。

①　法条标题是法条正文之外,以醒目的字体、字号,放置在法条正文首部,用尽可能简练的文字和特殊的语法结构,直接揭示法条内容或类型的一种文字表述方式。参见刘风景:《法条标题设置的理据与技术》,《政治与法律》2014年第1期。

条标即法条标题，也称法条题目，其简称除条标外，还有条旨、条目或条名等，其英文为“headnote”，日语为“見出し”。也有人认为它是置于条文前的该条文的内容摘要，是当代中国法规条文之前出现的新生事物，属于近年来某些归国的法学留学人员努力的成果，也是立法技术同外国接轨的结晶。[①]

如果简单地判定条标是近年的舶来品，显然罔顾传统，忽略中国法典及其条标所具有的悠长历史。因为条标能比较准确地反映法条所涵盖的主要内容，尤其方便法典的查阅，是伴随书写材料、立法技术的进步而在中国立法史上产生的新事物，最终成为中国古代法典不可缺少的组成部分，并成为当今可借鉴的立法技术，是我们继承发扬优秀传统法律文化的一个闪光点。

既然我国有悠长的法典条标历史，那么，法典条标是否始置于唐律？作为第一部传世法典的《唐律疏议》是否有条标？本似一个不值得争议的问题。然而，当前学术界对中国古代法典条标的起源问题还存在认知误区，有的学者认为《唐律疏议》（唐律）为中国古代法典设置条标的先河。这一说法未得到学界的相应争鸣，反而在经过反复自我强调之后，似乎已成定论。这种结论不仅与史实存在出入，容易误导青年学子，也反被友邻学科所轻视。故需辩驳澄清，回归原貌，以正视听。

当然，中国法典条标究竟始于何时，在现有史料下并不是一个容易准确回答的问题。本文就此略予梳理，试图有所澄清和推进。

---

① 参见“条标及其英译（一）”，2023 年 2 月 15 日，https://www.51test.net/show/289017.html。

一、问题的由来

现在回看起来，最早明确提出唐律有条标的意见，颇具戏剧性。

随着法史研究的深入，华东政法大学教授、唐律研究专家王立民最早触及条标这一法典的细小结构、技术性层面的问题。该问题与现代立法能够接轨，是一个有意思的论题。

1999年，王立民《唐律条标探析》应是当代学界首篇研究《唐律疏议》条标的专文。该文直接肯定"《唐律疏议》有条标"，开篇就断定"现存唐律的条标数与律条数一致，都是五百零二条。这些条标中有许多问题值得探析，本文仅涉及其中的五个问题"。[①] 具体涉及的是：唐律条标按刑法典的形式排列；条标有原则规定、罪名、罪状三种类型；条标本身很简单，但涵盖律条的内容却很复杂；条标的功用反映了唐律的立法思想、体例、内容等；条标对后世一些朝代和东亚国家的立法产生过影响。在作者看来，唐律有没有条标已不是要探析的疑团，不是前置性的问题，其念兹在兹的苦心孤诣是唐律既有条标的设置、功用、意义。姑且不论唐律是否等同于《唐律疏议》，唐律、《律疏》乃至《唐律疏议》是否为502条，试问，万一如本文研究的结果那样唐律根本没有条标，则皮之不存，毛将焉附？

可惜学界未对该文及时进行学术争鸣。这在某种程度上坚定了作者认为唐律即"《唐律疏议》有条标"的信念，并把这一观念作为此后一

---

① 王立民：《唐律条标探析》，载韩延龙主编：《法律史论集》（第2卷），法律出版社1999年版，第121—132页。后以《唐律的条标》为题，载王立民：《唐律新探》（第2版），上海社会科学院出版社2001年版，第十六章（1993年第1版无此章）。该书"序论二"称："唐律的条标是个值得研究的问题。……可是，长年来人们对其不太关心。'唐律的条标'一章对这一条标进行了较为深入的研究，填补了唐律研究的一个空白。"

系列关涉条标论文的不证自明的当然前提。在此略举数例。2008年，王立民《中国古代律中条标演进之论纲——以唐律、宋刑统、大明律和大清律例为例》认为："中国古代的唐律、宋刑统、大明律和大清律例中都有条标。……唐律便有了502条条标。"[①] 该文强调两点：一是中国古代早在唐律中即设置条标；二是这种条标设置为宋刑统、大明律和大清律所沿袭。前述观点截至2022年在其发表的《论中华法系的创新发展》等文章中不断加以强调，兹不赘述。[②]

此外，还有一些学者承认唐律有标题，但不专门探析是否为条标起

① 王立民：《中国古代律中条标演进之论纲——以唐律、宋刑统、大明律和大清律例为例》，《甘肃政法学院学报》2008年第1期。该文后以《中国古代律中条标之演进》为题，载王立民：《中国法制与法学教育》，法律出版社2011年版，第14—19页。

② 《〈唐律疏议〉的刑事附带离婚制度研究》列举了唐律刑事附带离婚制度所涉及《户婚律》的11个律条，表格里也标明相应的"条标名"。（王立民：《〈唐律疏议〉的刑事附带离婚制度研究》，《法学杂志》2014年第7期。）《中国传统法典条标的设置与现今立法的借鉴》申述"中国在法典中设置条标的历史悠久。早在唐朝制定的《唐律》里就已经设有了条标，……这些法典都完整保存下来，可以看到它们条标的全貌"。（王立民：《中国传统法典条标的设置与现今立法的借鉴》，《法学》2015年第1期。）《中国民法典设置条标新论》认为《唐律》"还是中国采用条标的第一部律典，开启了中国传统律典中设置条标的优秀传统。现存《唐律》共有502条，也有502条条标"。（王立民：《中国民法典设置条标新论》，《学术月刊》2017年第10期。）《〈大清律例〉条标的运用与启示》一文内容摘要："《大清律例》继承了《唐律疏议》《宋刑统》和《大明律》等律典设立条标的传统，也设置了条标。"正文中也认为："中国古代第一部设置条标的律典是唐律，《唐律疏议》中保存了完整的条标。"（王立民：《〈大清律例〉条标的运用与启示》，《中国法学》2019年第1期。）《中国唐律研究70年的三个重要问题》提出："关于唐律的扩展性研究。……包括对唐律的制定年代、体例、原则、制度、律条、疏议、条标、语言、立法技术等的研究。"（王立民：《中国唐律研究70年的三个重要问题》，《浙江学刊》2020年第1期。）《中国古代法典条标的设置、使用与启示》认为："有资料表明，在中国立法史上，《唐律疏议》开天辟地，第一次设置了条标。现存的《唐律疏议》于永徽四年（653年）颁行，共有502条律条（律条即是法条），每条律条都设有一个条标，共有502个条标。"（王立民：《中国古代法典条标的设置、使用与启示》，《人民法院报》2020年10月30日。）《论中华法系的创新发展》认为：唐朝"在律典的体例方面……创新发展为唐律的12篇，而且篇名更为规范与合理。另外，还添加了条标与疏议。"（王立民：《论中华法系的创新发展》，《东方法学》2022年第5期。）

源，而是因袭陈说，如赵晓耕、杨光认为“唐律五百零二条律文标题[1]的拟订也有一个发展变化的过程。过去各版本标题文字粗糙，多有误漏之处，还有以律条开头一个词或词组来表示的。”[2]或引用王立民、赵晓耕的前述观点，以示赞同。[3]或承认《律疏》共502条，有律条标题，但因《唐律》毕竟是古律，其命名方式不合理，如常以开头一个词或词组来表示，使现代读律的人难以理解与接受，故将此类律条标题均予以改换。[4]

当然，条标这个问题也不是没有学者注意到。且不说早期的罗振玉、王重民等人已有论析（详后），今人岳纯之对《唐律疏议》中条标（小标题）的设置问题也提出己见。他观察到诸本《唐律疏议》均有目录，目录分为总目录和目录（也称为“细目”）两部分。总目录只列各篇序号、篇名、条数、卷数，目录则详列卷次、篇目、条数、各条小标题。通过把传世的《唐律疏议》与《宋刑统》的细目部分加以对比，他发现二者有很大差异，进而提出疑问：“如果《唐律疏议》的细目在唐朝已经如现在这样的话，晚出的刑统类法典《宋刑统》为什么不直接采用《唐律疏议》的小标题，那样岂不更经济简捷？”[5]但这一说法只是猜测。其实，北宋天圣七年（1029年）雕刻的《律附音义》就没有条标。随后，他查阅无论是四部丛刊影印的所谓宋刊本《故唐律疏议》，还是出土的敦煌吐鲁番律疏文书，抑或是日本传世的《养老律》残篇，声称虽然唐朝

---

① 即条标之意。

② 杨一凡等：《唐律研究新的里程碑——法史学家评钱大群教授〈唐律疏义新注〉》，《南京大学法律评论》2010年第1期。该文强调钱大群先生“对唐律五百零二条律文标题的重新拟订，与以往不同者十之八九”则是另一个问题。

③ 张田田：《〈大清律例〉律目研究》，法律出版社2017年版，第5—6页。笔者与其交流，知悉其观点已有改变。

④ 钱大群：《唐律疏义新注》，南京师范大学出版社2007年版，“例言”第1—2页。

⑤ 岳纯之：《论〈唐律疏议〉的形成、结构和影响》，《政法论丛》2013年第2期。

可能已经有目录存在，但正文每一条前面应该还没有设立小标题，即未发现条标在正文中出现的蛛丝马迹。设立小标题，应该是元朝泰定四年（1327年）刻印的所谓泰定版《唐律疏议》（元至正勤有堂刻本属此系统）以后的事情。

二、从法律书写材料看条标可能出现的时间段

那么，中国传统法典的条标究竟出现于何时？我们把视野扩宽，从人类书写材料发展的历史可知，各民族在发展的早期，都有将文字包括法律文本镂之金石的经历。十二铜表法和汉谟拉比法典，均是其例，且因其书刻材料而被概称为“金石法”。我国亦曾如此，金文即为适例，如运用金文资料论证西周中叶开始的土地王有制的崩溃。

古代中国主要以农立国，很难出现畜牧业发达地区那种以羊皮为书写材料的羊皮书，其书写材料的改进受农业影响。例如，由于桑蚕养殖带来丝帛的广泛利用，遂出现帛书（亦称缯书），就是书写在缣帛等丝织品上的文字。其起源可以追溯到春秋时期，一直沿用到公元三四世纪前后，行用近千年。长沙马王堆三号汉墓出土的《老子》乙本那幅帛上，尚抄有《经法》《十六经》《称》和《道原》四种古佚书，或被认定为《汉书・艺文志》所载的《黄帝四经》，系久已失传的“黄帝之学”的代表作。这对于我们深入研究黄老学派的思想流变，以及秦汉时期的法律思想，都具有重大价值。

中国古代用竹、木制成的书写材料，流行于东周至魏晋时期（约公元前5世纪至公元3世纪），长期与帛书并用。《尚书・多士篇》记载“惟殷先人有册有典”，可能是中国古代使用简牍的最早记录。《墨子・明鬼》所谓“故书之竹帛，传遗后世子孙”，及《韩非子・安危》

“先王寄理于竹帛”，即此之谓。东晋末年以后，由于纸被普遍使用，简牍才逐渐被废弃。目前我们发现的时代最早的实物简是湖北随州战国早期曾侯乙墓出土的竹简，时代最晚的简是新疆罗布泊楼兰遗址、民丰尼雅遗址和吐鲁番晋墓出土的晋简，共已发掘出土100多批总数将近20万枚的古代简牍，上面记载的文字超过100万字。简牍的内容十分广泛，包括各种官方文书档案、律令、账簿、私人信件，各种书籍抄件、历谱等，有很高的史料价值，甚至填补了我们对秦汉法律认识的大量空白。

那么，此类书写材料可能出现包括条标的这类目乃至小标题吗？答案显然是否定的。

先秦的文章是散装成一篇篇的，如《论语》就是一篇一篇的，前揭帛书《黄帝四经》也是如此。韩非“故作《孤愤》《五蠹》《内外储》《说林》《说难》十余万言”；秦始皇曾读韩非子的书，也不过知道《孤愤》《五蠹》诸篇而已，甚至不知道作者详情。[①] 从韩非子的著述看，当时已经开始出现以篇为主的命名方式，但整体意义上的典籍尚未成熟。到汉代，皇帝赐书可能只赐某些篇章。刘向、刘歆父子整理图书文献时的贡献之一，就是把先秦古书体系化，类似《论语》出现《学而第一》《为政第二》这种以开头文字、词语命名篇章（包括后来的条标名也多有这种类型）的体系。在这一点上，秦汉时期把令名区分为甲乙丙丁戊等，与之类似。[②] 而《史记・太史公自序》载其把526,500字的散装书变成整装书130篇（其中“十篇有录无书”），班固《汉书・叙传》载“为春秋

① 参见［汉］司马迁：《史记》卷63《老子韩非列传》，中华书局1982年版，第2147、2155页。如人或传其书至秦，秦王（始皇）见《孤愤》《五蠹》之书，曰：“嗟夫，寡人得见此人与之游，死不恨矣！”李斯曰：“此韩非之所著书也。”

② 参见陈松长主编：《岳麓书院藏秦简（柒）》之“尉郡卒令”“郡卒令”，上海辞书出版社2021年版，第105—109页；以及后文介绍的荆州胡家草场西汉简牍。

考纪、表、志、传，凡百篇”。[①]但这种尝试难免受时代局限，一方面有限的体系化集中在相同类型的篇章中，另一方面则与前面相似，只记到篇名、篇次而已。更迟一点的王符《潜夫论》第10卷《叙录第三十六》也遍列此前的35篇篇名。比班固稍长几岁的王充作《论衡》，第30卷是《自纪第八十五》，索性连篇名都未列。[②]

金石材料上的文字简短，最长不过几百字，一眼可扫遍，自无目录之需要。帛书类文字以张（或其合拢形态，卷）为单位，也无细目之必要。简牍书籍一旦体积庞大，如有目录，与后出纸张的目录功能虽同，但位置估计不一样。如《太史公自序》等，可视为大目录，皆在书籍末卷；可知“凡古人著书，叙皆在后”[③]。篇、卷名也往往出自此处。

汉代法律膨胀到汗牛充栋的程度，史称武帝以后，“律令凡三百五十九章[④]，大辟四百九条，千八百八十二事，死罪决事比万三千四百七十二事。文书盈于几阁，典者不能偏睹”。[⑤]《晋书·刑法志》记载东汉时“凡断罪所当由用者，合二万六千二百七十二条，七百七十三万二千二百余言，言数益繁，览者益难”。[⑥]之所以发生“典者不能偏睹”“览者益难”的现象，

① ［汉］班固：《汉书》卷100《列叙第七》，中华书局1962年版，第4235页。

② 这大概就是中国后来书籍目录功能的初始。如《三国志·蜀书·诸葛亮传》所载的《诸葛氏集目录》，见［晋］陈寿：《三国志》卷35《蜀书五》，中华书局1982年版，第929页。又如《晋书·曹志传》记载晋武帝尝阅《六代论》，问志曰：“是卿先王所作邪？”志对曰：“先王有手所作目录，请归寻按。”还奏曰：“按录无此。”参见［唐］房玄龄等撰：《晋书》卷50《列传第二十》，中华书局1974年版，第1390页。

③ ［汉］王符著、［清］汪继培笺：《潜夫论笺》卷10《叙录第三十六》，彭铎校正，中华书局1979年版，第465页，“铎按”。

④ “‘章’既可指小的意义单位，如作为律条称谓的‘章’；也可作为大的意义单位，如作为律篇称谓的‘章’。”参见张忠炜：《秦汉律令法系研究初编》，社会科学文献出版社2012年版，第120页。

⑤ ［汉］班固：《汉书》卷23《艺文志》，中华书局1962年版，第1101页。

⑥ ［唐］房玄龄等：《晋书》卷30《志第二十》，中华书局1974年版，第923页。

原因之一不正是在书写材料限制下，法律缺少可资进一步索引或总体把握的细目、条标之故吗？

目前出土的秦汉法律简牍中，也未见条标的痕迹。[①] 这主要受限于当时的书写材料是简牍，在书写内容形成长文的情况下，会采取编缀成书的形式。其编缀方法一般有两种。[②] 第一种为从末简往首简编绳，收卷也是将末简卷在里面。这基本属于"先编后写"，意味着是以从首简开始翻阅为前提，而且编绳从末简开始编联，表明书写分量在最初就已经确定。也就是说，这种收卷的册书是在典籍的情况下采用的。我们看到的《史记》《汉书》《潜夫论》等，大概如此。[③] 另一种编缀方法，是将首简置于内里并向末简编绳，收卷是从首简开始卷。与最初就已确定书写分量的书籍不同，这种收卷方法更适用于依次追加简牍的场合，其适用对象为账簿、名籍之类的书写物。这基本属于"先写后编"，意味着可视为具有文件集性质的册书。这种册书简的收卷方式，意味着君主与臣下的往来文书直接转化为诏并成为令，这个令（诏）又作为文件而被收录。而且，不仅是单个的诏（令），如絜令、干支令中所见，它

---

① 湖南古人堤木牍的整理者认为，其中一块木牍包含汉律目录。该块木牍在正面单独书写了一份所谓汉律目录，如贼杀人、斗杀以刀、谋杀人已杀等条目。该木牍上似只列条目，未列篇目（即《贼律》等名目）。参见张春龙等：《湖南张家界古人堤遗址与出土简牍概述》，《中国历史文物》2003 年第 2 期；张春龙等：《湖南张家界古人堤简牍释文与简注》，《中国历史文物》2003 年第 2 期。有学者也称之为"章目"，参见宋洁：《西汉法制问题研究》，湖南大学 2014 年历史学博士学位论文，第 62 页。这种目录类虽似于条标，但具体看来似乎只是对条文内容的截取，很难说已经达到条标的概括效果，而且不能排除是由拥有者为了个人使用而概括撰写的。

② 参见冨谷至：《木簡、竹簡の語る中國古代》（增補新版），岩波书店 2014 年版，第 72—79 页。

③ 另外，我们今天能看到的秦汉律令并不是刚颁布的状态，往往是书写者手抄的。书写者处在接受法律传播并将其再传下去的中间环节，所接触的法律相对完整，有头有尾，要抄写哪些肯定是清楚的。

们根据需要与内容而被整理为文件。最后，从省览角度看，简牍即使有“简册背划线”[①]作为物理编联次序，但律令细目与律令条文之前的条标仍无法迅速对应，无存在的必要。而制定条标多在律文完成之后，由于简牍材料的限制，更使得立法者无法在律文完成之后再将条标添置于律文前，因而法典条标不可能出现在简牍时代。

从出土实物简看，除依据简牍长度来表示其重要性的“视觉简牍”[②]外，《二年律令》的题名是书写在简背面，律令名则是单独写在一只简上，没有细目、条标等。近年发现的“汉律体系最为完备”“堪称汉律令的一个范本”的荆州胡家草场西汉简牍，涉及律令者3000余枚，“其中律分三卷。第一卷的内容与睡虎地七十七号汉墓出土‘律’基本相对应，第二卷自题‘旁章甲’，第三卷自题‘旁章乙’。三卷皆有目录，目录有小结，分别记作‘凡十四律’‘凡十八律’‘凡十三律’。令分两卷。第一卷自题‘令散甲’。两卷皆有目录，目录有小结，分别记作‘凡十一章’‘凡廿六章’”。[③]胡家草场简虽有总目录[④]，但亦未见细目、条标之存在。

追及三世纪的魏晋时代，是简牍向纸的过渡时期，简牍与纸兼用并行。从走马楼吴简可以证明当时尚以简牍为主要载体，但由于西晋末年的战乱导致其户籍遭受毁坏，东晋王朝需要通过重新编订户籍的

---

① 湖北省荆沙铁路考古队：《包山楚简》，文物出版社1991年版，第4页；孙沛阳：“简册背划线初探”，《出土文献与古文字研究》（第4辑），上海古籍出版社2011年版，第449—462页。至于部分简牍中存有简号，问题更复杂些。

② 冨谷至：《文書行政の漢帝国——木簡、竹簡の時代》第二章“視覺簡牘の誕生”，名古屋大学出版会2010年版，第29—49页。如汉代令的法律形式即为皇帝的诏书，它以“制”字抬头，简的长度比一般的简要长些，为一尺一寸，这种形态在视觉上显示了命令的威严，同时也作为应当遵守规范的担保。参见冨谷至：《漢唐法制史研究》，创文社2016年版，第一部第一章“晉泰始律令への道”，第91页。

③ 荆州博物馆、武汉大学简帛研究中心编著：《荆州胡家草场西汉简牍选粹》，文物出版社2021年版，“前言”第2—3页。

④ 或认为这些所谓的目录，可能类似于遣策，是用来作为档案标识之用。

措施来实现统治，户籍记载遂从简牍变化为纸。东晋权臣桓玄曾下令："古无纸，故用简，非主于敬也。今诸用简者，皆以黄纸代之。"① 在法律方面，史书记载，景初二年（238 年），弥留之际的魏明帝"即以黄纸授（刘）放作诏"。② 据《晋书·愍怀太子传》可知西晋元康九年（299 年），诏书已经写在纸上。曹魏新律十八篇是有别于汉律、具有"篇章之义"的法典，它的书写材料究竟是简牍还是纸张，是个微妙的问题。西晋泰始四年（268 年）新律二十篇、新令四十卷的制定，使令的法律形式与律一样典籍化。法典书写材料由纸取代简牍的变化大约发生在东晋时期。东晋以降，纸张逐渐取代简牍成为主要书写材料。进入纸质时代后的最初数百年中，书籍的主要形态是卷轴，无需使用任何条标，甚至页码符号。③ 所以，法典传播在相当长的一段时间内是靠抄写，雕版印刷技术尚未出现，更未成熟，④ 立法者仍然没有必要徒增劳烦地设立条标甚至细目，即使有总目录，也只粗略记载法典篇目名称及卷次、条数。这从抄写时代后期出现的唐玄宗开元二十五年（737 年）的《开元律》与《律疏》相继以抄本通行（"敕于尚书都省写五十本，发使散于天下"），仅有十二篇的篇名、卷次、条数等信息，以及北宋翻刻的《律附音义》等

---

① ［唐］徐坚等:《初学记》卷 30《鸟部》，中华书局 1962 年版，第 517 页。

② ［晋］陈寿:《三国志》卷 14《魏志卷十四》，中华书局 1982 年版，第 459 页。

③ 作为现代书籍的页码，主要功能在于标序，即标示纸张顺序；索引，即指示使用者翻查具体信息，与现代法典条标的功能有异曲同工之妙。但中国古代雕版书籍的页码，主要是为了雕版版片和装订叶次不错乱而产生的，是为了便利书籍的装订者，而不是阅读者、使用者。所以，几乎没出现目录与页码配合使用的情形。

④ 1974 年西安市西郊的西安柴油机械厂内唐墓出土的梵文陀罗尼咒纸本单张印刷品，经考证，其刻印年代为唐初，或者是 650—670 年，因而是现存世界上最早的印刷品。1906 年，新疆吐鲁番发现的印本《妙法莲华经》卷 5（现藏日本书道博物馆），因使用了武则天时期的制字，被推断为武则天时期（684—705 年）的印刷品，也是迄今世界最早的有年代特征可辨的印刷品。而现存有明确的年代记载的印刷品，则是唐懿宗咸通九年（868 年）雕版印刷的《金刚经》，经卷最后题有"咸通九年四月十五日"字样。

可以窥知。[①] 尽管现存《唐律疏议》（即《故唐律疏议》）[②] 不仅包含总目录，还包含目录，乃至条标，但唐律、《律疏》不等于就是《唐律疏议》，结合当时雕版印刷技术尚未成熟，唐律、《律疏》最初是否包含条标甚至细目录都令人生疑。

我国古代书籍制度的发展，经历了简策制、卷轴制、册叶制三个阶段。从印刷的佛经来看，晚唐的雕版印刷开始出现页码。如收藏在大英博物馆的S.P.2《金刚经》（王玠发愿雕版印刷，868年）已有“页码”，大约同一时期雕版印刷的《大唐刊谬补缺切韵》（P.2014、P.2015、P.4747、P.5531）也标有页码；到五代北宋，雕版印刷技术逐渐成熟，册子装逐渐取代卷轴成为书籍的主流形态，页码使用普及，开宝藏雕版上的“页码”已是统一地以“经名+卷数+纸张数+千字文号”的格式雕于一纸最右侧中间位置，字小于正文并与首行文字保持相当间距，内容丰富且醒目。[③]

唐宋之际，宗教经典的雕版大致还是以卷轴为主，但儒家经典应该是以蝴蝶装等册子装为主。五代时期冯道（882—954年）推动雕印

---

① 《旧唐书·刑法志》记载：“（开元）二十五年九月奏上，敕于尚书都省写五十本，发使散于天下。”同时李林甫等“又撰《格式律令事类》四十卷，以类相从，便于省览”。（［后晋］刘昫等撰：《旧唐书》卷50《刑法志第三十》，中华书局1975年版，第2150页。）出现门标、目录（细目）的可能性本应较大，但受制于抄写时代的大背景，依然没能出现门标、目录，只有总篇目。《通志·艺文略·史类·刑法总类》曰：“《格式律令事类》四十卷。（李林甫纂，律令格式长行敕，附尚书省二十四司，总为篇目。）”（［宋］郑樵：《通志》卷65《艺文略第三》，浙江古籍出版社2000年版，第777页。）此后，如大和年间（827—835年）《新编格后敕》“去繁举要，列司分门，都为五十卷”；《大中刑法总要格后敕》60卷“凡二百二十四年杂敕，都计六百四十六门，二千一百六十五条”。《大中刑法统类》有12卷（一百二十门）。均见［后晋］刘昫等撰：《旧唐书》卷50《刑法志第三十》，中华书局1975年版，第2156页。此时门标是否出现，也没有确切史料可资证明。

② 目前流传下来最早的《唐律疏议》，是元代滂熹斋本，详见下文。

③ 参见武绍卫：《页码的诞生：中国古籍上的页码及其使用》，《图书馆杂志》2022年第6期。

《五经》等书籍，工程浩大，使用的就是"策"①，即"册子"。北宋沈括曾观察到"板印书籍，唐人尚未盛为之，自冯瀛王（即冯道）始印《五经》已后，典籍皆为板本"。②这种册子很可能就是蝴蝶装。一般认为我国官府大规模刻书自此开始。而流传下来的雕版印刷法典，当以宋建隆四年（963年）的《宋刑统》为始。

中国书籍史上的目录虽然出现得也很早，但目录与页码结合、配合使用的情形，直至晚清民国初期也很少出现。传世法典《宋刑统》正文的每卷卷首已设置与条标类似的门目（门标），此后法典目录部分可能逐渐设置条标，成为常例。尽管目录在"具体到篇章、门类与条文标题上，则古人的称呼或有混淆，并不明确"③，但翻刻唐律的北宋《律附音义》尚无条标，更后出的《故唐律疏议》才存在有无条标以及如何条标的问题。迟至《元典章》《大明律》《大清律例》《大清现行刑律》，均包含条标。

三、唐律、《律疏》乃至《唐律疏议》的条标问题

（一）唐律、《律疏》乃至《唐律疏议》条标之疑

唐代《律》十二卷，《律疏》三十卷④，至《宋史·艺文志三》仍著录

---

① ［宋］王钦若等编纂：《册府元龟》卷608《学校部》，周勋初校订，凤凰出版社2006年版，第7018页。

② ［宋］沈括：《梦溪笔谈》，金良年点校，中华书局2015年版，第174页。

③ 张田田：《〈大清律例〉律目研究》，法律出版社2017年版，第3页及同页图1-1。

④ 徐道邻指出：唐律十二篇，"各律分卷，则无所取"，"殆纯以篇幅为断者也"。见徐道邻：《唐律通论》，中华书局1947年版，第90页。其实，章学诚在《文史通义·内篇·篇卷》中也已指出"是篇不可易，而卷可分合也"；在同书《外篇·书朝邑志后》亦曰"篇有义理，而卷无义理故也"。［清］章学诚：《文史通义》，世界书局1943年版，第62、218页。

有“《律》十二卷,《疏》三十卷,唐长孙无忌等作”,今皆已散佚,现在只能通过西域敦煌、吐鲁番等地发现的各种残篇断简见到同时期的实物。作为现阶段研究的无可奈何的次善之策,是使用后代文献《唐律疏议》,这是一般的研究方法。

在此必须注意有人将《唐律疏议》看作唐代《律疏》(尤其《永徽律疏》,[①] 更不用说等同于唐律,甚或视“《唐律疏议》实为一部唐代官方基本法典”[②])的见解。尽管两者在内容上有共通性,但却是完全不同的两种东西。《律疏》三十卷是唐代法典“律”十二篇的官方注释书。与此相对的《唐律疏议》,是后代以唐《律》与《律疏》为素材,在唐代之后(大概是宋末元初)才编纂而成的法律书籍,它既不是唐、宋特定王朝的正式法典,其成立时期和成立过程也不是很清楚,只能大致反映唐律的基本面貌。这一理念应成为我们研究唐律条标问题的出发点。

目前可考的《唐律疏议》的最古老版本滂熹斋本并非宋刊本,应是元刊本。一个简单而有力的理由是,《唐律疏议》并未回避宋太祖祖父赵敬的名讳,如《名例律》“十恶条”疏议直言“责其所犯既大,皆无肃敬之心,故曰‘大不敬’”,而在《宋刑统》中,则将“大不敬”改为“大不恭”。据岳纯之的统计,《唐律疏议》中至少出现29处“敬”字(仅一处有避讳)。假设滂熹斋本《唐律疏议》是宋代刊刻,为何不避宋朝皇室之讳呢?因而滂熹斋本《唐律疏议》应当是宋代以后刊刻的。本文基本同意四部丛刊所收滂熹斋本《唐律疏议》应当是元刊本的观点。[③] 在这一点上,岳纯之也认为:说《唐律疏议》或《故唐律疏议》的书名开始

---

① 持此见解及相关反驳意见,可参见《唐律疏议》,岳纯之点校,上海古籍出版社2013年版,“前言”,第2—5页。

② 陶鹏飞:《〈唐律疏议〉的来源和性质问题研究》,载陈景良、郑祝君主编:《中西法律传统》(第23卷),中国政法大学出版社2022年版。

③ 参见赵晶:《论内藤乾吉的东洋法制史研究》,《古今论衡》2019年第32期。

于元代，大体还是可以接受的。[①]

众所周知，《律疏》的制作年代应当在永徽至开元年间，而现存最古老、最完整的《唐律疏议》是元代刊刻，上距唐代《律疏》成书年代已有数百年之久，我们无法断定开元之后的《律疏》是否经过后人及其何种程度的删辑增补，仅根据现存诸本《唐律疏议》目录中包含有条标，就直接断定唐律、《律疏》乃至《唐律疏议》条标自始存在，是不够严谨和合理的。应该比较考订相关出土文献、传世文献和受到唐律影响的其他古代法典，才能确定唐律、《律疏》乃至《唐律疏议》初成时是否包含条标。

（二）唐律、《律疏》乃至《唐律疏议》条标并非自始存在

为回答前述疑问，以下将从出土文献、传世文献、现存诸本《唐律疏议》，以及受到唐律影响的其他古代法典等方面，论证唐律、《律疏》乃至《唐律疏议》中的条标并非自始存在。

1. 从出土文献来看，唐律、《律疏》最初没有设置条标。有唐一代的唐律是以纸质抄本通行天下。敦煌吐鲁番出土的唐写本唐《律》和《律疏》残卷是最接近唐律原文的历史文献，因而从该残卷入手，可窥见唐律的一些原貌。20 世纪初叶，罗振玉已开始对敦煌出土法制文书的考证工作，1925 年所著《敦煌石室碎金》收录十七种敦煌文献，其中包括《（开元）律疏》残卷，罗振玉作其跋云："唐律残卷，江西李（盛铎）氏

---

① 《唐律疏议》，岳纯之点校，上海古籍出版社 2013 年版，"前言"第 6 页。按：《宋史·刑法志》载，熙宁三年，大理寺曾称"《律》称，以赃致罪，频犯者并累科……《疏议》假设之法，适皆罪等者，盖一时命文耳"。（[元]脱脱等：《宋史》卷 201《志第一百五十四》，中华书局 1977 年版，第 5009—5010 页）。这显然与宋初称《律疏》的说法有所不同。如《宋史·太祖本纪》载，建隆三年"诏注诸道司法参军皆以《律疏》试判"。（[元]脱脱等：《宋史》卷 1《本经第一》，中华书局 1977 年版，第 12 页）。但仅以这一论据说明宋代可能已有《唐律疏议》之名不免单薄。更严谨的说法可能是，《唐律疏议》之名最晚到元代已经出现。

藏，存杂律下凡八十行。以今本校之，起毁人碑碣石兽条，讫得宿藏物条。今本每条有小题，而此无之。”① 王重民亦在《敦煌古籍叙录》载此卷题记云：“……卷子本每条无小题，仅于起端空一字，而识一大硃点。余见江西李氏所藏律疏，及巴黎藏卷亦均无小题，然则小题殆为宋人所增刻欤？著之待考。”② 罗氏与王氏均认同唐律残卷正文每条律文前没有小标题，王氏进一步猜想今本中的小标题是宋人所增。从“S.9460A 永徽名例律断片”（P.30）也可看出，像“八议”等条目也未另起一行，只在行文中起端空一格以示区别。从“P.3690 永徽职制律疏断片”（P.161、P.162）可见每条“诸”字抬头高出一格，律文、注文作大字，疏文作细字双行。可知极端情况下，从“TIVK 70-71 永徽擅兴律断片”（P.89、P.90）甚至可看出每条首无“诸”字，各条连书不移行。可见敦煌出土唐写本唐律残卷与今本《唐律疏议》在内容及体例上存在不小的差异。因此，不能仅因今本《唐律疏议》包含条标（小题），就遽然断定《唐律疏议》更不要说《律疏》自始包含条标。

20 世纪 80 年代末，刘俊文著《敦煌吐鲁番唐代法制文书考释》，收录唐写本唐《律》和《律疏》残卷 15 份，其中的“P.3608、P.3252 垂拱职制户婚厩库律残卷”第 98 行出现“户婚律第四（凡肆拾陆条）”（P.48），但实际上该残卷仅记《户婚律》约不到 37 条，第 153—154 行之间中缺了相当于今本条标序号第 182—192 条的九条多律文（包括首尾两条不全）。如果《垂拱律》有条标，唐人在传抄时因有条标指引，可能就不容易出现脱漏这么多条律文（当然，导致这种抄写疏漏的原因可能是多元的，比如残卷可能出现过其他原因的遗失而导致中缺，或者抄

---

① 罗振玉：《敦煌石室碎金》，东方学会 1924 年版，第 102 页。参见刘俊文：《敦煌吐鲁番法制文书考释》，中华书局 1989 年版，第 196—174 页。按：本文下引此书，不再一一注明全部信息，只在括弧内注明页码。

② 王重民：《敦煌古籍叙录》，商务印书馆 1958 年版，第 141 页。

手本身疏忽所致），以致我们容易一眼看出。由此可见《垂拱律》应该也是没有条标的。而对《律》作解释的《律疏》是“依律生文”，所以最初可能也没有条标。

2. 传世文献也能证实唐律最初没有设置条标。除后出的《唐律疏议》以外，目前所存记录唐律原文的历史文献只有两种，即前揭敦煌吐鲁番出土的唐写本唐律、《律疏》残卷，此外还有宋刻本《律附音义》。[①]《律附音义》系宋人孙奭为注解唐《律》所撰，天圣七年首次刊行，本文所引的版本为南宋重刻天圣本。据《玉海》卷66《诏令》天圣律文音义条称：“先是（天圣）四年十一月奭言诸科唯明法一科，律文及疏未有印本，举人难得真本习读”，故诏“镂板颁行”。《律附音义》收录了十二卷唐律原文，每卷只署小名，不署大名，卷端作“名例律卷第一（凡五十七条）”“卫禁律卷第二（凡二十三条）”“职制律卷第三（凡五十九条）”“斗讼律卷第八（凡六十条）”等，每卷末亦以“名例律卷第一”“卫禁律卷第二”等收尾，均未见目录及条标。或因此才导致此后律条总数为502条之误。这说明写本时代的唐律根本没有设立目录及条标。那么，为解释唐律而作的《律疏》最初是否设立目录与条标也就值得怀疑。

再看日本现存的《养老律》残卷，[②]也从侧面证实《唐律疏议》最初未设条标。成立于日本元正天皇养老二年（718年）的《养老律》，是

---

① 此外，还可以通过北宋法典《重详定刑统》（通称《宋刑统》）大致窥得全貌。但由于现存最古老的天一阁旧藏明钞本《重详定刑统》中有相当多的残缺部分，故若基于此书来讨论唐律与《律疏》的某些问题，存在着一定的困难。

② 《养老律》10卷中现存的手抄本，仅有《名例律》上卷、《卫禁律》的后半卷，《职制律》《贼盗律》，以及《斗讼律》三条。此外，《养老律》虽称为“律”，实际上是由与唐的《律疏》相近的律、本注、疏（也称子注）组成。而将唐《律疏》的“问答”部分，由问答体变成叙事体。关于日本律的基本情况，参见高盐博：《律》，载皆川完一、山本信吉编：《国史大系書目解題》（下卷），吉川弘文馆2001年版。

以唐律尤其《永徽律》为蓝本编纂的，在篇目、体例及内容上对唐律多有继承，但《养老律》卷首的律目录仅粗略记述十二篇的篇目名称与次第，律内每篇起始也仅有“某某律第几 凡某某条”字样，如“职制律第三（凡五十六条）”（“大祀不预申期”条与“大祀散斋吊丧”条也分为两条），丝毫未见条标的痕迹。还有，高丽王朝（918—1392年）效法唐律，在更迟的10世纪初制定、实施的《高丽律》①，本身也没有条标。这也可以反推作为其蓝本的唐律乃至《律疏》最初可能未设有条标。

3. 从现存诸本《唐律疏议》间的差异来看，唐律、《律疏》最初一定没有设置条标。日本东洋文化研究所藏有所谓宋刊本《唐律疏议残一卷》，从残存的《户婚律》“夫丧守志而强嫁”“和娶人妻”等条文看，仅以加黑底的“诸”字标识，没有条标。前揭仁井田陞、牧野巽《〈故唐律疏议〉制作年代考》（下）第七节“关于宋元的加工——反证的研究”考定滂喜斋本系统、泰定本及《养老律》俱无条标；并征引南宋叶大庆的《考古质疑》涉及《宋刑统》时未引条标，而用“篇名+序号”即“上名例四十六条，下三十七条”②，从当时显示律文的习俗说明条标并未普及。

现存诸本《唐律疏议》体例不一，有的既在全书起始处设有包括篇名的总目录以及所有条数（但条数作502或501，并不一致）小标题的全书目录，也在正文每一律条前都相应设有小标题，而有的正文每一律条前则没有小标题。但从没有小目录和条标的《律疏》如何一步步演化为《唐律疏议》，今人并不清楚。现存最早的较完整的《唐律疏议》有两

① 《高丽史·刑法志》载：“高丽一代之制，大抵皆仿乎唐。至于刑法，亦采唐律，参酌时宜而用之。”［朝鲜王朝］郑麟趾等：《高丽史》卷84《志第三十九》，韩国学文献研究所编，亚细亚文化社1990年版，第833页。

② 叶大庆《考古质疑》：“况乎大功以上许相容隐，其或告言如自首法。原注：上《名例》四十六条，下三十七条。”［宋］叶大庆：《考古质疑》卷6，清武英殿聚珍版丛书本，第44页。

个版本系统。其一为滂熹斋本（四库丛刊本属于此系统，按其目录计，共501条），其二为属于泰定版系统的元至正勤有堂刻本（按其目录计，共502条）。今诸本《唐律疏议》律条数与唐律500条不同（详见表1“唐律条数简表”），这是唐律最初未设置条标的最有力证据。

众所周知，唐律上承《开皇律》12篇500条之律典遗绪，《武德律》《贞观律》《永徽律》乃至《开元律》，《旧唐书》《新唐书》《唐六典》《通典》《唐会要》等多种史料如有记载的话，均作十二卷、五百条。如《新唐书·艺文志》曰：“《武德律》十二卷，又《式》十四卷，《令》三十一卷……《贞观律》十二卷，又《令》二十七卷，《格》十八卷，《留司格》一卷，《式》三十三卷（中书令房玄龄、右仆射长孙无忌、蜀王府法曹参军裴弘献等奉诏撰定，凡律五百条……），《永徽律》十二卷”。[①]《旧唐书·刑法志》记载贞观年间“（房）玄龄等遂与法司定律五百条，分为十二卷”。《唐六典·尚书刑部》云：“凡律一十有二章……而大凡五百条焉。”注：“皇朝武德中，命裴寂、殷开山等定律令，其篇目一准隋开皇之律，刑名之制又亦略同……又命长孙无忌、房玄龄等厘正，凡为五百条。”[②]《通典·刑法三·刑制下》亦载唐太宗时，“据有司定律五百条，分为十二卷”。[③]《唐会要》也有同样记载：“贞观十一年正月十四日，颁新格于天下。凡律五百条，分为十二卷。”[④]《贞观律》是唐律的定型，因而唐律律文五百条是定式，自然，解释唐律的《律疏》也相应地有五百条。

---

① ［宋］欧阳修、［宋］宋祁：《新唐书》卷58《艺文志第四十八》，中华书局1975年版，第1494—1495页。

② ［唐］李林甫等：《唐六典》卷6《尚书刑部》，陈仲夫点校，中华书局1992年版，第180—183页。

③ ［唐］杜佑：《通典》卷165《刑三》，王文锦等点校，中华书局1988年版，第4243页。从其后文所载《开元律》“略件文要节如后”所附律文情况来看，也完全不具有条标的可能。

④ ［宋］王溥：《唐会要》卷39《定格令》，上海古籍出版社1991年版，第819页。

表 1 唐律条数简表

唐律条数	书名/版本						
500 条	旧唐书・刑法志	新唐书・艺文志	唐六典・尚书刑部	通典・刑法	唐会要・定格令		
总目录凡 500 条 目录 501 条(职制律 59 条)		故唐律疏议/滂熹斋本(四库丛刊三编・史部)“故唐律目录”*			故唐律疏议/早稻田大学藏本 1、藏本 2	故唐律疏议/万有文库本(商务印书馆 1929 年版)	
总目凡 500 条 目录 502 条(职制律 59 条、斗讼律 60 条)**	律附音义(无总目,但十二卷凡五百条)	故唐律疏议/勤有堂本	唐律疏义/四库全书本	故唐律疏议/清乾隆抄本(国图藏本)	故唐律疏议/清光绪 17 年刻本(国图藏本)	唐律疏议/岱南阁丛书,光绪十七年诸可宝重刻本;商务印书馆丛书集成本	滋贺秀三等译注本;刘俊文、岳纯之点校本;钱大群新注本
(房)玄龄等定律五百余条	真德秀:《西山读书记》乙集之十四“有唐辅臣事业”,刘胜光整理,大象出版社 2019 年版,第 270 页。 ——按:“律五百余条”之说恐误。						

* 钱大群《唐律疏义新注》之“附录:故唐律疏议总目录”注释③④已指明《斗讼律》仍是 59 条的情况。参见钱大群:《唐律疏义新注》,南京师范大学出版社 2007 年版,“附录:故唐律疏议总目录”第 1 页。

** 日本《养老律》职制律凡伍拾陆条(“大祀不预申期”条与“大祀散斋吊丧”条亦分为两条,而不是合为一条)。

滂熹斋本、勤有堂本《故唐律疏议》总目录亦均标明“凡五百条，计三十卷”，其中“一名例，凡五十七条，计六卷；二卫禁，凡三十三条，计二卷；三职制，凡五十八条（按目录计，则五十九条），计三卷；四户婚，凡四十六条，计三卷；五厩库，凡二十八条，计一卷；六擅兴，凡二十四条，计一卷；七贼盗，凡五十四条，计四卷；八斗讼，凡五十九条（按勤有堂本目录计，则六十条），计四卷；九诈伪，凡二十七条，计一卷；十杂律，凡六十二条，计二卷；十一捕亡，凡一十八条，计一卷；十二断狱，凡三十四条，计二卷。”① 总目录中的律文共计五百条整，与史籍所载无异。

然而，从《故唐律疏议》到现今通行各种版本的《唐律疏议》的目录却谓“职制，凡五十九条（包括滂熹斋本、勤有堂本亦是）”“斗讼，凡六十条（勤有堂本）”，则目录中的律文总计是 501 条或 502 条，与史籍所载的 500 条有明显的出入。此外，查《律附音义》各卷首，可知“职制，凡五十九条”“斗讼，凡六十条”，也是 502 条。

为何今本《唐律疏议》多出两条律文？杨廷福在《〈唐律疏议〉制作年代考》一文中提出，《职制》内“大祀不预申期”条与“大祀散斋吊丧”条同属一条，“大祀不预申期”条最后规定了“即入散斋，不宿正寝者”的惩治办法，紧接着“大祀散斋吊丧”条就有“诸大祀，在散斋而吊丧”，显然是上一条的连续和补充，② 因古书无句读标识，这两条律文应该合为一条。《斗讼》内多出的一条也出自同样的原因，“殴缌麻兄姊”条与“殴兄姊”条本为一条，可能在传抄或刊刻时把一条误歧为二条。《律附音义》律文共计 502 条，也是如此。杨廷福从内容和句读的角度

① ［唐］长孙无忌：《故唐律疏议》（滂熹斋本），上海书店出版社 1935 年版，第 1 册“总目录”第 1a—1b 页

② 杨廷福：《〈唐律疏议〉制作年代考》，《文史》1978 年第 5 辑；后载杨廷福：《唐律初探》，天津人民出版社 1982 年版。按：后来的《大明律 · 礼律》这两条确实合成“祭享”一条，而且行文顺序是交叉混合着规定的。

得出的论断颇有道理，但他并未对导致传抄或刊刻失误的技术原因进一步加以探讨。

结合收录唐律正文的宋刻本《律附音义》，以及敦煌吐鲁番出土的唐律和《律疏》残卷，不难发现律条与律条之间没有明确的划分标志，读者区分律条的方式有二：其一按律文意义区分；其二唐律律文经常以“诸”（《养老律》则以“凡”）字开头，一般“诸”字起始就是一条新律文。但也不尽然，如《律附音义》所收“妇人有官品邑号犯罪者”条（第7页）就没有以“诸”字开头，也没有像一般条文那样起始第一字抬高一格。由于缺乏明确的划分标志，后人在传抄刊刻《唐律疏议》时难免会出现误读，遂出现将一条唐律律文释读为两条的情况。这也引发一个问题，条标是对相应律文的精确概括，《唐律疏议》的条标与律文是一一对应的，而且条标往往采用律文开头的文字，如果唐律及《律疏》最初颁布时便包含条标，那么在传抄过程中就有所参照，后人怎会出现重大误读的情况？更不会出现如后出的《唐律疏议》502条或501条那样的低级误读。故可推测：目前所见唐律最初一定没有条标；那么，解释唐律的《律疏》很可能自始也未设置条标；《唐律疏议》的条标并非自始存在，而是后来添加的。所以，才导致条标数乃至条标名都出现不一致的情况。

4. 从受到唐律影响的后世其他法典来看，唐律、《律疏》最初一定没有设置条标。《宋刑统》被认为是宋朝承袭唐律内容的一部基本法典。关于《宋刑统》的编纂，《宋文鉴》卷六三所收窦仪《进刑统表》有明确的记载：“伏以《刑统》，前朝创始，群彦规为。贯彼旧章，采缀已从于撮要；属兹新造，发挥愈合于执中……旧（按：指《大周刑统》，或称《显德刑统》）二十一卷，今并目录，增为三十一卷。旧疏议节略，今悉备文。削出式令宣敕一百九条别编，或归本卷。又编入后来制敕一十五条，各从门类……其律并疏，本书所在，依旧收掌。所有《大周刑统》二十一卷，今后不行。”[①] 根据该《进刑统表》可知，《宋刑统》是以后周的《大周刑统》为底本，在原二十一卷的基础上增加了后来的制敕和被删去的唐律《律疏》，最终整合为包括目录在内的 31 卷。[②] 宋建隆四年《重详定刑统总目补》“凡五百二条，计三十卷”[③]，应是后人增补的。因为付霖《刑统赋解》虽载“一部律内，各分门类”，却又有“撮诸条之机要，触类周知”之说，[④] 可知门类内部需总结“机要”而尚无条标。近人刘承幹《宋重详定刑统校勘记》亦云：“据《玉海》载《刑统》篇目为律十二篇二百十三门五百二条，……独唐律逐条为目，《刑统》分门立目，条本无差，目乃大异，始自何代，不可得详。”[⑤] 其所认为的“唐律逐条为目”，未必可信，至少更迟雕刻的《律附音义》也没有“逐条为目”。所以刘承幹才发出“目乃大异，始自何代，不可得详”的感叹。

《宋刑统》对《大周刑统》的继承主要体现在体例方面，前揭刘承幹《宋重详定刑统校勘记》又指出：“其书体例，详窦氏《进刑统表》中，盖本出周《显德刑统》。”《宋刑统》在编纂时不仅借鉴了唐宣宗《大中刑律统类》以来尤其后周的立法成果，而且对唐代重要的法典唐律与《律

---

① ［宋］吕祖谦编:《宋文鉴》卷 63《进刊统表》，吉林人民出版社 1998 年版，第 589 页。

② 《宋刑统》“全书则设立全书目录，应是在门标题的基础上编制而成，都为一卷，可惜传世的明钞本《宋刑统》残缺，全书目录不存。通行的……卷首都有《重详定刑统总目》和《重详定刑统目录》，但这都是后人以篇名和门标题为基础，参据《唐律疏议》所补，并非《宋刑统》所原有者”。参见［宋］窦仪等详定:《宋刑统校证》，岳纯之校证，北京大学出版社 2015 年版，“前言”第 10 页。

③ ［宋］窦仪等:《宋刑统》，吴翊如点校，中华书局 1984 年版，“目录”第 7 页。中华民国七年国务院法制局重校天一阁本则无此文字。

④ ［宋］付霖:《刑统赋解》，清道光二年黄氏士礼居钞本，第 2 页。

⑤ ［宋］窦仪:《重详定刑统》，附刘承幹:《宋重详定刑统校勘记》，吴兴刘氏嘉业堂刊 1921 年版，“校勘记”第 1a—1b 页。

疏》也吸收甚多，律文部分全部照搬，疏议部分除了删去《律疏序》和其他篇目疏议，个别地方根据宋朝情况有所改动外，完全一致。这也产生一个问题，既然《宋刑统》在编修时几乎原搬照录《律疏》的内容，那么为何《宋刑统》在初成时有31卷，作为参考的《律疏》却只有30卷呢？多出的一卷是否如窦仪所称的“今并目录，增为三十一卷”即目录单独成一卷呢？但不知何故，后世所传各种版本《宋刑统》均为30卷。以《大周刑统》为参考的话，如果其多出的一卷为目录，则《宋刑统》的31卷当为目录卷。这一判断，可以参考《旧五代史》卷一四七《刑法志》记载后周“其所编集者，用律为主；辞旨之有难解者，释以疏意……所冀发函展卷，纲目无遗，究本讨源，刑政咸在。其所编集，勒成一部，别有目录，凡二十一卷。刑名之要，尽统于兹，目之为《大周刑统》。”只是该目录卷或为门标之目（详见下文）。同时，“其律并疏，本书所在，依旧收掌”，直至北宋天圣初期“律文及疏未有印本”，看来旧有的唐律、《律疏》仍以旧貌保存，并没有新增条标之事。

由此再往前追溯，《旧五代史·刑法志》又记载：“（梁太祖开平）四年（910年）十二月，宰臣薛贻矩奏：‘太常卿李燕等重刊定《律令》[①]三十卷，《式》二十卷，《格》一十卷，《律》并目录一十三卷，《律疏》三十卷，凡五部一十帙，共一百三卷。敕中书舍人李仁俭诣阁门奉进，伏请目为《大梁新定格式律令》，仍颁下施行。’”[②]后梁时仍行唐律，唐代的

① 按：“太常卿李燕等重刊定《律令》三十卷，……”疑其中的“《律令》”有误。似应作：“太常卿李燕等重刊定《令》三十卷，……”（参见［宋］薛居正：《旧五代史》卷145《志第七》，陈智超校注，中国社会科学出版社2021年版，第5997—5998页）。《宋史·艺文志》正作“《梁令》三十卷，《梁式》二十卷，《梁格》一十卷”。（［元］脱脱等撰：《宋史》卷204《艺文志第一百五十七》，中华书局1977年版，第5138页。）这样，《令》《式》《格》《律》《律疏》，才与后文“凡五部一十帙”对得上。

② ［宋］薛居正等撰：《旧五代史》卷147《志第九》，中华书局1976年版，第1961页。

《律》一般为12卷，无目录、条标，此处后梁《律》也装订为“帙”且附有目录，笔者推测其如果只粗略记述律典总目录的篇目、卷次、条数，似乎难以单独成卷。故其单独成卷的目录或者包含五部法典的总目录；或者单独为梁《律》的总目录及细目录，如有细目录，是否包含条标也不能确定。惜其详情今已无法窥知。这种情况在此后也有出现。如《同光刑律统类》13卷、见管《统类》一十三卷，以及前揭《大周刑统》21卷均类似，其细目录可能包含门标。又如《天福编敕》有31卷，而《册府元龟》卷613《刑法部·定格令五》记载后唐明宗天成元年九月，御史大夫李琪奏：“……故大理卿杨遘所奏行伪《梁格》，并目录一十一卷，与《开成格》微有差舛”。由此可见，如果法典包含目录，此时的史籍会特意标明“并目录”或“别有目录”，但在描述唐律、《律疏》时，却并没有添加此类字样，这是唐律、《律疏》最初没有包含目录及条标的又一力证。

（三）中国古代法典条标可能出现于何时

概而言之，《唐律疏议》中的条标并非自始存在，而是后来添加的，然而其出现的确切时间迄今仍不明了。下面将对中国古代法典条标可能出现年代的上下限做些推测。

自先秦至隋唐，法典书写材料完成了从简牍到纸的转变，立法技术也不断创新与提高。部分学者认为中国古代第一部成文法典为战国时期魏国的《法经》，据《晋书》卷30《刑法志》载：“是时承用秦汉旧律，其文起自魏文侯师李悝。悝撰次诸国法，著《法经》，以为王者之政莫急于盗贼，故其律始于《盗》《贼》。盗贼须劾捕，故著《网》《捕》二篇。其轻狡、越城、博戏、借假不廉、淫侈、逾制，以为《杂律》一篇，又以《具》律具其加减。是故所著六篇而已，然皆罪名之制也。”《法经》

的《具法》相当于法典的总则篇，被放置到法典最后，既反映出立法者已经认识到总则篇在整部法典中的重要地位和作用，体现了立法技术的创新和提高，[①] 又是受限于书写材料的体现，立法者书《法经》于简牍之上，且总领全书的《具法》篇必定是最后所作，放置到法典最后合情合理。此后汉朝的《九章律》在《法经》六篇的基础上又增加了户律、兴律和厩律，总则篇《具律》仍为第六篇，居于中间。及至三国时期，立法者一改过去把总则篇放置在法典末尾或中间的做法，具有“篇章之义”的《魏律》，首次把总则篇置于法典首卷，凸显其统领整部法典的重要地位，反映出古代立法技术的又一大进步。南北朝时期的北齐律将总则篇重新命名为《名例》，此后历朝皆以《名例》作为法典总则篇并置于首卷。由此可见，魏晋南北朝时期立法技术臻于成熟，法典12篇的篇目编次也基本确定下来，加上《开皇律》典定《名例律》为首的12篇500条的简明化法典，[②] 成为唐宋基本法典的楷模，这就为条标的出现准备了一定的基础条件。

从法典发展历程来看，始于盛唐和中唐出现的新法典编纂模式，或许为条标的出现提供样板，至少，介于篇目与条标之间的门标在这一阶段得以出现。前面也介绍开元二十五年的《格式律令事类》四十卷这种法典体裁有可能分门，但没法证实。实际上真正分门的做法要到唐文宗大和年间及之后的《新编格后敕》《大中刑法总要格后敕》《大中刑律统类》等。但此时是否设门标，则没有确切史料可资证明。不过，

---

① 宋四辈：《中国古代刑法典的编纂体例和结构特点——兼论中国传统刑法文化的作用和影响》，《郑州大学学报（哲学社会科学版）》2003年第4期。按：《法经》真伪等问题，此处姑且忽略不论，详见周东平主编：《〈晋书·刑法志〉译注》，人民出版社2017年版，第127—128页。

② 周东平：《“舉重以明輕，舉輕以明重”之法理補論——兼論隋律立法技術的重要性》，《東方學報》第87卷，2013年。

苏颂《进元祐编敕表》称："元丰（1078—1085年）敕令格式并元祐二年十二月终以前海行续降条贯，共六千八百七十六道……随门标目，用旧制也，以义名篇，仿唐律也，其间一事之禁，或有数条，一条之中，或该数事，悉皆类聚，各附本门……"[①]按照"随门标目，用旧制也，以义名篇，仿唐律也"的说法，门标的出现应当很久了，唐宋之间颇有沿革，而今我们难得其详而已。

进入五代后，据前揭《旧五代史·刑法志》的"（梁太祖开平）四年十二月，宰臣薛贻矩奏：'太常卿李燕等重刊定《令》三十卷，《式》二十卷，《格》一十卷，《律》并目录一十三卷，《律疏》三十卷，凡五部一十帙，共一百三卷。'"，再考虑到此后《同光刑律统类》一十三卷、见管《统类》一十三卷、《天福编敕》三十一卷、《大周刑统》二十一卷的情况，结合冯道借助官府力量推动大规模雕印《五经》等官府刻书情况，很有可能此时已出现包括法典总目录和细目录的情况。而从延续性上来看，继承《大周刑统》的《宋刑统》有门标，《大周刑统》的"别有目录"或为门标。进而后梁所定"《律》并目录"的目录，从体例上看应该不是门目即门标，但究竟是不是条目并不清楚。

迨及宋初，建隆四年的《宋刑统》现存目录为卷、门二级而无条目，《唐律疏议》的目录为卷、条二级而无门。[②]对比来看还是有差异的。《宋刑统》中的门标是对所含条款的粗略总括，岳纯之已总结出其门设立的五种情况；[③]张田田也总结《宋刑统》中"门"仅含一条的占37%，含多

① ［宋］李焘：《续资治通鉴长编》卷407《哲宗元祐二年十二月壬寅》，上海师范学院古籍整理研究室、华东师范大学古籍整理研究室点校，中华书局1985年版，第9912页。

② 和智：《西夏文〈天盛改旧新定律令名略〉新探》，《敦煌研究》2021年第1期。

③ ［宋］窦仪等详定：《宋刑统校证》，岳纯之校证，北京大学出版社2015年版，"前言"第10页注①。

条的占 63%。[①]《唐律疏议》中的条标是对相应律文的精确概括，而且往往是律文开头的文字。参见表 2。

表 2 《宋刑统》门标与《唐律疏议》条标对比举例

《宋刑统》门标	《唐律疏议》条标	附:《律附音义》（条标为笔者所拟）
（名例律）五刑	（名例律）笞刑五 杖刑五 徒刑五 流刑三 死刑二	（名例律）五刑 笞刑五 杖刑五 徒刑五 流刑三 死刑二
（贼盗律）谋杀	（贼盗律）谋杀府主等官 谋杀期亲尊长 部曲、奴婢谋杀主 谋杀故夫父母 谋杀人	（贼盗律）谋杀制使府主等官 谋杀期亲尊长 部曲、奴婢谋杀主 谋杀故夫父母 谋杀人
（名例律）同职犯罪	（名例律）同职犯公坐	（名例律）同职犯公坐

由上表所示，《宋刑统》的门标与《唐律疏议》的条标存在密切关系，即《宋刑统》一则门标所涵盖的范围与《唐律疏议》数则条标所涵盖的范围一致，或门标与条标表述相近。而《宋刑统》门标中的双行小字，更已有条标的雏形。如果《律疏》有条标的话，《宋刑统》为何另立门标后不直接继承其目录中的条标？实际情况可能是《宋刑统》设立门标在前，《唐律疏议》在流传中受其影响而增补设立条标在后。由于条标的设立方便查找和总览，久而久之，得以刊刻保存的便都是目录中设有条标的《唐律疏议》版本。

① 张田田:《〈大清律例〉律目研究》，法律出版社 2017 年版，第 18 页图 2-1。

宋真宗时，除《大中祥符编敕》三十卷外，还有《仪制赦书德音》别为十卷，《目录》二卷。或合并为《编敕仪制赦书德音目录》四十三卷。[1]苏颂《进元祐编敕表》说："随卷标目，用旧制也；以义名篇，仿唐律也。其间一事之禁而有数条，一条之中或该数事，悉皆类聚，各附本门，义欲著明，理宜增损。文有重复者削除之，意有阔略者润色之。使简而易从，则久而无弊。又案熙宁（1068—1077年）以前编敕，各分门目，以类相从，约束赏刑，本条具载，以是官司便于检阅。"[2]

从目前可知史料看，明确设立条标的律典应该可追溯至西夏文《天盛改旧新定律令》（简称《天盛律令》）。《天盛律令》是西夏仁宗天盛年间（1149—1169年）颁布的一部法典，共150门，1461条，既设立门目，又设立条标，20余万字，卷首有《天盛改旧新定律令名略上下卷》（即总目录）。如《名略》第三"盗亲门"下，又设有"宗姻服内相互为盗""盗姻亲不在服""盗亲中伤杀人""盗亲中有他人""节远盗"等指向性较强的条标，[3]它显然有受到《宋刑统》的影响，但其条标仅见于《名略》，未如《宋刑统》那样还见于每卷篇首及正文。西夏文更早一点的贞观（1102—1114年）时兵书《贞观玉镜将》的基本格式为"每篇的开头是条目目录；条目之后是本篇的篇名；篇名之后是正文，即每一条目都有一段正文，长短不等。"[4]但《贞观玉镜将》毕竟不是通常意义的法典，是否可视为《天盛律令》条标的蓝本，值得斟酌。至于有没有受到其他法典条标的影响，亦即比这更早的其他法典是否已设有条标，目前尚不知。

---

① 参见[清]沈家本:《历代刑法考·律令六》，邓经元、骈宇骞点校，法律出版社1985年版，第978页。

② [宋]苏颂:《苏魏公文集》卷44,《钦定四库全书》本，11b—12a页。

③ 参见《天盛改旧新定律令》，史金波等译注，法律出版社2000年版，第8、160—161页。

④ 陈炳应:《贞观玉镜将研究》，宁夏人民出版社1995年版，第3页。

一言以蔽之，中国古代法典条标不可能出现在唐朝前，即 10 世纪之前不可能出现。

最乐观的估计可以追溯至五代时期；保守一点估计，应该在建隆四年的《宋刑统》之后；或者在大中祥符之后，熙宁之前；最保守的估计，在西夏《天盛改旧新定律令》时或之前。即约在 10 世纪后期至 12 世纪中期之间。

经权理论下的元代“量决”司法成因及运行机制*

胡兴东**

摘　要　经权理论是中国古代重要的政治理论，其对中国古代法制建设，特别是司法制度发展产生了重大影响。宋元时期经权理论获得新的发展，对“情理”司法的形成产生了重要影响。元朝“情理”司法在法律用语中称为“量决”，本质上是一种“经权”思想下的“权宜”司法。元代“量决”司法中的“情理”是两种不同因素结合。“情”是案件的情节要素，关涉的是案件的“社会事实”。“理”是案件“社会事实”中所蕴含的社会价值原则。“情理”司法是国家解决法律、案件社会事实、案件蕴含的社会价值之间存在不协合时的一种补充性司法。经权理论对宋元明清时期的情理司法影响构成了这个时期司法史上的特色内容。

关键词　经权理论　情理司法　量决司法　宋元明清时期

在中国古代司法制度史上，宋元明清时期司法中大量采用“情理”

---

*　本文是最高人民法院“宋元时期经权司法的案例研究”（2021SFAL0003）阶段性成果。

**　胡兴东，云南大学法学院教授、博士生导师。

司法，构成了传统司法的重要内容。20 世纪 80 年代以来学术界对“情理”司法开展了大量研究，提出了不同观点。[①] 那么情理司法是基于什么理论形成呢？情理司法最初的样式是什么？这些问题在研究上则多有不足，或用当代理论来进行后构建式的解释。宋元时期，特别是宋朝，在经学发展史中不仅形成新的义理化经学风格，而且在经权理论上获得了实质性发展。在经权理论中，行权司法成为当时司法的重要内容，这样导致宋元时期行权司法的兴起。在行权司法中，由于主要是依情理而进行，所以开始用情理司法称之。而这种依情理行权的司法，在宋元时期标准用语是“量决”“量情”“量判”等。“量决”是指“量情理而判决”的略写，即权衡具体个案的情节和事理做出权宜裁判，即对已有法律或因事理而做出变通判决。对于宋元“情理”司法，由于宋朝保存的司法案例较少，而元代保留有大量司法案例，为考察宋元明清时期“情理”司法提供了有效史料，也能从司法实践的视角提供真实的“情理”司法面相。

一、经权理论：量决司法的理论基础

经权思想在中国古代思想史上，特别是先秦诸子理论中，一直是诸子理论的基本命题之一。中国古代的经权理论关涉人类对善政追求中的两个基本价值，即公平（形式的）和正义（实质的）如何有效统合在一个时代的制度中的问题。经权理论体现在具体问题上是如何守经和行权的问题，在法律上就是哪些基本规律、规范必须遵守，在什么“情时”（即当前情势）下需要权宜变通的问题。这在学术上被转化成具有

---

① 有人认为“情理”司法是一种司法衡平技术，如滋贺秀三等人；有人认为是一种司法裁判的依据，如何勤华、徐忠明等人；有人认为是一种中国式的自然法，如霍存福等人。

高度抽象化的经-权关系问题。当然，经权理论在中国古代，贡献较大的是儒家，因为儒家在孔子后形成了稳定的经学体系，而儒家的“经”是基于上古政治实践和圣人君子品德构建起来的，这让“经”拥有高度的抽象化、教义化特征。同时，儒家在中国古代学术史上又是一个实践性十分强的政治伦理学说。这让儒家时刻面临着如何把教义化的理论与现实中出现的“情时”事件有效结合的问题。于是，儒家只好积极发展经权理论来解决这些问题。这也让儒家理论呈现出一个特殊的现象：一面具有“守经”的保守性，一面具有因时因事权变的及时性。

在中国古代思想史中，经就是道，即中国化的自然法则、永恒规则、自然规律等含义的同义词。在《文心雕龙·宗经》中有较为简洁的总结。“经也者，恒久之至道，不刊之鸿教也。”① 所以在中国古代思想史上，“经”就是自然规律、准则，或说是自然法。这样，在人类社会中各种规范都应源于“经”，成为重要学术思想。中国古代在守经下还形成了行权理论。守经和行权的问题构成了中国古代政治哲学上的重要主题，影响着每个王朝的治理政策和法律制度等。

为什么在守经下要行权，先秦诸子认为圣人君子在治理国家时为达到某种目标需要进行行权变通。如《战国策》中有“是以圣人从事，必借于权而务兴于时”②。这里指出用权是为解决特定条件和时期所面临的具体问题，蕴含着圣人君子为获得“经”的理想社会须根据时代和面临问题的不同而采用不同措施的思想，为圣人君子使用非常措施治理国家提供了理论。如“经”要求不能对同类“人”剥夺生命，但为了保

---

① ［梁］刘勰：《文心雕龙·宗经第三》，徐正英、罗家湘注译，中州古籍出版社 2008 年版，第 40 页。

② 关树东编著：《战国策·齐五·苏秦说齐闵王》，吉林人民出版社 1996 年版，第 188 页。

护更多人的生命安全，可以处以特定人犯死刑。这就是对“生命至重”的经所进行的权变，即“以杀止杀”的行权，达到“无措刑”的理想社会。正因为行权具有这种特性，所以古人认为行权“只是时措之宜”[①]。这需要对行权的条件——“时”——进行界定。因为经不变，但时有异，所以要达到经，就必须因时行权。“时异而势异，势异而理亦异矣。”[②]这在法律上就是要根据不同时代进行变通立法，而不是固守成法。这样形成了“历世之治，因时制法，缘民之情，损益不常”[③]的法制思想。

考察宋儒的道学、理学，甚至是心学等，都有把儒家各种思想提升为“道”，或说“自然法”，或说永恒法则的目标。只是在获得这种经所体现的“道”时，所使用的方法和途径存在不同。这样，宋儒把汉唐诸儒建立起来的“经”，即儒家的礼仪规则和价值上升为“道”，即永恒法则。但是世间具体事和各个时代又会出现不同，若固守不变的“道”，必然会导致因为守道而违背人类社会基本“义”的问题。这样转化成经与权的关系，本质是道与变，具体到当时社会价值原则时就是“礼”与“义”的问题。所以说宋儒的守经和行权理论本质是义理经学下的一种时代化产物，目标是解决经学天理化带来的僵化问题。这也能够解释在法律上宋元时期会有“义胜于服，则舍服取义”的原则[④]，因为此原则解决了遵守儒家核心礼义价值原则中的“五服尊卑”原则时出现“不义”的问题。

---

① ［宋］陈淳：《北溪字义》卷下《经权》，熊国祯、高流水点校，中华书局1983年版，第51页。

② ［清］王夫之：《宋论》卷15《论文天祥》，王嘉川译注，中华书局2008年版，第236页。

③ ［宋］欧阳修：《欧阳修全集》卷124《崇文总目叙释一卷》，李逸安点校，中华书局2001年版，第1888页。

④ 对于此原则的内容、特点及历史意义，可参见胡兴东：《中道：传统司法制度中正向原则与补救原则的形成及实践》，《河南财经政法大学学报》2022年第6期。

宋儒强调行权时必须合于道，合于义，而且他们有“义”和“道”等同的思想，认为行权合于道，即合于义。程颢认为“权”在功能上是补“经”的不足，目的是让“经”在适用中符合“义”。“权只是经所不及者，权量轻重，使之合义。”① 司马光把“道”作为是否可以行权的标准，他认为行权是不能违背“道”的，若行权会产生违背“道”的现象就不能行权。在他的机权理论，行权要以仁义为准，这才是行权的“正道”。“然则机者仁之端也，权者义之平也。今世俗之为说者，乃欲弃仁义而行机权不亦反哉。”② 从这里看，司马光是想通过用“仁义”来限制和纠正“守经”时出现的不公平、不正义等问题。程颐强调行权必须是为实现义，行权以合义为基本原则。所以行权的基础是获得“义”，任何出现僭越或违背“义”的行权都是不可接受的。所以朱熹才用最简洁口语指出“权是用那义底”③。这些理论说明宋儒是想通过守经和行权，让社会实现一种合礼合义的状态，按现代西方法哲学理论就是实现公平正义的社会理想状态。正因为宋儒用“道”来统合经权，所以他们在司法上形成了“法意”与“人情”为一体的观点。如胡石壁在“典买田业合照当来交易或见钱或钱会中半收赎”案中公开宣称“殊不知法意、人情，实同一体”④。这种思想就是经权一体思想适用于司法中的体现。

元儒直接将经权与体用联系起来，加深了对经权关系认识。郑玉指出“圣人既为经以定天下之常，复为权以尽天下之变。于是经权相

---

① ［宋］程颢、程颐：《河南程氏遗书》卷18《刘元承手稿》，王孝鱼点校，载《二程集》，中华书局1981年版，第234页。

② ［宋］司马光：《司马光集》卷71《机权论》，李文泽、霞绍晖点校，四川大学出版社2010年版，第1443页。

③ ［宋］黄士毅编：《朱子语类汇校（二）》卷37《论语十九》，徐时仪、杨艳汇校，上海古籍出版社2016年版，第1042页。

④ 《名公书判清明集》卷9《户婚门·典卖田业合照当来交易或见钱或钱会中半收赎》，中华书局1987年版，第311页。

济，若体用然，而天下事无不可为者矣。”[①] 体用本于一源，其引入体用的概念实则是对宋儒“经权一体”的深层论证，是在权变合宜时对经的运用的确定。许谦是元朝中期著名儒者，在其著《读论语丛说》和《读孟子丛说》中均讨论了“经权”关系问题，又以《读论语丛说》中的论述最为系统全面。许谦在《读论语丛说・共学章》中首先逐层解析了“学”“适道”“立”“权”的各自含义与逐层递进关系。“权”的境界以“立”为基础，“立字如建字，谓守圣人所制之法，循其规矩准绳，皆有所成立，然犹能应事之常尔。或事变之来，前无定制，固当随时处中，如称之称物，必以锤移前却后，以取其平，所谓权也。权非大而化之者不能，故以是终焉。……立则守经者也。至于义精仁熟则可与权，而能处变矣”[②]。许谦认为经权与礼法、义理是联系在一起的。“经是常也，权字有变意，常者一定之理，变者随时之宜。事之常者只依见成礼法，一定行将去至。有非常之事来，须用自以礼义度而行之，亦欲合于常道。”[③] 许谦还进一步明确了经与权的各自含义，认为经就是已定型为制的礼法内容，“经者，圣人所制礼法，常久当行者，君子用之以应常事者也”[④]；权是以“义理”为指导的实践，出现在无法可循的情况之下；“至中而止”是行权的实践要求和目的指向，“权是称锤，凡称物须以权于称上，推移前却以取平。今以权字当义理度而行之，至中而止”，“权者，圣人之大用，前圣所未立法，适逢事变而处之”。[⑤] 许谦的解释既遵循经为常道，权为变通的经权关系论，又基于“权”高于“立”的渐进逻辑，将行权解释为创制新“经”的活动。“既当则其法即可常行，所谓权即经

① [元]郑玉：《师山集》卷2《张华论》，《钦定四库全书》本。
② [元]许谦：《读论语丛说》卷中《共学章》，《四部丛刊续编》本。
③ 同上。
④ 同上。
⑤ 同上。

也。且如五帝以来父子相继常也，尧则因子之不肖而让，有圣人在下故易为禅让，此权也。至舜之让禹则用尧之权为经矣。天子在位诸侯臣服常也，桀有极恶而汤至仁，故易为征伐，此权也。至武之伐纣则用汤之权为经矣。”① 这种解释其实是将“权”视为“经”的产生方式，同时将行权为制经的权力专属于圣人所有，为义理的抉择、行权变、定经制等活动赋予了智识与德性的极高要求。“至于小事莫不皆然，经与权皆圣人所制，以君子言之，则但可循圣人已立之经，不能用圣人未制之权。”② 在义理与经权关系上，许谦以“义理”统摄经与权。他一方面认为经就是已经确立为固定制度的内容，经出自权，已经成定制的事物是圣人行权的结果；另一方面强调固化的礼法与抽象的义理并不总是一致，或者说固化的礼法总是能够片面地表现出义理的内容，但不能完全涵盖义理。“义理是活泼泼地物，不在这一边便是那一边。”③ 因此在有法可据时，也会出现礼法冲突的情况。“若两下皆是义，则称量其重者为之，便是权。”在处理礼法冲突时也需要行权。“但权须是用得义理极明了方可行，若未明理专认个权字，件件要去权，则有背义妄作，其罪不可胜言矣。”④ 权只有在为获得“义理”时可以破规则，形成新规则，否则就是恣意妄断。

经权思想引入法律制度，特别是司法制度中是因为中国古代诸儒越来越发现在法律适用中，规则的不变与具体案件中人情的复杂构成了一个矛盾体，而这种矛盾体正好可以用经权关系进行有效解决。这是因为法律具有较强的稳定性，个案具有情时性，即与“经者，道之常也；

① ［元］许谦：《读论语丛说》卷中《共学章》，《四部丛刊续编》本。
② 同上。
③ 同上。
④ 同上。

权者，道之变也”[①]相一致。在《尚书正义》中对此有解释。“刑罚有世轻世重，当视世所宜，权而行之。刑罚者，所以齐非齐者，有伦理。有要善，戒令审量之。”[②]这里指出刑罚世轻世重的目的是达到“善”，而“善”的获得只能采用“行权”。宋儒黄度对此解释是“画一之法，何有不齐。其情不同，岂可执一，必有伦理，必有节要，不当其理，不中其节，是乌可与权哉！”[③]这里把法律划一当作“经”，把“情”作为“时”，因为法一而事殊，所以必须行权才能实现个案的“正义”。这成为司法中行权的基础。

宋元诸儒在经权学说上最大差异在于对行权结果的要求上。宋儒认为权有轻重，所以要舍轻而取重；元儒则认为行权是为了顺理而达于中。这种差异首先是他们对权称轻重这一客观事实的观察和比附的不同，宋儒认为“权”的作用在于知轻重，而元儒则认为“权”的作用在于“衡”和“和”。对同一客观物事的主观认知差异投射到经权之中，就形成了对行权结果是追求“和”，还是以“孰重”为标准进行取舍的差异。用权称轻重来比附具体实践，我们可以将不同的权重视为不同的价值，复杂事物中往往蕴含着多种价值，各个价值之间是存在轻重、大小之分，同时在具体情境下又是客观存在的。“取重而舍轻”的行为要求只需要实践者厘清特定类型事件里的价值次序，那么个别事件的处理经验就具有普遍适用的可能；而“和”所要求的是价值衡平，仅仅认知轻重并不能直接达到处理的结果，还要追求同一事物之间多元价值

① ［宋］朱熹：《朱子语类》卷37《论语·子罕下》，王星贤点校，黎靖德编，中华书局1994年版，第989页。

② ［唐］陆德明音义、［唐］孔颖达疏：《尚书正义》卷19《周书·吕刑》，上海古籍出版社2007年版，第789页。

③ ［宋］黄度：《尚书说》卷7《周书·吕刑》，载尤韶华编：《归善斋〈尚书〉别诰十种章句集解》，中国社会科学出版社2016年版，第2321页。

上的平衡，具体事物中各个价值排序的变化都可能打破"和"的状态，因此"和"所能包容的具体事物差异性范围相较而言更为狭小，类型化可能性更低，于是在具体实践中"权"的行为会更加频繁。元人吴澄就指出："儒者之为政，以其能得法外意也。法有一定之例，事纷至乎前，或行同而情异，或名是而实非，百千万变莫能尽一概，诸例而无权，则府史自足以治世，而又焉用士？"[①] 这里表明他因为追求"和"的境界而对法的涵摄能力持有怀疑态度，进而要求在司法实践中积极发挥儒者的智识作用。

在司法中行权的目的是让守经的目标更好获得，即不让守经司法出现破坏"义"的现象。对此，朱熹有过较全面的讨论，如："盖三纲五常，天理民彝之大节，而治道之本根也。……凡听五刑之讼，必原父子之亲、立君臣之义以权之。盖必如此，然后轻重之序可得而论，深浅之量可得而测。"[②] 这里朱熹认为三纲五常是天理、是道，审理案件时必须以此为原则，同时再根据具体情况权衡裁量，获得一种价值上的"中道"。"凡有狱讼，必先论其尊卑上下、长幼亲疏之分，而后听其曲直之辞。凡以下犯上、以卑凌尊者，虽直不右，其不直者罪加凡人之坐。"[③]

二、元代"量决"司法的实践

（一）元代"量决"司法的含义

元代司法中"情理"司法采用的标准用语是"量决"，具体使用时会

① [元]吴澄：《吴文正集》卷七《凌德庸字说》，文渊阁《四库全书》本。

② [宋]朱熹：《晦庵先生朱文公文集》卷14《戊申延和奏札一》，上海古籍出版社、安徽教育出版社2002年版，第656页。

③ 同上书，第657页

与其他字词相连，称为“量决”“量情”“量拟”“量判”“量断”“酌情”等。其实，“量决”司法在中国古代就是一种“权衡”“权宜”司法。这种司法是中国古代中“经权”思想在司法中的一种运用。[①]元朝司法中的“量决”是指案件判决依据案件情节、案件事理等具体因素进行加重和减轻量刑的司法，是“情理”司法的一种司法表达。其中，“量情”在表达时往往变成“情理”，意指斟量案件情节和考量案件事理做出“衡平”下的判决，以让案件获得当时语境下的一种公平、公正的社会效果。对“情理”可以在《吏学指南》的一个解释中反向获得理解。《吏学指南·状词》中对“取状”解释为“谓采彼情理也”[②]。这个解释说明当时司法中“情理”就是案件的具体“事实”。

元代司法中“情理”是“情”和“理”两种因素的组合。其中，“情”是指具体案情；“理”是案件所体现、蕴含的普适性公理、准则、原则等。“情理”司法就是根据每个案件具体案情事实和案情蕴含的社会基本规则、公理、正义等进行权变裁判的司法活动。在司法中为了可操作，“情理”变成考量案件的情节和涉及的道德伦理因素等。如在“情”上，会根据具体的案件情节，分为“情重”和“情轻”两类。元代司法中使用“量情”“酌情”等术语来对情理法不协的案件进行加重和减轻处罚。当然，这种司法往往只在同类刑罚中进行刑级上的加减，很少采用超越刑罚种类的加减量刑。在司法中讲“情理”时，会用“情理至重”和“情理难容”等来讲“情重法轻”。其中，“情理至重”指案件情节严劣、情节严重，“情理难容”指案件情理严重，不加重处罚无法做到罪刑相应。有时采用“详情区处”，意指在案件审理时根据案件的具体情节和事理临时裁决。

---

① 具体参见胡兴东：《中道：传统司法制度中正向原则与补救原则的形成及实践》，《河南财经政法大学学报》2022年第6期。

② ［元］徐元瑞撰：《吏学指南》（外三种），杨纳校注，浙江古籍出版社1998年版，第39页。

从实践看，宋元时期所谓“情理”，在本质上是考量案件的情节和案件涉及的社会伦理等因素。如至元三年（1266年）济南路棣州（今山东省滨州市惠民县）发生人犯赵驴马因为小事与妻子争吵，用木杖打破妻子的头，后妻子洗头受到感染导致死亡。案发后对人犯没有直接可以适用的法律，而是采用“情理”司法。因为刑部拟判时采用的是“量情杖一百七下”，报中书省裁决时改判杖77下。[①] 本案中“量情”就是“情理”司法。分析这里的“量情”之“情”，是指本案中“事实”是夫妻争吵，发生互殴，伤后因洗头感染发炎致死，在法律上不属于故意，甚至算不上过失。“理”是国家认为若不做出适当处罚，就无法禁止这类行为的出现，特别是对个体生命的保护。于是，基于以上“情”和“理”，采用行权宜变通司法。

对元代“情理”司法的原因和性质，大德八年（1304年）宋仲友偷盗谢秀粟米免刺案中，刑部在判决说理中有过较为清楚的说明。“饥馑之际，（切）[窃]粮食者，固法所不容，而情在所宥。比年田禾薄收，物斛涌贵。贫民缺食，为救一时之急，因而（切）[窃]取粮食，原其所由，情非得已。若与偷盗钱物一体刺断，似涉太重。拟合依例断罪，权宜免刺。”[②] 这里既说明了“量情”裁判的原因，也说明“量情”裁判在本质上是对正常法律做出的一种“权宜”司法。[③] 对元代情理司法就是权宜司法，在另一个案件中有记载，至正七年（1347年）海宁州出现一名妇

① 《元典章》卷42《刑部四·打死妻》，陈高华等点校，中华书局、天津古籍出版社2011年版，第1451—1452页。

② 《元典章》卷49《刑部十一·偷粟米贼人免刺》，陈高华等点校，中华书局、天津古籍出版社2011年版，第1660页。

③ 宋朝程颐认为“夫临事之际，权轻重而处之以合于义，是之谓权”。（[宋]程颢、[宋]程颐：《二程粹言》卷1《论道篇》载《二程集》，中华书局1981年版，第1176页）。这里程颐认为“权变”在处理具体事务时是为了让处理的结果符合“义”。这构成了中国古代法律中的重要价值之一。

人贩卖私盐，其家成年男子只有年老的公公。案发后按当时法律只能由男性成员承担她的法律责任，于是出现判儿媳或公公都不合“理”和“法”的问题。“舍翁论妇，于理未然；舍妇论翁，于法未当。”所以最后审理官员只好采用“遂两释之”。对这种判决，被时人称赞为“可谓权宜矣”①。从中可知宋元时期“情理”司法在本质上是一种“权宜”司法事实。

（二）元代“量决”司法具体类型及适用特点

从元代具体司法看，“量决”司法适用的类型主要有法情理不协、改变前朝法律量刑轻重、案件无法、案件无法类型化而需要临时裁量等不同类型。

1. 案件存在法情理不协

元代“量决”司法最常适用在有相关法律，但是若直接适用又会出现“价值判断”上明显的偏重或者偏轻的案件中，即出现所谓的“情轻法重”和“情重法轻”的问题，于是为了让量刑与案件“情理”相适应，通过适用“量决”裁判，以获得司法判决上“情责相应”的司法效果，成为“情理”司法的根本原则。如至元二年（1265 年）东平路（今山东省泰安市东平县）李松打死强奸妻子人犯陈宝童，案发后人犯李松因为打死的是应判死刑的犯罪者，所以若按当时法律应判徒五年，但司法官员认为偏重，于是刑部在判决时采用“量情决六十七下，征烧埋银五十两”②。这里的“量情”是指权衡本案中人犯李松犯罪意图及受害人的过错程度，以及案件在整个社会中的性质及影响等，综合权衡了采用减

① ［元］李翀：《日闻录》，载文渊阁《四库全书·子部十·杂家类三》。

② 《元典章》卷 42《刑部四·打死强奸未成奸夫》，陈高华等点校，中华书局、天津古籍出版社 2011 年版，第 1464 页。

判杖刑 67 下，同时赔偿烧埋银。再如至元四年（1267 年）八月西京路（今山西省大同市）路驴儿谋杀主人忽林察并威逼他的妻子和自己外逃通奸案，案发后死者妻子唆鲁忽论认为她与人犯外逃通奸是被威胁，在性质上与通奸同谋杀夫外逃完全不同，所以刑部判决是“量情六十七下”。[①] 本案在司法上的争议焦点是参与逃跑的被杀者妻子唆鲁忽论的性质和量刑问题。最初，法司通过引用相关法律拟判杖 80 下，刑部覆审时认为法司拟判量刑过重，改判杖 67 下。中书省在裁决时认为唆鲁忽论在丈夫被人犯杀后，不告发而与人犯逃躲达半年之久，虽然属于威胁，但仍是“情重”，所以加重改判杖 107 下。本案在对唆鲁忽论的量刑上，刑部采用“情轻”量减，中书省则依据“情重”加重处罚。从此案中可以看出，在“情理”司法上，不同司法机关是会存在不同的认定。再如至元二年东平路陈玙殴死通奸妻子司娇娇案，刑部在拟判时认为他的妻子通奸在前，又存在不听从丈夫教令的问题。“本妇先曾犯奸，又不从使唤，量决九十七下。”他殴打妻子在法律上是“合法”的，但殴打致死就出现“情理过重”的价值问题，所以判决时采用“量决”97 下，中书省裁决时被减为 77 下。[②] 这里说明中书省采纳了刑部的理由，即刑部和中书省都认为本案件中人犯殴杀通奸妻子在法律上是有依据的，只是在“情理”上存在不合理，同时对民间因一方有过错或犯罪就擅自殴杀，在法律上不应给予“支持”，所以采用“量决”，即变通权宜给予适当处罚，表达国家对这类行为的禁止。这里的“量决”是把国家法律、社会价值与具体个案三者利益进行综合权衡的结果。

---

① 《元典章》卷 41《刑部三・奴杀本使》，陈高华等点校，中华书局、天津古籍出版社 2011 年版，第 1411 页。

② 《元典章》卷 42《刑部四・打死妻》，陈高华等点校，中华书局、天津古籍出版社 2011 年版，第 1451 页。

有时是因为案件出现了可以减刑的法定事由。如至元三年(1266年)王鹏与马阇通奸厌魅谋杀其父耿天祐案中,帮助造厌魅的人犯冯珪自首,所以法司拟判时采用"量决五十七下"。[①]这里的判决是一种量情裁判。因为按法律厌魅杀人属于十恶重罪,但同时按当时法律自首是可以免除刑事处罚的。于是,为了在两者之间找到一个平衡,只好采用"量情"判决,对人犯处以适当的处罚。至元三年泰安州发生孟德强奸儿媳胥都嫌未成义绝离婚案,对于人犯孟德量刑时,法司的判决是"即系强奸未成事理,依旧例合行处死,胥都嫌与夫家离异"。这里法司要求按法律判处人犯死刑。刑部在覆审时提出因为强奸未成,采用"量情"司法,改为杖107下。"终是不曾成奸,量情杖决一百七下,仍离异。"[②]此案在判决时,法司认为人犯虽然强奸未成,但是公公对儿媳有犯强奸行为,在伦理上属于"情重"。然而,刑部则是采用强奸未成,属于"情轻"判决,所以"量情"减判,但同意判决义绝离婚。本案司法上对"情理"轻重认定上,法司从人伦礼制上认为是"重",刑部从犯罪效果上认为是"轻",这说明情理轻重认定是存在基于何种价值原则的问题。至元四年中都路李三丑黑夜骑快马撞死行人田快活案,在判决时法司认为李三丑在城内走马属于故意杀人行为,并且有法律依据。"三丑所犯,即系于城内街上无故走马,以故杀人情犯。旧例:'于城内街巷无故走马者,笞五十;以故杀伤人者,减斗杀伤一等。'其李三丑,合徒五年。"刑部在审理时,改变了法司拟判,认为本案是过失杀人,属于"情轻",判决时采用"量决七十七下,准法司拟追钱"[③]。从以上案例中

① [元]沈仲纬:《刑统赋疏·第二韵》,载[清]沈家本辑:《枕碧楼丛书》,中国书店1990年版,第513页。

② 《元典章》卷41《刑部三·强奸男妇未成》,陈高华等点校,中华书局、天津古籍出版社2011年版,第1419页。

③ 《元典章》卷42《刑部四·走马撞死人》,陈高华等点校,中华书局、天津古籍出版社2011年版,第1446—1447页。

可以看出，在有法律时，“情理”司法时往往会涉及如何理解案件中不同因素在案件性质定位上的作用差异，这让“情理”司法在具体适用时往往涉及如何把握其中要素的作用问题。

2. 通过“量决”改变前朝相关法律的量刑

元朝初期司法中适用“量决”司法主要是通过这种司法能改变前朝“旧法”中“量刑”偏重的问题。通过“量决”形成司法先例，改变金朝等法律中量刑上的轻重，形成元朝自己的量刑体系。至元五年（1268年）顺天路（今河北省保定市）魏忠与儿媳张瘦姑通奸案中，对于人犯张瘦姑，刑部覆审时认为她已经向自己丈夫说过被强奸事，后来又自首，所以判决时改变法司拟判的死刑，采用“量情拟杖七十七下”。[①]这里法司存在机械适用相关法律，而刑部在判决时则根据张瘦姑在案件中的具体情况，采用“量情”判决，让案件判决更具社会效果上的正当性、公平性。再如至元五年驱口王布只儿和张赛儿通奸案中，法司根据奴婢相奸法律，即“良人奸他人婢者，杖九十，奴婢（一）同”，判决王布只儿和张赛儿各杖90下，刑部在覆审时则采用“量情，各断四十七下”[②]。这里两人所谓“通奸”其实是没有得到主人同意的私交行为，实质上与一般“通奸”是存在不同的，所以刑部覆审时改成“量情”判决杖47下，这样成为一种新型判例。从上面两个判例看，通过“量决”司法，让元朝司法转向轻刑，特别是在一些涉及家庭伦理的案件中，若卑幼没有严重过错时，通过“情理”司法让量刑获得整体减轻，成为元代“情理”司法的重要作用。

---

① 《元典章》卷41《刑部三·翁奸男妇已成》，陈高华等点校，中华书局、天津古籍出版社2011年版，第1419页。

② 《元典章》卷45《刑部七·奴婢相奸》，陈高华等点校，中华书局、天津古籍出版社2011年版，第1539页。

元朝在人命案判决中，若属于过失、意外致人死亡的，往往采用“量决”，处以轻刑。如至元七年（1270年）中都路苏三十五殴死驱口王小狗案中两人因为“相争扑肉”导致死亡，所以刑部判决时采用“量决一百七下，征银”[①]。至元八年（1271年）南乐县张全抓贼惊死韩成幼儿案，在判决时采用“量拟四十七下”[②]。至元九年（1272年）高万奴因相互嬉戏用拳打张歪头致死案中，中书省在判决时是“量拟九十七下，仍征烧埋银五十两给主”[③]。这三个案件刑部和中书省在判决时采用“量情”判决是因为都属于过失或意外（戏杀），所以通过“量情”减轻法律上的规定。延祐三年（1316年）董孝英因为养子张寿孙有偷盗行为就割断脚筋致其残废案中，对人犯的行为江浙行省认为属于“情理非轻”，刑部在判决时指出董孝英将义男张寿孙左脚筋割断行为是“原其所犯，残忍凶狠，情理深重，比例合杖九十七下”[④]。这里认为这种行为不属于家庭内部问题，而是一种“非理”犯罪行为，所以采用加重处罚。

3. 无法下的“量决”司法

元代采用“量决”司法中有一种情况是没有相应的法律，但对案件当事人不做处罚又存在不合理，即存在“情重无法”的问题。至元三年中都路（今河北省张北县）马侯甫失职导致押送人犯刘皮逃跑，案发后对巡军百户马侯甫不参与押送人犯导致人犯逃跑的失职行为，法司

---

① 《元典章》卷41《刑部三・良人杀驱》，陈高华等点校，中华书局、天津古籍出版社2011年版，第1461页。

② 《元典章》卷42《刑部四・惊死年幼》，陈高华等点校，中华书局、天津古籍出版社2011年版，第1442页。

③ 同上书，第1445页。

④ 《元典章》卷41《刑部三・割断义男脚筋》，陈高华等点校，中华书局、天津古籍出版社2011年版，第1416页。

认为属于"情重",即"怠慢事重,杖八十",刑部在覆审时改成"量决四十七下。"[①] 这里"量决"时依据的是案件情理轻重。

元代"量决"司法还有一个重要适用领域,那就是针对大小官吏不合理的滥权行为,具体是对百姓和国家财产的侵占或掠夺等。这类案件属于唐律中的"不应为"违法犯罪类型,在司法上往往需要因时因案进行权宜裁量。如至元二十九年(1292年)普安站告布歹不按规定索取供给案,御史台在判决时就采用"百户布歹量决三十七下,解见任,别行求仕。"[②] 这里处罚时采用的是"量决"判决。元贞二年(1296年)八月归德府萧县(今安徽省宿州市萧县)尹县尹王铎虚报义仓粮食案,在处罚时刑部采用"量拟罚俸一月,标附"[③]。从中可知,元朝能通过"情理"司法,让官吏滥权行为获得更加广泛的规制,克服立法无法穷尽滥权类型的问题。

4. 强化某类伦理礼仪的"量决"司法

元代有时采用"量决"司法是因为案件涉及某类礼教伦理,国家为了强化某种礼仪价值,对该类案件采用"量决"判决,让案件获得比法律更重,或更轻的判决。如至元十四年(1277年)平阳路高平县(今山西省晋城市高平县)出现段集秀诉张义收娶弟弟妻子案,案发后因为这类案件涉及国家有收继婚姻法,即允许哥哥死后嫂嫂嫁给弟弟,但没有弟弟死后弟妻嫁给哥哥的。案发后,对张义娶弟妻是否要给予处罚产

---

① 《元典章》卷55《刑部十七·脱囚监守罪例》,陈高华等点校,中华书局、天津古籍出版社2011年版,第1852页。

② 《元典章》卷54《刑部十六·违例·禁差使多取分例》,陈高华等点校,中华书局、天津古籍出版社2011年版,第1842页。

③ 《至正条格》卷7《断例·虚申义粮》,韩国学"中央"研究院编,韩国学"中央"研究院2007年版,第237页。

生疑难，礼部提出“量断一百七下”，原因是兄娶弟妻“虽称伊母阿王许将弟妻收继，终是不应”；对主婚的母亲，也提出“主婚伊母阿王，若不惩诫，浊乱典礼”。[①]其实此案在法律上是存在争议的，但在礼仪上存在依据，所以对张义和主婚人其母都采用量情从重处罚。至元四年（1267年）章国仁在听读诏书时不按班次行礼，同时有越级穿紫服金带的越礼行为，御史台对其处罚时采用“量笞四十七下，解任标附”[②]。这说明处罚时没有法律，只能采用裁量处罚。至元四年（1267年）河间路（今河北省沧州市）魏文质打折王宝腿，刑部在判决时采用拟“量决一百七下”[③]。至元五年（1268年）濮州（今山东省甄城县北）王阿李因嫌殴死儿媳邢茶哥案，法司根据“旧例：即殴子孙之妇，令废疾者，杖一百；死者，徒二年”判决王阿李“徒二年，决徒年笞五十，单衣受刑”。刑部改判为“量决三十七下，单衣受刑。行下本州断讫”[④]。此案中王阿李因为嫌弃儿媳邢茶哥工作太慢而教训儿媳，儿媳反驳回骂，于是她发怒用挑火木棒殴打已经怀孕八个月的儿媳，导致儿媳及胎儿死亡。案发后法司依据“旧例”判决徒刑，折成杖刑是杖100下，刑部覆审时改判为笞37下。本案刑部的改判就属于典型的尊长殴打不听从教训的子女致死的处罚，即依据尊长有权教训和处罚违背教令的卑幼。当然，此案在量刑上是存在偏轻的问题，因为元朝对于人命案虽然整体处罚不重，但同时也有强烈的避免任何人命案件发生的努力。

---

① 《元典章》卷18《户部四·兄收弟妻断离》，陈高华等点校，中华书局、天津古籍出版社2011年版，第659—660页。

② 《至正条格》卷3《断例·僭用朝服》，韩国学“中央”研究院2007年版，第189页。

③ 《元典章》卷44《刑部六·折跌支体》，陈高华等点校，中华书局、天津古籍出版社2011年版，第1506页。

④ 《元典章》卷42《刑部四·打死男妇》，陈高华等点校，中华书局、天津古籍出版社2011年版，第1455页。

5. 针对特定类型的案件采用"量决"司法

元朝在某些特定类型的案件中，国家在法律和司法上会明确规定采用量情裁判，不制定具体法律。从实践看，这类案件往往是一些有违法，或只是违反某种社会道德习惯而非是国家明确规定的法律案件类型。至元十一年（1274年）大都路田留奴出卖拾得物，案发后提出不适用"偷盗罪论"，而是采用"量情断决"。"田留奴即系拾得绢匹，不送有司，货卖，难同真盗一体刺配，拟合量情断决，乞明降事。"[①]这里要求对这类件在判决时采用"情理"判决，国家不制定相应法律和处罚标准。大德二年（1298年）张县尹枉勘死案中，江南行台提出制定相关处罚法律，但刑部认为对官员非法刑讯案件无法制定具体法律，只能根据具体个案进行量情判决。"枉勘、枉禁，情犯各别，轻重不同，难便一概定论，拟合临事详情议罪相应。"[②]大德八年阿老瓦丁等税务官员利用职务侵占了多收到的税款，案发后刑部提出各地税务官员对多收的税款侵占若按枉法处罚，对他们存在实质上的不公平。原因是"随处院务、湖泊办课人员，多系流品迁转之职，俱无俸给养廉，年终考校，但有亏兑，勒令倍偿，如有侵欺，便以枉法论罪。不惟刑罚偏重，实是情法不伦"。中书省在裁定时接受刑部的意见，提出对于"院务、湖泊办课人员，侵使增余额外钱数，既是难同枉法，临时量情轻重论罪"。[③]这里把这类人员侵占多收税款处罚采用"依情理量决"司法。这类案件甚至形成了专用

---

① 《元典章》卷49《刑部十一·拾得物难同真盗》，陈高华等点校，中华书局、天津古籍出版社2011年版，第1676页。

② 《元典章》卷40《刑部二·枉勘枉禁论罪》，陈高华等点校，中华书局、天津古籍出版社2011年版，第1376—1377页。

③ 《元典章》卷46《刑部八·办课人员取受》，陈高华等点校，中华书局、天津古籍出版社2011年版，第1574页。

语，即“今后所犯，量事轻重，详情议罪”[①]；“今后元告、过付紧关之人，验事轻重，临时从宜区处”[②]。这种案件在元代司法中形成了重要类型。因为在大德五年（1301年）童文彬贩盐时没有随身携带盐引，司法机关在审判时就采用同样司法。刑部审理时对盐牙杨必庆和盐脚陈文聪等人采用“外据盐牙杨必庆等，令行省量情科断相应”判决。[③]这里刑部没有做出对杨必庆等人具体判决，而是要求行省根据“情理”进行“量决”处罚。元代常有这种司法，即上级分析案件后，把案件发回所在地重新审理判决。

当然，在元朝司法中，国家对“量决”司法并非一概认可，有时是存在限制，甚至是否定和批评的，因为这种“量决”司法会导致社会价值不稳定。如皇庆元年（1312年）唐祯与义兄唐柱争夺财产案中，江浙行省就指出“其往往告争继立，多因富豪分产不均，所在官司不遵定例，以情破法，紊乱人伦”[④]。这里批判了当时存在民间财产继承案中，各级官府不遵守相关法律，往往采用“情理”司法，导致出现违法或扰乱人伦礼制的现象，让国家司法混乱。从司法看，“情理”司法是会导致司法不稳定，各级官吏司法时出现随意，甚至是滥用司法权获利的问题。

---

① 《元典章》卷53《刑部十五·告事非全虚例》，陈高华等点校，中华书局、天津古籍出版社2011年版，第1756页。

② 《元典章》卷48《刑部十·有俸人员不须羁管》，陈高华等点校，中华书局、天津古籍出版社2011年版，第1618页。

③ 《元典章》卷22《户部八·引盐不相离》，陈高华等点校，中华书局、天津古籍出版社2011年版，第852页。

④ 《元典章》卷19《户部五·同宗过继男与庶生子均分家财》，陈高华等点校，中华书局、天津古籍出版社2011年版，第689页。

三、元代"量决"司法的历史作用及意义

从上面考察中可以看出,元代司法中的"量决"司法在适用时最大问题是如何界定案件中的"情理"。同样的"情理"在不同司法机关中会采用相反的认定,进而导致裁量时出现不同。这样让"情理"司法存在高度不稳定性,进而使司法存在获得灵活性的同时稳定性不足。当然,从元代司法看,"情理"司法适用时是存在对象上的限定的,具体是在适用情理司法时一般不跨刑种量刑。此外,"情理"司法适用时往往是一种社会价值利益的权衡,这样会存在不同时期、不同案件中,国家和司法者会对某种社会利益的权重加强和减轻,如在通奸案件中,对殴死通奸者的人犯处以杖刑,目的是宣示国家不允许个人以任何理由擅自剥夺他人生命,那怕是对方犯有死罪,也只能由国家来裁判执行。从历史视角看,元代量决司法具有以下意义。

(一)解决了司法中守法和权变的困境

元朝的量决司法由于在理论上解决了守法和行权之间长期存在的困境,让行权司法不再是对守法的破坏,而是纠正守法司法时出现的问题。同时,由于宋元诸儒强调"怀法行权",让行权不再对法律背离,而是对"法意"和"人情"的一种有效统合。这从司法理论上看,是解决了规范的稳定和个案特殊性之间的需要。从诸儒者视角看,他们解决了守经和时变的问题,让儒家经学的僵化问题在实践中获得了解决。从宋元诸儒的经权理论看,是获得了一种理解、解释和实践统一的理论场域,让经学在实践中获得了生命力。

从理论看,统一价值下制定的法律必然会包含着对社会基本价值

原则——经的实践，但缘何会出现“经所不及而须行权”的问题呢？这源自法律的确定性和强制性，这种特征是法律规范权威性来源。在司法中，虽然存在一定自由裁量的空间，但法律规范的这种性质是不能被破坏的。在司法中，当某个特定的个案由于自身拥有特定的情、时等因素，导致现有的规范无法涵摄，坚持守法无法获得个案正义和公平时，通过行权司法进行特别衡平成为必要。由于行权司法具有弥合常法和个案之间的功能，所以才有人指出“故权可以明是非，定向背，测成败，决取与”[①]的功能。对此，可以从下面案例中看出当时是如何在守法与行权中进行平衡的。

大德七年四月，中书省：“礼部呈：‘东昌路王钦，因家私不和，画到手模，将妾孙玉儿休弃归宗，伊父母主婚，将本妇改嫁殷林为正妻，王钦却行争悔。’本部议得：‘王钦虽画手模将妾休弃，别无明白休书，于理未应。缘本妇改嫁殷林为妻，与前夫已是义绝，再难同处。合准已婚为定。今后凡出妻妾，须明立休书，即听归宗。似此手模，拟合禁治。’”都省准拟。[②]

此案原是王钦因为与自己妾孙玉儿不合，就采用按手印休妾形式休弃孙玉儿。离婚后孙玉儿与殷林再婚，成为对方的妻子，王钦后悔提起诉讼。此案在法律上的依据是当时国家在法律上禁采用手模休妻妾形式，也就是王钦认为自己采用手模休妾在法律上不合法，离婚无效。但礼部在覆审时认为孙玉儿与他人结婚，在事实上与前夫构成了“义绝”

① ［清］董皓等编：《全唐文》卷404《冯用之》，上海古籍出版社1990年版，第1828页。

② 《通制条格校注》卷4《户令·嫁娶》，方龄贵校注，中华书局2001年版，第173页。

的法律事实，于是承认他们之间婚姻关系已经终止。从整个判决看，礼部在判决时是以法律为基础的，否则就不必对手模休妾的不合法问题进行行权重新确认，即采用事实婚姻导致与前夫“义绝”是对手模离婚无效的一种救济行权。从整个判决看，不管如何适用行权变通，在案件判决时都以义绝导致婚姻中止和手模休弃妻妾无效的法律下进行。从法律角度看，其实是一种守法下的行权司法。

（二）促进了情理司法模式的形成

元朝“量决”司法在中国古代司法模式上的主要贡献是导致情理司法的形成。因为行权司法的根本原因是适应每个案件中“人情”及时代价值变化的需要，所以在行权司法从量决，或量情决等司法转变成情理司法，最终形成情理司法模式是一种理论上的自然演进。从理论上看，宋元行权理论下的情理司法与明清时期的情理司法是存在区别的，因为宋元行权理论下的司法不管对“情”还是“理”都赋予了具体含义，并非是一种简单人情下的司法。从宋元诸儒看来，行权司法是受诸多前提和条件限制的，对行权主体要求特别高，它要求行权主体熟悉常法，具备了解把握“人情”“世变”的能力，并能以“义”作为评判价值的度量，以实现“中道”为司法的目标。当然，这些能力还只是行权司法主体的内在个体要求，除此之外还要求行权主体拥有论证行权合理性的外在能力。而这种论证是要求行权主体具有高超的诠释说理能力，所以具有强有力的说理能力构成了行权司法主体的重要能力。

这种能力具体来看具有以下两个方面：第一，论证行权的合理性。行权并非是单纯的逻辑构建问题，其以“行”作为旨要，来源于实践并且最终指导实践。但先贤对实践中如何行权始终没有明确的理论，仅以价值为要求，缺乏具体操作的指南。这就需要适用者在具体个案中斟酌，于是十分依赖行权司法者个人的高超诠释和说理能力来证明自己行为的合理性，故而说理成为行权司法中的关键点。第二，实现对价值的通约与共同价值的认同。情、时在个案中具有特定性与具体性，体现在个案中的核心价值难以获得通约，实践中行权往往缺乏确定的客观标准，需要依靠行权主体基于自身知识通过说理来使个案判决依据与公众处于统一认识的普遍性价值体系之中。再者，变通之权是以轻重衡量的权为前提，变通是衡量的结果，任何权衡都包含有价值判断，需要通过解释以保障公众对行权后的结果认可，所以行权在司法过程中不仅是结果，同时还是手段和论证过程，是从实践中获得的解释结果。经权理论的诠释学特征赋予行权司法极大的说理空间。在行权司法中说理既是行权主体价值和信念的表达，同时也是行权结果被认同和遵循的必要前提。这种说理可以从下面案例中看出：

大德九年六月二十九日，准中书省咨："李阿邓告夫李先强奸继男妇阿李不成罪犯，已经断讫。看详：'纲常之道，夫妇许相容隐。经官告夫李先奸罪，欲令依旧同处，不无别致生事。若断义［绝］离异，不见妻告夫罪立定例。请定夺回示。'"送刑部议得："夫妻元非血属，本以义相从，义合则固，义绝则异，此人伦之常礼也。李先罪犯强奸伊妻阿邓前夫男妇，于妇知见，用言劝道，为人不思自过，反将阿邓打伤。告发到官，对问是实。既将李先断讫，已是义绝，再难同处。看详：'李先所犯，败伤风化，渎乱人伦，仰合与妻离异相应。'"都省准拟，合行移咨，依上施行。[1]

---

① 《元典章》卷41《刑部三·妻告夫奸男妇断离》，陈高华等点校，中华书局、天津古籍出版社2011年版，第1420页。

此案涉及丈夫先有违背礼制犯罪的行为，之后其妻告发丈夫又有违背礼仪和法律的行为。因为在儒家礼仪中夫妻相隐，而且还有夫为妻纲的规定。妻子在法律上告发丈夫犯罪属于违礼违法，而且会导致法律上的义绝离婚。然而此案中是丈夫先有违背礼仪和犯罪行为，所以若适用相关夫妻礼仪原则，司法效果上就会存在实质上的不公平。所以在司法时，对行权司法进行了说理，具体是指出夫妻是基于“义”，任何一方都不能有违背“夫妻”之义的行为。这样，是丈夫先有违背夫妻之义，所以在法律上妻子告发丈夫就是存在道义上的依据，所以应先采用义绝认定相互之间的关系已经解除，解除后前妻告发前夫犯罪行为在法律上就不存在违反夫为妻纲、同居相隐的法律问题。从这里可以看出，为了让案件判决具有合理性，在行权司法时进行了有效的说理。从说理的效果看，对案件判决产生了有效的支持。

（三）为司法实质正义和形式正义的统合提供机制

元代“量决”司法在功能上最重要的作用是解决了司法上实质正义和形式正义的冲突问题。在人类司法史上最大问题就是若坚持适用法律规则，往往会导致案件失去个案社会意义上的正义；若坚持以个案为中心，往往又导致普遍性规则的失去，出现形式正义的缺失。在司法中如何通过一种有效的机制把守法与个案正义有效结合起来构成了实践中需要解决的问题。宋元经权理论下的行权司法，最大贡献是提供了一种如何统合形式正义和实质正义的途径。现实中个案的人情万殊，司法需要对每个个案的“情时”等要素做出综合考量，根据司法原则和法律规则进行裁判。宋元诸儒认为通过经权理论，司法官通过承担对经义的解释，让个案在相关理论指导下进行证成，形成行权司法就可以解决此问题。如蔡久轩在“卑幼为所生父卖业”案中指出司法裁判要做到“此不特于法有碍，而于理亦有碍”[①]。让司法裁判在“法”和“理”中获得达通，就可以实现个案正义。当然，对情和法行权，基本目标是不能让守法与行权走向极端，所以中道司法被作为基本原则提出来，作为基本司法原则对两种极端趋势进行约束。

元朝大德六年（1302年）四月江西行省出现了养父把亲生女儿嫁给养子的案件，此案达在法律上构成了同姓兄妹成婚，属于国家严格禁止的婚姻形式。案件发生后就存在是按法律规定判决婚姻无效并给予处罚还是承认事实婚姻而进行行权补救的问题。地方州府官员判决是“州司看详，胡元一虽系黎曾三所生之子，已是过养与胡大安为嗣，即系胡右七娘之兄。若便议拟断离，卑州在先不曾断过如此体例”。这是直接采用把问题转给上级。路府判决是：“府司看详，若便断离，缘胡寄俚终是别姓黎曾三之子，难比同姓为婚之例。若准已婚为定，却缘胡大安已将黎庚俚于籍内作胡寄俚名字为姓，与胡元七娘为兄妹，供报在官。”这里路府认为此案中结婚的两人是没有血缘关系的兄妹关系，采用把养子改为原姓，承认他们的婚姻。江西行省的态度是虽然同意路府所拟判，但认为若采用路府的判决，那涉及相关人伦问题。“本省看详，若令胡元一认姓归宗作婿，缘系关系人伦为例事理。”所以江西行省再次把案件转给中书省，要求中书省进行覆审判决。中书省转给礼部审理时，礼部同意路府拟判，即让胡大安的义子胡元一归宗，恢复原姓，承认他与养父女儿的婚姻。“令胡元一复其本姓，与胡七娘依旧成婚，归还黎氏相应。”对于此案判决，御史台认为存在伦理上不妥，所以提出“卑职看详，胡大安将亲女胡元七娘婚配义子胡元一为妻，原其伦理，甚非

① 《名公书判清明集》，中国社会科学院历史研究所、宋辽金元史研究室点校，中华书局1987年版，第298页。

所宜。然而都省已行准拟，再难别议。今后若不通行禁止，切恐习以成俗，有伤风化。”[①]这里的建议是承认礼部判决的有效，但禁止此案判决成为判例，适用在以后的相同案件中。此案在判决中涉及形式上法律规定和礼仪规定，同时又涉及案件的实质问题，即两个结婚当事人是不存在血缘上的兄妹关系，所以判决时采用了行权司法，以获得一种形式和实质上的统合。

（四）明清情理司法的固化及其历史影响

经权思想在明清情理司法中是有变化的，因为明清强调情理的权变，而对守法的重要性开始出现弱化。特别是当部分官吏在基层司法时，为图方便而大量打着情理司法的口号进行司法时，最终导致走向法律虚无主义。当然，明清时期中央对行权司法是坚持守法下的行权，而非是简单的用“情理”来行权司法。此外，明清，特别是清朝皇帝在大量敕裁判决时采用的依据也是“情理”，这让情理司法获得最高权力者的支持，这也是使清朝情理司法出现滥用的重要原因之一。从明清律学著作看，律学家坚持认为律是经，例是时变、权宜。通过律和例的结合，在法律体系上构建起一种经权式的法律规范体系，让宋元时期的经权司法在规则体系上获得保障。明清时期在法律体系上不管是律-例体系，即刑事法律中的律典和条例，还是非刑事法律中的会典-则例体系，在规范结构上都有“经”与“权”两种。从这个角度看，明清经权理论在法律建设中，特别是法律体系的建设中是存在继承下的进一步发展的。同时，在情理司法时，增加了“法”，认为情理法是一个整体，必须三者合一、同时考量，而非只考量情理因素。这种理论从经权观上

---

① 《元典章》卷18《户部四·胡元一兄妹为婚》，陈高华等点校，中华书局、天津古籍出版社2011年版，第629—631页。

看，具有更加稳定性、体系化的特征。只是明清时期诸儒在理论上对经权理论，特别是行权理论的讨论没有宋元那样积极，在行权司法上有走向教义化的现象，让行权司法失去了原有生命力。

宋元明清时期“情理”司法对当前司法中形成以成文法为“经”，同时辅以时代价值和社会道德原则，并根据特定案件体现出的“事理”进行裁判，对纠正机械适用相关成文法导致的司法不公或者明显违反社会大众价值评价的案件判决是有重要借鉴的。

宋代女性的土地权利保护*

柴　荣**

摘　要　宋代女性土地权利主要来源于赠予或继承，宋代对女性土地权利的保护秉持重视实际效果的整体性法律理论，女性的土地权利在立法和司法层面都得到一定体现和保障。为了追求仁政、维护孝道，裁判者常常会突破律典规范的限制，对女性土地权利有诸多保护性体系化司法解释。宋代女性土地权利之所以能得到法律保护，主要在于其特殊的社会语境：家庭、劳动地位提高扩大了女性实际权利，孝道提升了女性尊长的法律地位，理学尚未对女性土地权利产生实际约束力。借鉴宋代女性土地权利保护整体性法律理论及体系化司法解释方法，有利于从中国传统法文化中汲取给养，完善当下女性土地权利保护法律机制。

关键词　宋代　女性土地权利　整体性法律理论

宋代女性财产权一直受到学界关注，近三十多年来，历史学、经济学、社会学以及法学学科都试图从不同视域探索这一问题。其成果主要体现在以下几个方面：其一，在纵向大历史的视野中研究宋代女性的

---

*　本文曾在《中国社会科学》2022 年第 7 期发表，此处略有改动。

**　柴荣，北京师范大学法学院教授。

财产权及其法律地位；[①] 其二，在探讨整体宋代婚姻财产法律问题的过程中研究女性的财产权以及身份权；[②] 其三，聚焦宋代女性婚姻家庭地位以及妆奁等财产权问题。[③] 有关女性土地权利的法律规范对社会稳定和经济发展至关重要，因此，观察国家立法者和司法裁判者对女性土地权利的态度，能更好地厘清宋代女性财产权利及其法律地位。但是，以往的相关成果鲜有从土地权利的角度分析宋代女性的身份与地位，也很少有成果用整体性法律理论分析宋代如何运用法律保护女性土地权利。[④] 宋代对女性土地权利的保护是“法”（法典、敕令等）与“治”（司法解释）相互联结，作为一个整体在运作，从朝廷到地方一直追求“仁”“孝”的法律原则，在不违背保护弱者基本底线的基础上，使社会各阶层尽可能达成共识，我们可以称之为整体性法律理论在女性土地保护司法解释中的具体运用。《名公书判清明集》（以下简称《清明

---

① 代表性研究成果包括黄嫣梨：《中国传统社会的法律与妇女地位》，《北京大学学报（哲学社会科学版）》1997 年第 3 期；麻国庆：《分家：分中有继有合——中国分家制度研究》，《中国社会科学》1999 年第 1 期；白凯：《中国的妇女与财产：960—1949》，上海书店出版社 2007 年版；邓小南、王政、游鉴明主编：《中国妇女史读本》，北京大学出版社 2011 年版。

② 代表性研究成果包括方建新：《宋代婚姻论财》，《历史研究》1986 年第 3 期；李淑媛：《争财竞产：唐宋的家产与法律》，北京大学出版社 2007 年版；郭东旭：《宋代法律与社会》，人民出版社 2008 年版；柳立言：《宋代的宗教、身分与司法》，中华书局 2012 年版；王扬：《宋代女性法律地位研究》，法律出版社 2015 年版。

③ 代表性成果包括姚红：《从寡妇财产权的变化看两宋女子地位的升降》，《浙江学刊》1993 年第 1 期；游惠远：《宋代民妇的角色与地位》，新文丰出版公司 1998 年版；程郁：《宋代的蓄妾习俗及有关法规考察》，载戴建国主编：《唐宋法律史论集》，上海辞书出版社 2007 年版；张邦炜：《宋代婚姻家族史论》，人民出版社 2003 年版；金眉：《宋代奁产的法律分析》，《政法论坛》2012 第 6 期。

④ 所谓整体性法律理论（law as integrity），是美国法学家德沃金提出的，吕世伦认为，出于社会整体性和政治整体性所决定，一个国家的法律体系本来就应当是整体的，这是整体性法律理论的核心要义；实现整体性法律，有两种路径：一是国家坚持按照前后一致的原则办事，二是在司法层面通过对法律的体系化解释，使社会各群体能达成理性的妥协。参见吕世伦：《论德沃金的“整体性法律”理论》，《山东社会科学》2006 年第 7 期。

集》)[1]收录的土地诉讼案件约有上百件，其中多有女性出现，围绕宋代土地诉讼场域观察女性的活动，一定程度上能够加深我们对中国古代女性财产法律制度与司法实践动态演变过程的理解。

一、司法诉讼中展现的女性土地权利

在民法理论中，物权的突出特征体现为两个方面：一是它的绝对性，即保护物权免受任何不法侵害；二是它的支配性，即物权人可以凭借自己的意愿对物加以管理和处理。[2]无论是西方中世纪的所有权权能分析法，还是现代的物权特征分析法，不管用何种方法作为解释工具，如果以《清明集》为研究范本，透过其中的土地诉讼判词，结合宋代其他史料，我们都能看出宋代女性主要以受赠予或继承的方式获得土地的实际物权（所有权），通过使用、收益、转让而拥有对土地的实际支配权。

（一）女性实际土地所有权之来源：赠予、继承

宋代，女性实际土地所有权主要有两个来源：接受娘家夫家赠予的田产或继承娘家夫家的田产。费孝通先生认为，中国古代社会财产继承并非完全属于男性，“妆奁是女子得自父系的财产”[3]，出嫁女大都会得到娘家赠予的嫁资，包括田产在内的财产，常常会在妆奁清单中得以体现，这个清单也是她们保有财产的书面凭证。《梦粱录》提到，娘家在

---

① 《名公书判清明集》是宋代诉讼判决书和公文的分类汇编，是研究宋时期，特别是南宋中后期社会史、经济史、法制史的珍贵史料。参见柴荣：《宋朝未成年人“国家监护制度”——以“叔父谋吞幼侄财产案”判词为引子》，《法律适用》2017 年第 4 期。

② 参见贾婉婷：《罗马物权法——所有权与占有》，中国法制出版社 2019 年版，第 1—2 页。

③ 费孝通：《乡土中国 生育制度 乡土重建》，商务印书馆 2017 年版，第 297 页。

妆奁清单中要详细列出："房奁、金银、宝器、帐幔、山园等。"[①] 有学者认为，广义的奁田包括随嫁田以及婚后用随嫁钱置办的田产。[②] 女性还会在出嫁后，因产子等重大事项，得到父母赠送的田宅等礼物，如杨和王因女儿生子，"厚以金缯花果以遗其女，且拨吴门良田千亩以为粥米"。[③] 另外，女性还会因父母尊长去世，通过继承而得到娘家一定份额的田产。宋初有"在室女"分田财的情况，"诸应分田宅者及财物，兄弟均分。……其未娶妻者，别与聘财；姑姐妹在室者，减男聘财之半"[④]。到南宋时期，法律对女子的继承权有了进一步扩大，从男聘财之半扩充到了男继承份额的一半，所谓："父母已亡，儿女分产，女合得男之半。"[⑤]《清明集》中有这样的表述："周丙身后财产合作三分，遗腹子得二分，细乙娘得一分。"[⑥] 这与南宋法律规定是一致的。

女性从娘家继承田产份额有两种情况：其一，非户绝时，与其他男性继承人共同分割田产，宋代法律规定，父母死亡，儿女分产，女性分到的应为男性的二分之一。[⑦] 其二，户绝时，女性从娘家继承一定份额田产。何谓"户绝"？《唐律·户婚律》疏议云："无后者，为户绝。"[⑧] 在男

---

① ［宋］吴自牧：《梦粱录》卷20《嫁娶》，商务印书馆1939年版，第302页。

② 参见邢铁：《宋代的奁田和墓田》，《中国社会经济史研究》1993年第4期。

③ ［宋］周密：《齐东野语》卷6《向氏粥田》，高心露、高虎子校点，齐鲁书社2007年版，第70—71页。

④ ［宋］窦仪：《宋刑统》卷12《卑幼私用财》，吴翊如点校，中华书局1984年版，第197页。

⑤ ［宋］刘克庄：《后村先生大全集》卷193《鄱阳县东尉检校周丙家财产事》，王蓉贵、何以鲜校点，四川大学出版社2008年版，第8册，第4865页。

⑥ 《名公书判清明集》卷8《女婿不应中分妻家财产》，中国社会科学院历史研究所、宋辽金元史研究室点校，中华书局1987年版，第277—278页。

⑦ 参见［宋］刘克庄：《后村先生大全集》卷193《鄱阳县东尉检校周丙家财产事》，王蓉贵、向以鲜校点，四川大学出版社2008年版，第8册，第4865页。

⑧ ［唐］长孙无忌等：《唐律疏议》卷12《立嫡违法》，上海古籍出版社2013年版，第199页。

权为中心的中国古代社会，所谓无后是指无男性继承宗祧的情况，一旦出现户绝，大多仍会有女性后人继承财产的情况。比较而言，唐代法律在户令中规定，在户绝的情况下，除丧葬费外，全部归女儿，并不分出嫁女与未嫁女，宋代在沿用唐律相关规定的基础上，进一步明确归宗女与未嫁女继承的份额一样，均为三分之一。[①] 北宋哲宗时期的"元符新规"规定："户绝财产尽均给在室及归宗女。"[②]

寡妻从夫家得到的土地权利，主要指寡妻对亡夫财产的法定继承权。从《清明集》相关司法判词引用的宋代法律规定可以看出，一般子承父份，寡妻守志而无子者，由妻继承夫份，由此而得的财产属于妻之财产[③]，可见，"守志妻"继承了丈夫的财产便属于"妻之财产"。妾的身份比较特殊，地位远远低于正妻，其对夫的财产继承权从立法时间而言是晚于妻的。宋初，妾没有继承夫财产的法律依据，《宋刑统》"妾无分法"的条文明确规定："其媵及妾，在令不合分财。"[④] 随着时间的推移，妾继承夫财产的权利在立法上得到了灵活的体现。例如，妻妾对夫财产的继承权常常以"养老田"的名义获得，但宋代法律允许寡妾享有养老田的时间要晚于妻，大约应在淳佑七年（1247 年）之后，这从《清明集》的一份判词中可以推测出来。该案背景如下：被继承人方文亮有三房妻妾，长子次子俱是妻之子，长子已经成年；次子已经去世，留有一孙；三子是妾李氏所生，年仅两岁。父亲遗产一直由长子掌管，并未分家，推测妻已先于夫死亡。判词曰，按照"淳佑七年敕令"，平江府陈

① 参见［宋］窦仪：《宋刑统》卷 12《户绝资产》，吴翊如点校，中华书局 1984 年版，第 198 页。

② ［宋］李焘著、［清］黄以周等辑补：《续资治通鉴长编附拾补》卷 501《起哲宗元符元年八月尽其月》，上海古籍出版社 1986 年版，第 4688 页。

③ 参见《名公书判清明集》卷 7《仓司拟笔》，中国社会科学院历史研究所、宋辽金元史研究室点校，中华书局 1987 年版，第 220 页。

④ ［宋］窦仪：《宋刑统》卷 17《谋杀》，吴翊如点校，中华书局 1984 年版，第 275 页。

师仁分家析产的方法如下：拨田与妾李氏作为赡养之资，余下的田产物业，三房子均分。[①] 该判词提到的“淳佑七年敕令”传递了重要信息，即尽管我们不知该敕令的原文是如何表述的，但裁判官依据该敕令的规定，先从遗产中划拨了专属妾李氏的“赡养田”（养老田），然后再由各房子嗣无论嫡庶分割其他遗产。当然，这种专属寡妻妾的“养老田”的功能是受限制的，只能用于她们养老而不能作为她们的个人遗产自由处置。例如，《清明集》一案中，后妻叶氏在丈夫去世后，将养老田擅自立遗嘱留给亲生女，引起养子的怨恨诉至官府。官府判决，叶氏将养老田遗嘱于自己亲生女的行为无效。其理由为，按照户令规定，在有法定继承人的情况下，寡妻不能擅自处理养老田，叶氏死后仍需将田归还养子。[②]

总之，宋代女性的独立经济地位一定程度上得到了法律承认，尤其女性继承权有重大突破。宋代法律明确规定，女性有财产继承权，无论是女儿还是寡妻，甚至是出嫁女都有权继承不同份额的父家或夫家的财产。除以上法定继承方式外，宋代男性还常常用遗嘱方式将自己的财产留给女儿或妻妾。诉讼中裁判官一般也会维护女性继承人的合法权利，表现出对女性财产权的重视，这样的结论通过宋代的相关土地诉讼案例能够得到印证。例如，《清明集》一案中，吴锡擅自卖掉了养父吴革用遗嘱的方式留给自己亲生女的奁田，被官府判杖一百，并追回给吴革的养女。[③] 可见，兄弟违背父母遗嘱，侵害在室姐妹奁产的行为会受到法律制裁。

---

① 参见《名公书判清明集》卷9《业未分而私立契盗卖》，中国社会科学院历史研究所、宋辽金元史研究室点校，中华书局1987年版，第303—304页。

② 参见《名公书判清明集》卷5《继母将养老田遗嘱与亲生女》，中国社会科学院历史研究所、宋辽金元史研究室点校，中华书局1987年版，第141—142页。

③ 参见《名公书判清明集》卷4《吴盟诉吴锡卖田》，中国社会科学院历史研究所、宋辽金元史研究室点校，第100页。

（二）“管绍”：女性享有土地使用收益转让的权利

中国台湾地区学者柳立言认为，宋代妻妾对夫的财产没有继承权或所有权。[①] 他甚至认为，妻妾自带的妆奁名义上也是属于丈夫的产业，他的依据是《清明集》中有判词引用法律条文：（妻）自随之产，不得以妻名义另定居头，当随其夫户。[②] 邓小南认为，虽然礼法上规定，妻财名义上属于丈夫，但事实上妻子仍有相当的拥有权和支配权。[③] 我们也认为，从名义上而言，妻财、妾财都是夫家的；然而，判断妻妾对夫的财产是否有所有权，主要应该依据她们是否能实际占有、使用、收益、支配这些财产，而不必拘泥于财产能否立于女子名下。宋代有关学田的石刻碑有这样的相关表述：“（嘉泰四年七月）买到闾丘吏部右司媳妇陶氏妆奁”；“（开禧二年五月）典到黄县尉宅总干男三上舍妻徐氏妆奁”。[④] 这说明奁田有时可以直接登记在女子名下，她们有权利出租或出卖自己名下的奁田。同样，妻妾也会因丈夫的赠予而获得土地的实际所有权，丈夫赠予的财产（包括田产）也可以列入奁产清单，作为奁田的组成部分。这样即使在诉讼中，这个清单也可以作为妻妾拥有土地权利的证据。在《清明集》所载“子与继母争业”一案中，王氏带着原有奁田再嫁丧妻的吴贡士，吴贡士原有子吴汝求。吴贡士为王氏续置田产，以王氏名义立契，还写入王氏妆奁清单。吴贡士去世三年后，王氏丧服期满，携包括续置田产在内的妆奁再嫁，被其继子吴汝求告到官府。判词

---

① 参见柳立言：《宋代的宗教、身分与司法》，中华书局 2012 年版，第 212 页。

② 参见《名公书判清明集》附录 2《郭氏刘拱礼诉刘仁谦等冒占田产》，中国社会科学院历史研究所、宋辽金元史研究室点校，中华书局 1987 年版，第 607—608 页。

③ 参见邓小南、王政、游鉴明主编：《中国妇女史读本》，北京大学出版社 2011 年版，第 163 页。

④ 国家图书馆善本金石组编：《宋代石刻文献全编》第 2 册，北京图书馆出版社 2003 年版，第 301、311 页。

最终将吴贡士为王氏续置的田产认定为归王氏，理由是其亡夫为她“作王氏名成契”，以王氏的名义立契，并且写入了她的妆奁清单。[①]

在社会活动和家庭生活中，妻妾常常对家庭财产拥有实际的支配权，这种支配权被称为“管绍”。程郁曾言，在一般情况下，即便妾也可以通过亲生子女获得丈夫财产的使用权和支配权。[②]我们也能找到相关案例证明，守志寡妇即便无子，其对亡夫的财产也有管绍权。在《宋朝事实类苑》记载的一案中，有老妪诉讼于官，言身为嫡妻无子，夫死后被挤出家门，家财为妾所占据，裁判官判决“尽以家资还之”。[③]可见，无子的寡妇，只要没有改嫁，其管理处分家财的权利仍然会受到保护。如若有子之家，儿子要卖掉产业，也要得到寡母在内的同籍共财者的共同签押，立契行为方有效，所谓“如货鬻母共业，须同籍人签图乃成券”。[④]而且，南宋法律规定：交易田宅，“母在，则合令其母为契首”[⑤]。我们可以摘取两份《清明集》中的判词为例，印证有关寡母“管绍法条”的有效性以及具有尊长身份女性对家庭财产的支配权。例一，黎某利用孙某年幼诱骗其私自将田业倚当，后黎某被以盗罪论处，孙某被杖一百，其判词中写道：“母在，而私以田业倚当，亦合照瞒昧条。”[⑥]例二，

---

① 《名公书判清明集》卷10《子与继母争业》，中国社会科学院历史研究所、宋辽金元史研究室点校，中华书局1987年版，第365—366页。

② 参见程郁：《宋代的蓄妾习俗及有关法规考察》，载戴建国主编：《唐宋法律史论集》，上海辞书出版社2007年版，第299页。

③ 参见［宋］江少虞：《宋朝事实类苑》卷23《官政治绩》，上海古籍出版社1981年版，第282页。

④ ［宋］刘克庄：《后村先生大全集》卷100《唐察院判案》，王蓉贵、向以鲜点校，四川大学出版社2008年版，第5册，第2581页。

⑤ 《名公书判清明集》卷9《母在与兄弟有分》，中国社会科学院历史研究所、宋辽金元史研究室点校，中华书局1987年版，第301页。

⑥ 参见《名公书判清明集》卷8《鼓诱卑幼取财》，中国社会科学院历史研究所、宋辽金元史研究室点校，中华书局1987年版，第284页。

陈安国在父亡后，假冒母亲阿江和弟弟名义在田地契约上签押，被母亲阿江和弟弟诉至官府，[①] 可见"女子从出生坠地伊始迄老死之漫长过程中，其财产权的地位随其年龄之增长、身份之转移，及家族地位重要性之增强而逐一递升"。[②]

女性对财产的支配权还体现为，在实践中寡妇带夫家财产再嫁，无论是士大夫贵族、巨贾富商还是百姓之家都很常见。如北宋哲宗时期，太子太保（宋制应为从二品官）故去，家产丰厚。其爱妾尽携家产改嫁他人，亲属族人无人论其短长。[③] 另有《夷坚志》载，郑某娶陆氏女，生二男女，后郑患病离世。未数月而媒妁来，才释服，尽携其资，适苏州曾工曹。[④] 南宋时，有魏鹤山之女，"既寡，谋再适人"，乡人因为该女兼带娘家夫家两份妆奁，争相娶之，后未得者，均非常嫉妒能娶得该女者。[⑤] 可见，有宋一代寡妇携产自嫁已为社会舆论所认可。

二、女性土地权利保护的体现形态

宋代有关女性土地权利保护的规范，除在宋初颁布的《宋刑统》中可以查找到相关条文，在其他独立的敕令、条例等形式的法律渊源中也有所体现。宋代作为一个长达三百多年的朝代，其社会经济文化多有变迁，与之相伴随的法律制度与司法实践也常有变化。而且，在这种变

① 参见《名公书判清明集》附录 2《陈安节论陈安国盗卖田地事》，中国社会科学院历史研究所、宋辽金元史研究室点校，中华书局 1987 年版，第 596 页。

② 李淑媛：《争财竞产：唐宋的家产与法律》，北京大学出版社 2007 年版，第 217 页。

③ ［宋］范公偁：《过庭录》，中华书局 1985 年版，第 15 页。

④ 参见［宋］洪迈：《夷坚志》第 1 册，李宏主编，北京燕山出版社 1997 年版，第 28 页。

⑤ ［宋］周密：《葵辛杂识 · 刘朔斋再娶》，载《丛书集成新编》第 84 册，新文丰出版公司 1986 年版，第 486 页。

化过程中有一个明显的规律值得关注，即司法裁判官大多会用灵活的方式突破立法规范对女性财产权的诸多限制，对女性的土地权利有很多人道的体系化解释。表面来看，诉讼裁判过程中不一定完全遵循法律的规定，司法与立法有诸多矛盾之处，但突破律典规范是为了抚恤孤寡、弘扬孝道，追求“仁政”这一整体性法律价值观，司法与立法的目标具有同一性，体现了法律整体性理论在司法实践中的运用，这也是为了追求法律实施的整体最佳效果。整体最佳效果需要在司法审判过程中，对法律的解释不拘泥于单个规定，而是对单个规定的语境做出分析，在此基础上对法律做出体系化解释。正如孔祥俊所言：“在社会效果具有更大的价值时，对法律规范进行适当的变通或者悖离”①，这种不刻板体系化的司法解释，就是宋代整体性法律理论在司法实践中的体现。

（一）表象：司法解释与立法规范之矛盾

唐代法律规定：“妻家所得之财，不在分限。”② 北宋初《宋刑统》完全照搬了这一条款，南宋延续了这一传统，并且在法律上有了更细化的规定：“并同夫为主。”③ 一般而言，“妻财”，法律名分上属于夫妻共同所有，但司法实践中，大都被裁判官解释为，妻有独立于丈夫之外的财产支配权，在婚书中列明的奁产以及婚后为妻置办的产业都属夫妻小家庭，族人一般不得分享。实际生活中有私心的丈夫，“窃众营私，却于典卖契中称系妻财置到”，将“共财”转化到妻子名下，通过这种方法可以

---

① 孔祥俊：《论法律效果与社会效果的统一——一项基本司法政策的法理分析》，《法律适用》2005 年第 1 期。

② ［宋］窦仪：《宋刑统》卷 12《卑幼私用财》，吴翊如点校，中华书局 1984 年版，第 197 页。

③ 《名公书判清明集》卷 5《妻财置业不系分》，中国社会科学院历史研究所、宋辽金元史研究室点校，中华书局 1987 年版，第 140 页。

壮大小家庭的财力，但也会冒这样一个风险：丈夫去世后，妻改嫁时，带走这些田土财产改嫁的大有人在。[①] 尽管，宋代法律规定，奁田归夫，同时又规定，分家析产时，奁田不在分家析产范畴；但在司法实践中，法官对该法条的解释却时有分歧。柳立言就认为，宋代有关土地诉讼的案件，司法审判有一审二审再审，在不同的审级，不同的审判官对同一案件会有不同的见解。[②] 以下有案例为证。

《清明集》记载，刘拱辰与其两弟同父异母，分家产时，刘拱辰认为其生母郭氏的奁田不应分与两弟。一审县官认为，两弟非郭氏所生，应当全与拱辰；二审州官却持相反意见，认为兄弟分产之条，没有明确规定奁田只给亲生子，另外奁田不能别立女户，应看作丈夫的财产，丈夫之子皆有继承权。[③] 另外，前引《清明集》"子与继母争业"案中，王氏将丈夫吴和中为她续置的田产也作为奁田，王氏改嫁他人后，吴和中前妻之子吴汝求将其诉至官府。尽管官府认定亡夫为王氏置办的四十七种田产归王氏所有，但本着"仁政"的原则，为了家庭和睦，裁判官在判词中作了整体性处理，劝王氏将一处屋业给吴汝求居住，但吴汝求不得典卖该屋业，以求"生者相安，死者得慰"。[④]

而且，在土地诉讼中可以看出，裁判官有时并不十分看重田土的形式名分，他们常常会依据田宅的实际占有情况确认田宅归属，而不是仅仅凭其田契姓名。例如，《清明集》的"钟承信诉其舅争屋"一案中，裁

---

① 参见[宋]袁采:《袁氏世范》卷1《同居不必私藏金宝》，刘云军校注，商务印书馆2017年版，第29页。

② 参见柳立言:《宋代的宗教、身分与司法》，中华书局2012年版，第199页。

③ 参见《名公书判清明集》附录2《郭氏刘拱礼诉刘仁谦等冒占田产》，中国社会科学院历史研究所、宋辽金元史研究室点校，中华书局1987年版，第606—608页。

④ 参见《名公书判清明集》卷10《子与继母争业》，中国社会科学院历史研究所、宋辽金元史研究室点校，中华书局1987年版，第365—366页。

判官叶岩峰认为，钟的母亲虽然已经去世两年，但该屋产多年来一直被钟母使用收益的事实，众人皆知。而且租过她房屋的人都作证，是从钟母手中租赁房屋，有租赁契约为证。钟母也实为一位精明辛劳的当家人，她每天都点数租金，留有清晰的账簿可查。基于以上事实，叶岩峰认为："此官业分明，岂不过于有契乎！"[①] 于是认定该房屋属于钟母。

另外，有关"女性田土继承权"司法解释与立法规范的矛盾之处，在法定继承与遗嘱继承方面均有体现。首先，如前所述，《清明集》的一份判词引用了《宋刑统》的规定，让我们明确地知道，立法层面，守志寡妻妾才有资格继承亡夫财产；若改嫁，其原有的部曲、奴婢、田宅等资产都应分给应分之人。[②] 太平兴国二年（977 年）宋诏令也规定，曾为人之继母，夫死改嫁者，不得带走夫家财物。[③] 可见，寡妻妾获得的财产权是不完全、附条件的，这个条件就是她应该在"夫家守志"，所谓"夫死改嫁者，不得占夫家财物，当尽付夫之子孙"。[④] 但是，司法实践中，裁判官对女性携带亡夫财产再嫁案件的司法解释并不拘泥于法律的限制，分析具体案例，可以印证这一观点。其一，携子女并夫家财产再嫁，此时携出的财产常常也包括子女继承的田产份额。例如，《清明集》的"阿沈高五二争租米"一案，寡妇阿沈携一岁幼女改嫁王三，但 9 年之内，幼女继承的四分之一田产，一直被叔父高五二及其亲家侵吞。于是阿沈诉诸官府，后裁判官将四分之一田产判归该女继承，田业由阿沈使

① 参见《名公书判清明集》卷 6《舅甥争》，中国社会科学院历史研究所、宋辽金元史研究室点校，中华书局 1987 年版，第 191 页。

② 参见［宋］窦仪：《宋刑统》卷 12《卑幼私用财》，吴翊如点校，中华书局 1984 年版，第 197 页。

③ 参见《宋大诏令集》卷 200《政事五十三 · 继母杀伤夫前妻子及妇以杀伤凡人论诏》，司义祖整理，中华书局 1962 年版，第 740 页。

④ ［宋］李焘著、［清］黄以周等辑补：《续资治通鉴长编附拾补》卷 18，上海古籍出版社 1986 年版，第 153 页。

用收益，并以每年的收入作为抚养幼女的费用。[①] 其二，携子女继承之产，却弃未成年子女而再嫁。《清明集》所载一案中，李介翁之婢妾郑氏，在夫亡未下葬之时，携自己幼女继承之田产作为嫁资再嫁。其女孤苦无依，后被判给长房收养，但裁判中并未禁止她携产再嫁。[②] 到元代，大德七年（1303 年）法律明确规定："今后应嫁妇人，不问生前离异、夫死寡居，但欲再适他人，其原随嫁妆奁财产，一听前夫之家为主，并不许似前搬取随身"；除非丈夫有过错，所谓"无故出妻"。[③] 这一史料证明，宋代女性改嫁常有将奁田带走的情形。

其次，有关女性遗嘱继承问题，宋代敕令规定，凡立遗嘱给在室女财产的，应该有书面遗嘱，并须经官府印押交税。[④] 但是，在司法实践中，裁判官常常不一定死板地要求当事人履行立遗嘱的相关法律程序。例如，《清明集》的"女合承分"一案中，郑应辰在生前立遗嘱，给二亲生女田各一百三十亩，但该遗嘱并未依法经过官府印押交税。养子郑孝先在养父去世后欲霸占全部家产，遂引发纠纷。后裁判官范西堂并未考虑该遗嘱程序之瑕疵，仍将田产判归郑应辰的二亲生女，养子郑孝先被勘杖一百。[⑤]

另外，土地交易增多导致土地诉讼增加，其中也常见女性身影，裁判官对其田土权利多有保护性体系化解释，司法解释与立法规范的矛

---

① 参见《名公书判清明集》卷 7《阿沈高五二争租米》，中国社会科学院历史研究所、宋辽金元史研究室点校，中华书局 1987 年版，第 238—239 页。

② 参见《名公书判清明集》卷 7《官为区处》，中国社会科学院历史研究所、宋辽金元史研究室点校，中华书局 1987 年版，第 230—232 页。

③ 参见《元典章（大元圣政国朝典章）》卷 4《典章十八 · 奁田听夫家为主》，天津古籍出版社 2011 年版，第 2 册，第 652 页。

④ 参见［宋］马端临：《文献通考》卷 14《征榷一》，浙江古籍出版社 1988 年版，第 147 页。

⑤ 参见《名公书判清明集》卷 8《女合承分》，中国社会科学院历史研究所、宋辽金元史研究室点校，中华书局 1987 年版，第 290—291 页。

盾之处也多有体现。原本宋代立法层面对女性的诉权有所限制，除非无子孙的孤孀，否则，以妇女自己名义起诉的案件不被受理。[①] 但是，宋代商品经济的发展使得土地成为重要的交易对象，与女性土地权利相关的诉讼频频发生。这正如宋人评价："人户交易田地，争讼界至，无日无之。"[②] 原本嫁妆带到夫家后，将成为这对夫妇小家庭的私有财产。但丈夫死后，寡妇的那份嫁妆很容易引发争讼，尤其是其中涉及田产时。[③] 另外，未成年孤女有时也会涉诉，所谓"孤女有分，必随力厚嫁，合得田产，必依条分给。若吝于目前，必致嫁后有所陈诉"。[④] 在实际社会生活中，即便不是无子之孤孀，女性为争夺财产也常常以原告的身份出现。例如，《清明集》一案中，寡妇张氏便起诉其小叔子范遇，诉其用立继的方式意图吞并其二哥之田产。[⑤] 另据史料记载，在室女为争家产，亲自赴官起诉的也大有人在："其处女亦蒙首执牒，自讦于府庭，以争嫁资。"[⑥] 即便是身份卑微的妾，也常常以未成年子女监护人的身份起诉，这种现象在《清明集》的判例中多有记载，例如，前面提到的《清明集》中的阿沈，本是高五一的婢女，在丈夫去世之后再嫁；但当未成年女儿公孙的田产权利受到叔父侵害时，她毅然提起诉讼。[⑦]

---

① 参见［宋］黄震：《黄氏日抄》卷 78《词诉约束》，《黄震全集》第 7 册，浙江大学出版社 2013 年版，第 2214 页。

② 《宋会要辑稿・食货三》，刘琳等校点，上海古籍出版社 2014 年版，第 6024 页。

③ 参见王晓龙等：《宋代法律文明研究》，人民出版社 2016 年版，第 191 页。

④ 参见［宋］袁采：《袁氏世范》卷 1《孤女财产随嫁分给》，商务印书馆 2017 年版，第 46 页。

⑤ 参见《名公书判清明集》卷 8《嫂讼其叔用意立继夺业》，中国社会科学院历史研究所、宋辽金元史研究室点校，中华书局 1987 年版，第 260—262 页。

⑥ ［宋］司马光：《家范》卷 2《祖》，中国书店 2018 年版，第 37 页。

⑦ 参见《名公书判清明集》卷 7《阿沈高五二争租米》，中国社会科学院历史研究所、宋辽金元史研究室点校，中华书局 1987 年版，第 238—239 页。

就女性的交易权而言，宋代法律规定，无子寡妇守志承分得夫财产不可擅自典卖，在《清明集》的一份判词中引用法律规定，寡妇无子孙，擅自典卖田宅，应受杖刑一百，业还主。[①]可见，作为“管绍”人的寡妻，依据法律规定，如果未经官府许可，擅自典卖田产是要受到处罚的。《清明集》的另外两份判词也有类似的内容：例一，裁判官引用法律规定，寡妇无子孙年十六以下者，不得擅自典卖田宅。[②]例二，裁判官赋予寡妻阿曹对丈夫田土遗产的管业权，但也强调阿曹不可典卖。[③]当然，司法实践中，有的裁判官会突破法律的限制，认可寡妇卖田的有效性。例如《清明集》的“已卖而不离业”一案中，当时受理该案的临安知府吴恕斋，并非不知寡妇不得擅自典卖田宅的法律规定，但是考虑到寡妇阿章及两个孙子年幼的困境，裁判中承认了阿章卖田行为的有效性。[④]

（二）目标同一：体系化司法解释方法形成之原因

有学者认为：“不应该过高估计中国古代妇女财产继承权的影响。女子能否继承财产，不仅受法律制度的规定，而且受社会舆论与观念的制约，同时还有家庭甚或实际需要的作用。”[⑤]确实，宋代法律规范层面，看似处处限制女性的土地权利，但在司法实践中，裁判官有时会依法限制女性的土地权利，有时又“不循法”，变相地扩大女性的财产权利。我们认为，无论是法律层面的限制性规范，还是司法诉讼裁判层面的体

① 参见《名公书判清明集》卷9《鼓诱寡妇盗卖夫家业》，中国社会科学院历史研究所、宋辽金元史研究室点校，中华书局1987年版，第304页。

② 参见《名公书判清明集》卷4《继母将养老田遗嘱与亲生女》，中国社会科学院历史研究所、宋辽金元史研究室点校，中华书局1987年版，第141页。

③ 参见《名公书判清明集》卷7《宗族欺孤占产》，中国社会科学院历史研究所、宋辽金元史研究室点校，中华书局1987年版，第236—237页。

④ 参见《名公书判清明集》卷6《已卖而不离业》，中国社会科学院历史研究所、宋辽金元史研究室点校，中华书局1987年版，第164—165页。

⑤ 程维荣：《中国古代妇女财产继承权要论》，《政治与法律》2013年第9期。

系化解释，尽管表象并不一样，但目标却有着异曲同工之处，其所追求的价值理念是整体性的，即在避免家族财产外流的同时，尽可能地帮助处于弱势的女性群体。宋代对女性土地权利，形成了体系化司法解释方法，主要是基于以下原因：

其一，对女性土地权利形式上的限制，是为了维护宗法家族社会的整体经济基础。在宋代，寡妇“管绍”的亡夫遗产，不仅被看作丈夫的个人产业，更多地被当作整个家族的产业。无论是从产业的来源还是产业的功能而言，均应是整个家族的，而非某个家庭成员的，因此不能允许寡妇随意处置。滋贺秀三认为：“家产如果从形成来看是全体成员辛勤劳动成果的结晶，如果从目的来看是为了养活全体成员的资产。”[①]因此宋代寡妇改嫁盛行，但在法律规范中，寡妇对亡夫财产的使用和支配权都是以不改嫁为条件的，以此来避免家族产业的外流。

进一步分析，有些看似对女性土地权利限制的法律规定，实则是对她们及其孤幼子女利益的保护。笔者认同美国学者白凯的观点，认为这种限制可以“保护寡妇和她的孩子免受贪婪的亲戚和无耻的土地兼并者之害”。[②]宋人袁采《袁氏世范》“寡妇治生难托人”中道尽了孤儿寡母无依无靠的艰难，所谓：“夫死子幼，居家营生，最为难事。”[③]《折狱龟鉴》中曾记载这样一个案例，描述了孤儿寡母为族人欺辱生活不易的境况。土豪李甲在兄亡后，逼嫂改嫁并诬陷兄之子为别姓之子，意图霸占兄之产业。嫂子虽诉于官，但李甲贿赂胥吏，指使其对嫂子严刑拷打而屈服。十余年之后，韩亿审理该案才为嫂平冤。[④]

---

① 滋贺秀三：《中国家族法原理》，张建国、李力译，商务印书馆2013年版，第220页。

② 白凯：《中国的妇女与财产：960—1949》，上海书店出版社2007年版，第45—46页。

③ 参见［宋］袁采：《袁氏世范》卷1《寡妇治生难托人》，商务印书馆2017年版，第49页。

④ ［宋］郑克编撰：《折狱龟鉴译注》卷6《韩亿示医》，刘俊文译注、点校，上海古籍出版社1988年版，第376—377页。

其二，司法解释突破限制，亦是出于帮扶处于弱势的孤寡群体之“仁政”整体性法律伦理考虑。吕变庭认为，司法实践中裁判官多倾向于保护妻财，并认可出嫁女对财产的支配权。[①]从我们掌握的司法实践案例来看，当孤儿寡母的财产被人觊觎时，裁判官无论是循法还是不循法，其追求的个案正义目标都是同情帮扶处于弱势的孤寡群体。《清明集》的“欺凌孤幼”一案，裁判官说明其判决理由时，有这样的情感表达：“庶几安老怀少，生死各得其宜。”[②]可见，司法实践中，裁判官未必都按照法律的规定，严格限制她们对田产的管理处置，而是衡量各种因素作出对寡妇孤幼有利的判决。

宋代司法实践的体系化解释中，体恤孤幼鳏寡，更是地方官追求“仁政”整体性理念的体现。例如南宋时期，阿贺寡居之时，宗族亲戚、乡党邻里群起而欺凌之，抢夺财物、霸占田产，胡颖在司法审判中，从仁政的角度解释为何要保护寡妇阿贺的土地权利，他认为先王治理天下，一则同情茕独者，再则不敢怠慢鳏寡者，发布的有关仁政举措大多先关照这两个群体。[③]当然，未成年女性更是会得到官府的特别保护。例如，户绝之时，如果女性后人没有成年，与未成年的男性后人一样，会有国家的“检校”[④]之法保护她们。宋仁宗庆历四年（1044年），驸马柴宗庆死后无子，但有二幼女，巨万家资，死前曾愿捐给官府以充军饷，但宋仁宗以二女尚幼不允，而命官府代为检校，妥为抚养二幼女。[⑤]平常人家

---

① 参见吕变庭：《“随嫁田”与宋代富家妇女的经济地位》，《史学月刊》2009年第3期。

② 参见《名公书判清明集》卷7《不当检校而求检校》，中国社会科学院历史研究所、宋辽金元史研究室点校，中华书局1987年版，第230页。

③ 参见《名公书判清明集》卷14《合谋欺凌孤寡》，中国社会科学院历史研究所、宋辽金元史研究室点校，中华书局1987年版，第527—528页。

④ “检校之法”是宋代对未成年人财产的保护法，由官府的专门机构寄存保管未成年人财产，待其成年之后再返还。

⑤ 参见《宋会要辑稿·帝系八》，刘琳等校点，上海古籍出版社2014年版，第203页。

之幼女，官府也会给予同样的保护，见《后村先生大全集》中案例，田县丞有二子，珍郎为妾刘氏所生，另一子登仕与丫鬟秋菊育有二女，登仕亡故后秋菊为二女争家产，裁判官判决家产除祭祀外，余者刘氏母子与秋菊母女平分，但强调“儿女各幼，不许所生母典卖。候检校到日，备榜禁约违法交易之人”。[①]

当然，女性在土地诉讼的司法实践中，并不总是以受害者的身份出现的，如果女性侵害了他人的合法土地权利，自然也不可能仅仅因为其女性身份就得到宽宥。《清明集》“鼓诱寡妇盗卖夫家业”一案中，徐二生前立遗嘱，将全部家产给亲妹徐百二娘、亲女六五娘，并嘱咐由她们负责他的后妻冯氏生活。但冯氏在徐二故后，将徐二产业全部盗卖。后裁判官判决将家业追还给徐百二娘、六五娘。[②] 正如有学者所言，官司做出有损妇女利益之判决，其目的不在扼杀妻之妆奁私有权，而是在于情理上使老有所倚、幼有所养之终极考量。[③]

三、女性土地权利提升之语境

通过以上分析可以看出，宋代对女性土地权利的保护，从立法规范层面而言，并非一成不变，变化的趋势是女性土地权利在逐渐提升。而且从司法解释维度而言，裁判官常常会突破法律限制，对立法规范作出体系化解释以保护女性土地权利。究其原因，这是由于“法律是社会关

① [宋]参见刘克庄:《后村先生大全集》卷193《建昌县刘氏诉立嗣事》，四川大学出版社2008年版，第8册，第4871页。

② 参见《名公书判清明集》卷9《鼓诱寡妇盗卖夫家业》，中国社会科学院历史研究所、宋辽金元史研究室点校，中华书局1987年版，第304页。

③ 参见李淑媛:《争财竞产：唐宋的家产与法律》，北京大学出版社2007年版，第205页。

系中的法律，法律的产生虽然是脱离社会的抽象，但法律的实施还必须返回社会”。[①] 因此可以说，没有任何法律文本不需要具体的社会语境，司法裁判者在解释法律文本时，不能忽视法律规范的具体历史语境。很多学者对宋代经济发展的程度都给予高度评价，如漆侠先生曾经说，就经济文化状况而言，宋代居于当时世界的最前列。[②] 可见，相对发达的经济文化语境使其私有权观念深化，这也促进了民事法律关系的发展，使以维护私有权为主要内容的民事法律规范更加完备，[③] 因此宋代在司法实践中倾向于作出保护女性土地权利的体系化解释。

（一）家庭模式、劳动地位影响女性实际土地权利

宋代的家庭模式，是同居共财的大家庭为主，还是父子、兄弟分居的小家庭为主？学界对此多有争议。笔者认为，宋代朝廷官府无疑是倡导大家族制度的，但在现实生活中人口上百的大家族仍属少见。有学者从两宋文集的行状、墓志铭、墓表中抽取资料，同时根据现存宋代石刻及宋代小说进行推测，认为普通百姓平均家庭人口约 7 人，子女约 5 人。[④] 在这样的小家庭中，作为妻子的女性，抚养子女、料理家务，在家庭中承担着重要的角色。美国学者丝维斯特认为，男女在政治化过程中才形成了不同身份，这种身份通过劳动分工、地位的分派、权力的分配不断强化。[⑤] 从性别视角分析，伴随着经济的发展，宋代女性的社会性劳动增多了，而且妇女经济地位的变化带来了婚姻家庭地位的变化。[⑥] 我们

---

① 陈金钊：《法律自主性及其方法论功能》，《浙江社会科学》2021 年第 6 期。

② 参见漆侠：《中国经济通史 · 宋》上册，经济日报出版社 1999 年版，第 48 页。

③ 参见郭东旭：《宋代法律与社会》，人民出版社 2008 年版，第 3 页。

④ 参见程民生：《宋代家庭人口数量初探》，《浙江学刊》2000 年第 2 期。

⑤ 参见克瑞斯汀 · 丝维斯特：《女性主义与后现代国际关系》，余潇枫等译，浙江人民出版社 2003 年版，“译者序” 第 3 页。

⑥ 参见郭东旭等：《宋代民间法律生活研究》，人民出版社 2012 年版，第 136 页。

从多种文献中都能查找到宋代女性在商业等社会职业领域活跃的身影，例如，当时浙江临安的王妈妈茶肆、李婆婆羹等，其中的宋五嫂鱼羹，人争赴之，宋五嫂遂成商界女强人。[①]

从劳动地位分析，宋代经济重心南移，而女性是南方经济发展的重要参与者，不少家庭甚至是男主内女主外，妻子成为家庭经济的支柱。[②]加之，宋代轻工业发达，手工作坊以及专业市镇纷纷出现，必须雇佣大批女性，这不仅增加了她们的收入，也把她们从家庭的小社会吸进一个开放的大社会里，这也证明愈来愈多的女性劳动者逐渐增强了独立自主的心态和能力。[③]另外，宋商品经济的高度发展，对传统观念产生严重冲击，宋代女性的社会地位有了显著提高。如在财产继承中，妇女拥有了法定继承权；在夫亡妻在的家庭中，寡妻拥有了户主权。[④]宋代女性从上层贵族到底层农妇，在家庭中都承担着重要责任，甚至其劳动收入在家庭经济中也占有重要比例。史料记载，一位得到官府旌表的节妇在家庭中辛勤付出，她执礼侍奉公婆，岁事蚕织，勤俭持家，生计渐盛；[⑤]“泉州有妇人货药于市，二女童随之”；[⑥]“邑（乐平县）有贩妇，以卖花粉之属为业，出入县舍”[⑦]。这也正和时人对宋代文豪欧阳修的评价

① 参见全汉昇：《宋代女子职业与生计》，载鲍家麟编著：《中国妇女史论集》，牧童出版社1979年版，第193页。

② 程民生：《宋代地域文化》，河南大学出版社1997年版，第30—31页。

③ 参见邓小南、王政、游鉴明主编：《中国妇女史读本》，北京大学出版社2011年版，第161页。

④ 参见郭东旭等：《宋代民间法律生活研究》，人民出版社2012年版，第136页。

⑤ 参见［宋］江少虞：《宋朝事实类苑》卷53《莫节妇》，上海古籍出版社1981年版，第697页。

⑥ ［宋］洪迈：《夷坚志》第1册甲志卷20《一足妇人》，李宏主编，北京燕山出版社1997年版，第350页。

⑦ ［宋］洪迈：《夷坚志》第2册丙志卷9《郑氏犬》，李宏主编，北京燕山出版社1997年版，第832页。

相吻合，“平生不事家产，事决于夫人”[①]。而且，女性权利与地位的提升不仅体现在夫家，也体现在其对娘家的担当与贡献，袁采说：“今世固有生男不得力而依托女家，及身后葬、祭皆由女子者，岂可谓生女之不如男也”。[②]

（二）重视孝道提升了女性尊长的法律地位

家庭是中国古代社会的基础，也是所有社会伦理关系的基石。尊亲的对象，毫无疑问包括女性长辈在内。在以伦理为中心的家庭秩序中，女性长辈与男性卑幼之间的法律关系，性别不是唯一的衡量标准。甚至在一定情况下，“长幼有序”的价值追求高于“男尊女卑”。有学者认为：“不应该将儒学简化为等级亲属关系和固化的性别角色的组合。”[③]由于儒家对孝道的尊崇与维护，女性家庭尊长对家产也大多有管理的权利。所以说，孝道在很大程度弱化了女性的“三从”观念，提升了女性尊长的家庭经济地位，这尤其体现在女性参与家产管理方面。有学者认为，母亲从不以任何方式屈从于儿子之下，事实恰恰相反，母亲尤其是年轻守寡的母亲对于儿子具有极大的权威。而且，晚辈对于长辈的服从以及中国社会对于孝道重要性的强调使母亲获得了社会的尊重与合法性权威。[④]

从古代法律的实施状况观察，反可见到中国妇女原不如一般想象中的“卑下”。[⑤]唐代法律规定：“诸祖父母、父母在而子孙别籍、异财者，

① ［宋］苏辙：《栾城集》卷25《欧阳文忠公夫人薛氏墓志铭》，曾枣荘、马德富校点，上海古籍出版社1987年版，第524页。

② 参见［宋］袁采：《袁氏世范》卷1《女子可怜宜加爱》，刘云军校注，商务印书馆2017年版》，第52页。

③ 罗莎莉：《儒学与女性》，丁佳伟、曹秀娟译，江苏人民出版社2015年版，第17页。

④ 同上书，第104—106页。

⑤ 参见黄嫣梨：《中国传统社会的法律与妇女地位》，《北京大学学报》1997年第3期。

徒三年。"[①]宋代沿用了这一做法，宋代寡母有管理财产的权利，可以视为儒家"孝"特殊文化的逻辑体现。女性尊长对财产，尤其是对田产的支配权，在《宋刑统》"典卖指当论竞物业"条有明确规定："准《杂令》，诸家长在，在谓三百里内非隔阂者。而子孙弟侄等不得辄以奴婢、六畜、田宅及余财物私自质举，及卖田宅"；[②]而且由于母亲的尊长地位，宋代法律规定，土地交易过程中签字画押时由母亲签于契首。南宋刘后村在"母在与兄弟有分"一案判词中，开篇便对该条款进行解释："交易田宅，自有正条，母在，则合令其母为契首，兄弟未分析，则合令兄弟同共成契。"[③]具体到刘后村所承办的案件，当不肖子弟魏峻因为酗酒赌博而急需用钱，不经其母亲和四兄弟签字画押，擅自典卖田产，被起诉到官府时，裁判官在判词中，训诫魏峻未经母亲及兄弟签字画押的行为时，说道："不知欲置其母兄于何地？"[④]由此可见，母亲在田宅交易中具有重要地位。

即便是卑幼已成年，在母子共同生活的家庭中，母亲在田宅交易中的尊长地位仍然受到法律保护。《宋史·程迥传》记载："母在，子孙不得有私财。借使其母一朝尽费，其子孙亦不得违教令也。"[⑤]《清明集》中的相关判词印证了这一法律规定：李震卿已经成年，但典卖田宅时仍然是同母倪氏共同完成交易。[⑥]甚至母亲已经改嫁，儿子典卖田宅，法律上规定，仍需母亲的签字画押，契约方为有效。朱熹对此规定和实践中

---

① [唐]长孙无忌等:《唐律疏议》卷12《子孙不得别籍》，上海古籍出版社2013年版，第198页。

② [宋]窦仪:《宋刑统》卷13《典卖指当论竞物业》，吴翊如点校，中华书局1984年版，第205页。

③ 参见《名公书判清明集》卷9《母在与兄弟有分》，中国社会科学院历史研究所、宋辽金元史研究室点校，中华书局1987年版，第301页。

④ 同上。

⑤ [元]脱脱:《宋史》卷437《程迥传》，中华书局1977年版，第12950页。

⑥ 参见《名公书判清明集》卷6《出业后买主以价高而反悔》，中国社会科学院历史研究所、宋辽金元史研究室点校，中华书局1987年版，第175页。

的这种做法颇为反感，批评说："母已出嫁，（子）欲卖产业，必须出母着押之类，此皆非理。"[①] 但是，从他的话语中也反映出，母亲在土地交易中的尊长地位，不仅是法律的规定也是实践中很流行的做法。卑幼典卖田宅产业，一定要得到寡母尊长的同意并在契约上签字画押，契约方为有效，否则属于欺瞒尊长，不仅契约无效，卑幼还要受相应的处罚。这在《宋刑统》中也有明确规定："诸同居卑幼，私辄用财者，十匹笞十"。疏议进一步解释："凡是同居之内，必有尊长，尊长既在，子孙无所自专。"[②] 例如，《清明集》"鼓诱卑幼取财"案中，孙某因为"有母在，而私以田业倚当"，被处以杖一百。[③]

（三）"理学"尚未对女性土地权利产生实际束缚力

有研究认为，受程朱理学的影响，宋代尤其是南宋女性地位下降，其在财产权方面多受限制。[④] 而有学者却认为，有明文规定女子财产权始于唐，盛于宋。[⑤] 就我们翻检到的史料分析，还是倾向于认为宋代女性土地权利有提升的特征，而且这是其他朝代无法超越的。从宋代理学是否对当时女性权利产生实际影响的角度作响应，主要理由有两个方面。

其一，"理学"作为一种学术流派出现于南宋，至宋理宗时才受到朝廷重视，但终宋一代并未成为政治统治与社会文化的主导思想。古人

---

① ［宋］黎靖德编：《朱子语类》卷128《本朝二·法制》，王星贤点校，中华书局1986年版，第3081页。

② ［宋］窦仪：《宋刑统》卷12《卑幼私用财》，吴翊如点校，中华书局1984年版，第196—197页。

③ 参见《名公书判清明集》卷8《鼓诱卑幼取财》，中国社会科学院历史研究所、宋辽金元史研究室点校，中华书局1987年版，第284页。

④ 参见姚红：《从寡妇财产权的变化看两宋女子地位的升降》，《浙江学刊》1993年第1期。

⑤ 参见李淑媛：《争财竞产：唐宋的家产与法律》，北京大学出版社2007年版，第186页。

也认为“道学盛于宋，宋弗究于用”，[①]如果细致还原理学在宋代的产生发展原貌，就能看出朱子理学在宋代不可能具有法律层面和大范围的社会影响。朱熹在世时，他的学说言论并未得到朝廷士大夫层面的支持，直到他生前最后几年里仍背负着“伪学”的恶名而遭禁锢。[②]不利的政治环境使得理学在朱熹在世时不可能对国家政策法律产生实质影响。后来南宋官方虽然承认理学的正统地位，但并不意味着可以左右国家的政策。学者王扬也认为，由于理学成为官方学术思想时离南宋灭亡已不远，因此其作用十分有限。[③]

其二，“理学”从一种文化力量演变为一种政治力量，经历了从南宋到明清几百年的历史过程。大范围的社会影响以及法律层面的影响不是发生在宋代，由朱熹注解的四书五经元朝时才通过帝国法令正式成为官方对经典的标准解释，并成为科举考试的基本内容。[④]理学成为元朝科举考试的内容之一，才会大范围影响未来有可能执掌朝政的读书人的思想观念，他们正是朝廷未来法律的制定和实施者。所以，郑必俊指出，尽管儒学理教对妇女的束缚从比较宽松向逐步严紧过渡为总趋势，但从宋代妇女的社会地位、享有的权利和受约束程度看，她们与较自由、开放的唐代妇女同处于这个总趋势较宽松的阶段，与程朱理学思想统治下的明代妇女处境有很大不同。[⑤]屈超立认为，儒家礼教有其发展演变过程，作为一种观念形态真正作用于妇女，需要一个历史过程，[⑥]

---

① 张文治:《国学治要·子部》,北京理工大学出版社 2014 年版,第 1253 页。

② 参见田浩:《朱熹的思维世界》,陕西师范大学出版社 2002 年版,第 308 页。

③ 参见王扬:《宋代女性法律地位研究》,法律出版社 2015 年版,第 51 页。

④ 参见陈荣捷:《朱学论集》,华东师范大学出版社 2007 年版,第 299 页。

⑤ 参见郑必俊:《儒学礼教与两宋妇女》,孙钦善等主编:《国际宋代文化研讨会论文集》,四川大学出版社 1991 年版,第 523 页。

⑥ 参见屈超立:《从宋代婚姻立法和司法实践看宋代妇女的社会地位》,孙钦善等主编:《国际宋代文化研讨会论文集》,四川大学出版社 1991 年版,第 523—524 页。

这就是所谓观念与制度的历史时间差。南宋时期，朱熹及其弟子甚至认为，女性的美德应该包括影响深远的财务以及田宅管理能力；从这个角度而言，女性被赋予了支配不动产的资格。当然，朱熹的出发点是认为，日复一日的家事管理会影响男子对自身修养读书以及公共服务的投入。[①] 因此，从思想语境的角度解读，宋代之所以能成为中国古代女性土地权利相对最有保障的时期也是符合历史逻辑的。

要之，在宋代，从朝廷到地方官都充分认识到女性所处的实际社会语境：在男权社会中，女性实际社会身份在大多数情况下被男性遮蔽，法律规范中女性财产权利也多被男性吸附。但是要兼顾社会治理的最终目的——实现"仁政"，这就需要抚恤寡幼，尤其要考虑对尊长女性的孝道。在这种整体社会语境下，有关土地权利法律条文的司法解释就需要更侧重考虑处于弱势的女性，也就是说要运用体系化解释方法。可见，宋代女性土地权利的保护需要立法规范、司法解释各个环节都具备整体性法律思维特征。

综上所述，无论就法律规范还是司法实践而言，有宋三百多年间对女性土地权利都有保护。瞿同祖曾言，如果只注重条文，而不注重实施情况，只能说是条文的、形式的、表面的研究，而不是活动的、功能的研究。[②] 从瞿同祖"活动的功能"视域分析，可以进一步洞察宋代女性土地权利保护多维图景：这个时期对女性土地权利的保护是一种在维护礼法孝道、倡导仁政的目标要求下，运用整体性法律理论，作出有利于保护女性土地权利的体系化司法解释方法。无论从立法还是司法维度

---

① Bettine Birge, *Women, Property, and Confucian Reaction in Sung and Yuan China (960—1368)*, Cambridge University Press, 2002, pp. 169-178.

② 参见瞿同祖：《中国法律与中国社会》，商务印书馆 2010 年版，"导论"第 2 页。

分析，宋代都较其他朝代更注重对女性土地权利的保护。梳理宋代女性土地权利立法规范与司法解释治理模式，显示出女性土地权利的上升趋势。出于礼法孝道以及体恤弱者的价值考虑，地方官府在土地诉讼中常常会突破法律的限制，作出有利于女性的司法解释。

谫论南宋犯奸案件的证明困境*

赵　晶**

摘　要　在南宋，因犯奸案件事涉隐私，每个证明环节都可能出现双方当事人各持一词，难以证成，也难以证伪，易于形成证明困境，所以在《名公书判清明集》所见的司法实践中，名公们既不会轻易认定奸罪成立，也不会严格追究诬告之责。这种证明困境又往往为民众所利用，衍生其他不法行为，达到破坏他人婚姻、胁迫他人屈从己意、诈取财物等目的。

关键词　南宋　犯奸　证明标准

关于宋代的奸罪研究，目前已有相当丰富的成果积累，主要关注点在于唐宋时期奸罪法条的异同、宋代奸罪立法与司法的落差，以及由此展现的女性地位、两性关系、家庭与性别秩序等。[①] 与这些讨论不同，笔者的关注点在于案件发生之后的"证明标准"问题。如在英美等国的刑事诉讼中，若要判定有罪，须达到"排除合理怀疑"（beyond reasonable

---

*　本文为国家社会科学基金中国历史研究院重大招标项目"中国古代地方治理的理论与实践及借鉴"（项目号：LSYZD21006）的阶段性成果。

**　赵晶，中国政法大学法律古籍整理研究所教授。

①　相关成果的列举，参见崔碧茹：《奸罪与"家道"：宋代司法官处理奸罪的原则》，载法律史研究室编：《"中华法理的产生、应用与转变：刑法志、婚外情、生命刑"学术研讨会论文集》，"中央"研究院历史语言研究所 2017 年内部材料，第 181 页注 1。

doubt)的程度。虽然宋人并没有提出类似概念,但并不意味着司法实践乃至于一般民众心目中并不存在这种意识与认知,如《宋刑统》卷二九《断狱律·不合拷讯者取众证为定》规定"若赃状露验,理不可疑,虽不承引,即据状断之",[①]如果有计赃之案获得实赃、杀人之案检得实状,达到"理不可疑"的程度,即使犯罪嫌疑人不招供,也可以直接定罪,这就是"排除合理怀疑"的唐宋表达。

刑案的侦查针对的是一连串的事实问题,如犯罪是否发生,犯罪行为是否是嫌疑人所为,实施犯罪的时间、地点、手段、后果以及其他情节为何,行为的动机、目的为何,有无影响量刑轻重的情节,嫌疑人的个人情况为何等。这些事实皆需相应的证据加以证明,只有全案的所有证据之间排除一切矛盾,形成一个完整的证据链后,审理者才能形成嫌疑人是否有罪的内心确信。这种证明体系同样并非现代人的发明,南宋的审理者在司法过程中也需进逐一查证。

关于宋代(或精确到"南宋")证据制度,研究成果颇夥,大多依据现代证据法的知识框架,在言词证据、物证、书证等类型下条列相关史料,再论述检查、勘验等制度,尤其是《折狱龟鉴》所见证据理论和侦讯技术、《洗冤集录》总结的检验经验等,巨细靡遗,研究可谓详备;[②]若是

① [宋]窦仪:《宋刑统》,薛梅卿点校,法律出版社1999年版,第538页。《宋刑统》的相关条款承自唐代《律》《律疏》,若目前并无证据表明宋廷颁行过相应的新敕,则可暂时推定这些条款通行于两宋。相关讨论参见戴建国:《〈宋刑统〉制定后的变化——兼论北宋中期以后〈宋刑统〉的法律地位》,《上海师范大学学报(自然科学版)》1992年第4期,后收入戴建国:《宋代法制研究丛稿》,中西书局2019年版,第26—38页;薛梅卿:《宋刑统研究》,法律出版社1997年版,第135—152页;川村康:《宋代用律考》,载池田温编:《日中律令制の諸相》,东方书店2002年版,第429—449页。

② 代表性成果如贾静涛:《中国古代法医学史》,群众出版社1984年版,第53—94页;王云海主编:《宋代司法制度》,河南大学出版社1992年版,第201—236页;郭东旭:《宋代法制研究》,河北大学出版社2000年版,第557—568页;郭成伟主编:《中国法制史通史·宋》,法律出版社1999年版,第575—589页;吕志兴:《宋代法制特点研究》,四川

涉及“疑罪”，则又牵涉从地方到中央的审讯、翻异、复审、奏裁等审判流程，学界在这方面同样积累了宏富的成果，几近题无剩义。[①]然而，这些研究并未触及上述较为模糊的“证明标准”问题，而直接以“证明标准”为题，通论中国古代的论文，大多还是围绕上引律条，或辅以数个案例，阐述“理不可疑”等立法语言。[②]目力所及，对该问题的讨论有所推进者，如郭东旭、左霞通过相关案例，讨论宋代士大夫如何辨别证据真伪；[③]栾时春不仅探讨宋代各种证据的可采性，还着眼于在难有旁证

（接上页）大学出版社 2001 年版，第 294—308 页；薛梅卿、赵晓耕主编：《两宋法制通论》，法律出版社 2002 年版，第 441—446 页；戴建国、郭东旭：《南宋法制史》，人民出版社 2011 年版，第 295—321 页；栾时春：《宋代证据制度研究》，法律出版社 2017 年版，第 21—101 页；陈玺、潘晨子：《依限取会：宋代取证逾期及其破解之道》，《证据科学》2021 年第 3 期；陈玺：《宋代众证定罪规则的历史考察与现代启示》，《现代法学》2022 年第 2 期。

① 在前引各种代表性成果中，除栾时春之著外，也都论及这些内容。此外，相较于前述的通论性著作，戴建国的论文发表更早、论述亦精，参见戴建国：《宋代刑事审判制度研究》，《文史》第 31 辑，中华书局 1988 年版（后收入戴建国：《宋代法制研究丛稿》，中西书局 2019 年版，第 160—198 页）；戴建国：《宋代刑法史研究》，上海人民出版社 2008 年版，第 278—287 页；戴建国：《宋代州府的法司与法司的驳正权》，《人文杂志》2018 年第 4 期（后收入戴建国：《宋代法制研究丛稿》，中西书局 2019 年版，第 212—225 页）。刘馨珺以专著的篇幅，详细梳理了南宋县衙的诉讼流程，参见刘馨珺：《明镜高悬——南宋县衙的狱讼》，五南图书出版有限公司 2005 年版。又，日本学者在这方面也有积累，参见宫崎市定：《宋元時代の法制と裁判機構——元典章成立の時代的・社會的背景》，《東方學報》1954 年第 24 卷（后收入《宮崎市定全集》第 11 卷，岩波书店 1992 年版，第 168—176 页）；石川重雄：《南宋期における裁判と検死制度の整備——“検験（験屍）格目”の施行を中心に》，《東洋史論集》（立正大学）1990 年第 3 号，第 11—38 页；川村康：《宋代死刑奏裁考》，《東洋文化研究所紀要》1994 年第 124 卷，第 27—77 页；梅原郁：《宋代司法制度研究》，创文社 2006 年版，第 214—235 页。

② 如张德美：《略论中国古代诉讼的证明标准》，载樊崇义主编：《诉讼法学研究》第 10 卷，中国检察出版社 2006 年版，第 459—476 页；蒋铁初：《铁案如山与莫须有——中国古代诉讼中的双重证明标准？》，《证据科学》2013 年第 5 期，第 525—533 页。

③ 参见郭东旭、左霞：《宋代诉讼证据辨析》，《河北师范大学学报（哲学社会科学版）》2008 年第 6 期（后收入郭东旭：《宋代法律与社会》，人民出版社 2008 年版，第 102—118 页）。

的情况下采用推理等方式推定情节的案例以及审判官在情理约束下的自由心证等；[①] 张文勇、陈景良与王小康主要立足田宅、立嗣等案件，剖析法官对证据所见法理事实的认知与建构。[②]

然而，现代证明标准被区分为刑事诉讼的“排除合理怀疑”和民事诉讼的“优势盖然性”（preponderance of probability），前者的严苛性要远高于后者。宋代虽然没有像刑事、民事之类的现代法律体系分类，但对“论竞田宅、婚姻、债负”案件，采用有别于命盗重案的受理原则，[③] 可见时人心目中的宽严尺度。就审判案件的证据而言，“争业当论契照先后，争奸当论踪迹虚实”，[④] 可见二者之别；即使是命盗重案，也须区分“计赃者见获真赃，杀人者检得实状”。[⑤] 换言之，对每一类案件的证明要达到“无疑”的程度，在司法实践中各有不同的要求。因此，落实到奸罪案件，柳立言、翁育瑄的研究可谓略及这一问题，[⑥] 但柳论侧重于伦理案件的特殊司法考量，而翁著所论则不无可议之处，以下将详加讨论。

在进入正文论述之前，笔者先对南宋的奸罪规定略作交代：宋代的奸罪依然被区分为“和奸”与“强奸”，前者徒一年半，若女子有夫，徒

① 参见栾时春：《宋代证据制度研究》，法律出版社 2017 年版，第 81—110 页。

② 参见张文勇：《从宋代田宅案件看中国古代法官对民事证据的审查判断》，《法律适用》2019 年第 16 期；陈景良、王小康：《宋代司法中的事实认知与法律推理》，《学术月刊》2020 年第 2 期。

③ ［宋］窦仪：《宋刑统》卷 13《户婚律·婚田入务》，薛梅卿点校，法律出版社 1999 年版，第 233 页。

④ 《名公书判清明集》卷 6《户婚门·争业以奸事盖其妻》，中国社会科学院历史研究所、宋辽金元史研究室点校，中华书局 1987 年版，第 180 页。

⑤ ［宋］窦仪：《宋刑统》卷 29《断狱律·不合拷讯者取众证为定》，薛梅卿点校，法律出版社 1999 年版，第 538 页。

⑥ 柳立言：《从法律纠纷看宋代的父权家长制——父母舅姑与子女媳婿相争》，《中研院历史语言研究所集刊》1998 年第 69 本第 3 号（后收入柳立言：《宋代的家庭和法律》，上海古籍出版社 2008 年版，第 290—305 页）；翁育瑄：《唐宋的奸罪与两性关系》，稻乡出版社 2012 年版，第 138—141、158—160、165—166 页。

二年，[①]南宋时又进一步区分既遂（已成）与未遂（未成），“诸奸未成者，减已成罪一等；诱谑者，杖八十”；而后者在南宋时的刑度大幅提升，“强奸者，流三千里，刺配远恶州，未成，刺配五百里”；不仅如此，法律还规定“先强后和，男从强法，妇女减和一等”。[②]除此之外，宋代还有较唐代更为复杂的规定，因与本文讨论无关，故不赘言。

一、《名公书判清明集》所见犯奸案件

《名公书判清明集》共载有27例犯奸案件，学者已论之甚详。以下将案件信息勒为一表：

表1 《名公书判清明集》所载犯奸案的查证与判决

序号	标题	案情	查证	判决意见	出处
1	争业以奸事盖其妻	孙斗南诉堂兄弟孙达善与己妻王氏有奸。	孙斗南非得之亲见，止凭信族兄孙彦烈之说； 孙彦烈供证，略不知奸通之迹； 王氏供对，以绝无奸滥之情。	奸罪不成立；未反坐诬告。	卷六《户婚门·争田业》，第180—181页。
2	生前抱养外姓殁后难以摇动	邢柟称其嫂周氏之兄弟周耀与周氏之婢燕喜有奸滥偷捵之事。	未见邢柟举证，断为其激愤之言。	奸罪不成立；未反坐诬告。	卷七《户婚门·立继》，第201—203页。

① [宋]窦仪:《宋刑统》卷26《杂律·诸色犯奸》，薛梅卿点校，法律出版社1999年版，第478页。南宋时也未发生变化，如《名公书判清明集》卷12《惩恶门·因奸射射》载:“在法，诸犯奸，徒二年。”（第448页）因该案针对的是有夫之妇，故言“二年”。

② 以上条文引自[宋]谢深甫等纂修:《庆元条法事类》卷80《杂门·诸色犯奸》，戴建国点校，黑龙江人民出版社2002年版，第919—920页。

续表

序号	标题	案情	查证	判决意见	出处
3	婿争立	徐文举诉妻舅戴六七与弟妇有奸。	未见	奸罪不成立；轻罚诬告者。	卷七《户婚门·立继》，第212—213页。
4	将已嫁之女背后再嫁	吴庆乙诉胡千三戏谑子妇阿吴（即吴庆乙之女），致她下落不明。	只据阿吴所说如此，未经官司勘正听。	奸罪不成立；诬告反坐。	卷九《户婚门·婚嫁》，第343页。
5	妻背夫悖舅断罪听离	阿张诉其舅行奸。	阿张以新台之丑，上诬其舅。	奸罪不成立；轻罚诬告者。	卷一〇《人伦门·夫妇》，第379页。
6	女嫁已久而欲离亲	聂懿德嫌其婿王显宗玷辱门户而诉与其女阿聂离亲，涉及舅妇暧昧之事。	王显宗为刑余之人，阿聂独依依然不忍去；王显宗之父王伯庆逐子留妇。	奸罪不成立；非诬告。	卷一〇《人伦门·夫妇》，第379—380页。
7	夫欲弃其妻诬以暧昧之事	江滨臾诉其妻虞氏与人私通。	江滨臾乃以暧昧之事，诬执其妻，使官司何从为据。	奸罪不成立；轻罚诬告者。	卷一〇《人伦门·夫妇》，第380—381页。
8	妇以恶名加其舅以图免罪	蒋八诉子妇阿张不孝，阿张反诉蒋八欲奸。	（阿张）所供，丑不可道，事涉暧昧；蒋八墓木已栱，血气既衰，岂复有不肖之念；阿张乃以过犯妇人，若果见要于其舅，亦决非能以礼自守而不受侵凌者。	奸罪不成立；轻罚诬告者。	卷一〇《人伦门·乱伦》，第387—388页。
9	子妄以奸妻事诬父	黄十诉黄乙行奸其妻阿李。	符同厥妻之言。	奸罪不成立；轻罚诬告者。	卷一〇《人伦门·乱伦》，第388页。
10	既有暧昧之讼合勒听离	阿黄诉其舅李起宗行奸。	阿黄陈词于外，则以为有，供对于内，则以为无；应对之间，颇多羞涩，似若	奸罪不成立，但未敢决然以为无；未认定为诬告。	卷一〇《人伦门·乱伦》，第388—389页。

续表

序号	标题	案情	查证	判决意见	出处
			有怀而不敢言；李起宗争辩之际，颇觉嗫嚅，似若有愧而不能言。		
11	弟妇与伯成奸且弃逐其男女盗卖其田业	陆氏诉其女阿邵在其夫杨自成卒哭制中与伯杨自智谑弄，杨自智后并包阿邵，归房为妻。	谑弄之事，未见举证，恐是子母相谋，欲当官正名休离而去。	奸罪不成立；未认定为诬告。	卷一〇《人伦门·乱伦》，第389—390页。
12	罪恶贯盈	黄德被控奸据钟万五之妻。	事实确凿。	奸罪成立。	卷一一《人品门·公吏》，第410—411页。
13	籍配	王晋被控奸占兄嫂阿庄，与嫂同房，逆理乱伦。	阿庄供招情犯；其妻阿姜被屏弃于污漫之地，役使同奴婢之列。	奸罪成立，男女俱罚。	卷一一《人品门·公吏》，第414—416页。
14	逼奸	潘富被控和奸喜安、挟刃逼奸主家之妾庆喜。	先后供款。	奸罪成立，男女俱罚。	卷一二《惩恶门·奸秽》，第441页。
15	告奸而未有实迹各从轻断	韩翼、陈绍、赵孟圆诉赵氏仆人郑应臻先奸后娶赵孟温之女冬娘。	运用五听，郑应臻真形乃始呈露，不惟类仆，又类贼矣；契勘州案，郑应臻有盗罪前科；重述控方指证，先奸后娶。	奸罪不成立（未有实迹）；男轻断，女不罚；未认定为诬告。	卷一二《惩恶门·奸秽》，第441—442页。
16	士人因奸致争既收坐罪名且寓教诲之意	陈宪因嘲谑阿连而遭王木、傅廿六等殴打致讼。	依据口供、案牍，重述案情：阿连背夫从人，与陈宪、王木奸通；陈宪霸占阿连，且殴其夫	奸罪成立，免罚。	卷一二《惩恶门·奸秽》，第442—444页。

续表

序号	标题	案情	查证	判决意见	出处
			与王木；王木与阿连宣淫，收阿连归家，以为乃父婢使，既复奸通。		
17	贡士奸污	彭二十四诉何十四家风不端致其女彭氏有孕，勾连出王桂与彭氏相奸。	王桂执彭说以自解，谓何家本自扰杂；又自反而不缩，已行供认：初隔篱以道其消息，既开户以通其往来。	奸罪成立，罚男。	卷一二《惩恶门·奸秽》，第444—445页。
18	僧官留百姓妻反执其夫为盗	僧行满诉吕千乙盗物，吕千乙反诉他关留其妻。	两词未知虚实，自合由东县追会供证。	责令知县处理。	卷一二《惩恶门·奸秽》，第445—446页。
19	道士奸从夫捕	旁人诉吕道士有奸。	必其素行有亏，所以为旁观者之所指；人必好色也，然后人疑其为淫；奸从夫捕，今李高既未有词，则官司不必自为多事。	奸罪不成立；未认定为诬告。	卷一二《惩恶门·奸秽》，第446页。
20	吏奸	蔡八三诉其妻阿李与叶棠奸通。	蔡八三指控：去年十月初七日，因出外回来，亲见其妻与叶棠在家行奸，当捉住呕叫邻保，被叶棠走脱，不容论诉；阿李、叶棠供对：其通奸实在去年六月以后。	奸罪成立，因赦免罚，男为公吏而犯法，特予另罚。	卷一二《惩恶门·奸秽》，第446—447页。

续表

序号	标题	案情	查证	判决意见	出处
21	因奸射射	僧妙成与陶岑交讼，被控与黄渐之妻阿朱有奸。	黄渐即不曾以奸告，只因陶岑与寺僧交讼，牵联阿朱，有奸与否，何由得实。	奸罪不成立；未反坐诬告。	卷一二《惩恶门·奸秽》，第448—449页。
22	丁氏子丙	丁丙被诉盗人之妻。	未涉及。	未处理奸罪，男受轻罚。	卷一二《惩恶门·奸秽》，第450页。
23	母子不法同恶相济	僧惠暕奸范廿三妻。	未涉及。	奸罪成立，男受罚。	卷一二《惩恶门·豪横》，第471—473页。
24	资给诬告人以杀人之罪	陈氏兄弟告厉百一杀其本生弟厉百七，牵出厉百七与厉百一妻阿沈通奸事。	应是厉百七死后，阿沈向其夫坦白（夫初未之觉也）。	未处理奸罪。	卷一三《惩恶门·告讦》，第487—488页。
25	自撰大辟之狱	吴夔与婢探梅有奸。	未见。	奸罪成立，男女俱从轻罚。	卷一三《惩恶门·告讦》，第491页。
26	邻妇因争妄诉	阿周诉尹必用强奸。	阿周口供：被尹必用抱持于房闱之中，抗拒得免，逃遁而归；此必无之事也。若果有之，何不即时叫知邻舍，陈诉官府，必待踰年而后有词，则其为妄诞，不言可知矣。	奸罪不成立；轻罚诬告者。	卷一三《惩恶门·妄诉》，第505—506页。
27	元恶	卜元一被诉强奸崔大家之女踰月、占江八娘之妇、戏方千一之妻、奸徐三之妻（未遂）。	应有人证，如方千一当场“作色”，徐三当场“间阻”等。	奸罪成立，男受罚。	卷一四《惩恶门·奸恶》，第521—523页。

根据表1，笔者在案件解读上与翁氏之作有四点不同：

第一，翁氏曾列出25个案件（以“[ ]”加数字为序），但[25]仅言姚家女使春喜随姚岳继子萧真孙逃往临安，并未涉及奸罪，[①]笔者予以排除；而本文表1所列第18、22、25例为其著所缺。[②]

第二，翁氏以表1第20、26例（即其所列[16]、[23]）为据，推断奸罪告诉存在“追诉期”。[③]实则，这是审理者以经久不告来质疑原告控诉的可信度而已。正因如此，刘克庄才会在判决中说叶棠、阿李的奸通“合系徒罪，该遇玉宝赦恩”，才予原免，也就是说，即使已是去年发生的罪行，若非遇赦，也不会因罹于时效而不予追责。

第三，翁氏称“通奸妇女十一人当中，不追究奸罪者二人，归宗、改嫁者三人，驱逐出县、交管原籍者二人，其余四人处以杖刑”。[④]然而，据表1可知，成立奸罪的案件共9例（表1加灰底者），第12、27例为强奸，第23例也可能是强奸，因此真正成立奸罪的女性仅7名，翁氏所列[7]、[10]、[17]（即表1之第11、2、21例）皆不成立奸罪。在这7名女性中，免于处罚的有3名，第16例中阿连改嫁、第20例中阿李牒回本贯皆非惩罚，因为阿连之夫傅十九已别娶（且累经恩赦免罪），而阿李已被蔡八三休弃，这些措施只是对他们进行妥善安置而已。此外，第22例中被丁丙所盗之妻[⑤]、第24例的阿沈也犯有奸罪，只是官府未加处理。

---

① 《名公书判清明集》卷7《户婚门·义子包并亲子财物》，中国社会科学院历史研究所、宋辽金元史研究室点校，中华书局1987年版，第242—243页。

② 参见翁育瑄：《唐宋的奸罪与两性关系》，稻乡出版社2012年版，第134—137页。

③ 同上书，第138—141页。

④ 翁育瑄：《唐宋的奸罪与两性关系》，稻乡出版社2012年版，第154页。

⑤ “盗人之妻”恐亦指向和奸。如第17例“贡士奸污”所载，王桂犯私罪徒，从轻典，“送学夏楚二十”；而本案的处理是“押下郡庠夏楚”，罪、刑相近。若是强奸、禁锢他人之妻，罚非徒刑，而是流刑加刺配，在优免上恐难如此轻简。关于宋代士人在刑罚上的优免，参见高桥芳郎：《宋至清代身分法研究》，李冰逆译，上海古籍出版社2015年版，第137—143页。

第四，翁氏认为“妄诉诬告”有9例，而表1所列有11例，其中第2、26例未见于其统计。[①]虽在相关案件中，审理者并未直指其“诬”，但其行为实质与其他案例并无差别。

二、犯奸案件所见证明困境

就证明体系而言，翁氏指出犯奸案件的事实认定除非是“捉奸在床”，否则全凭法官个人心证。[②]这其实也未必尽然，如“捉奸在床”多指向和奸，如表1之第12、27例的强奸，犯罪者气焰嚣张，全然不怕留下证据（如当着丈夫之面调戏、欲奸其妻）；而且在第13、14、16、17、20例中，奸罪成立依据的是口供，尤其是第16例，两名奸夫因争风吃醋而大打出手，甚至为此兴讼，这都是对于犯奸的自认。至于法官的个人心证，从这些案例来看，凡是没有供认的奸罪，法官皆以“事涉暧昧”而未予认定，即使通过观察而有所犹疑（如第10例），也没有采信原告的指控，可见名公们心目中自有一套证明标准，这一标准也并不因是否涉及尊卑伦理而有所不同。

（一）犯罪后果

犯奸导致的犯罪后果，在强奸的场合，于女性受害者身上或有表征，但在和奸的情况下，则颇难证明。在上述案例中，唯第17例彭氏有孕是犯奸的明证，“及其怀孕，其事方露”，因为彭氏是存养妇，尚未与丈夫发生性关系，这与寡妇怀孕的道理相同。除此之外，宋代应该已有检验处女的办法，由此验证她们是否犯奸。如相传高宗曾在孝宗和恩平郡王之间犹

---

① 参见翁育瑄：《唐宋的奸罪与两性关系》，稻乡出版社2012年版，第136页。

② 同上书，第158—160页。

豫储君人选，因此分别赐给他们宫人十名，数日后召回这些宫人，“恩平十人皆犯之矣，普安者，完璧也”；[①] 宋慈总结的验尸之法中也涉及此点：“验是与不是处女，令坐婆以所剪甲指头入阴门内，有黯血出是，无即非。”[②] 但此法对有夫之妇无用。当然，《西湖游览余志》也记载了一个特例：庆元四年（1198年）夏，王中奉之妻在柳州寺与僧人宣淫，声闻于外，被旁人看见“僧挟妇而啮其颈”。翌日，王中奉听闻此事，“验其颈果然”。[③]

（二）犯罪行为

南宋时奸罪分为既遂与未遂，出现犯罪后果是既遂，能够证明后果，行为的存在就不言自明；若难以证明后果，如何证明既遂还是未遂？被控诉者又如何自证无罪？如第26例，阿周声称尹必用强奸未遂，因在房闺之内，别无见证，只有当事人一面之辞。即使阿周即时叫知邻舍，又如何证明尹必用强奸？如淳熙四年（1177年），建昌南城南原村曾发生一起案件。村妇游氏素来淫荡，与人通奸，为伯兄宁六所不齿。某日，游氏想抓鸡来煮，宁六入其屋搜鸡，游氏以刃伤手，跑到邻舍大喊“伯以吾夫不在家，持只鸡为饵，强胁污我。我不肯从，怀刀欲杀，幸而得免”。宁六无妻，所以邻居都认为他确有强奸举动，执送官府，锻炼成狱，他论罪坐死，[④] 而游氏却被旌表其节。[⑤] 此外，南宋法律在未遂之下，

① ［宋］周密：《齐东野语》卷11《高宗立储》，载朱易安等主编：《全宋笔记》第7编第10册，大象出版社2015年版，第187—188页。

② ［宋］宋慈编：《洗冤集录》卷2《妇人》，贾静涛点校，上海科学技术出版社1981年版，第24页。

③ ［明］田汝成辑撰：《西湖游览志余》卷25《委巷丛谈》，刘雄、尹晓宁点校，上海古籍出版社2018年版，第303页。

④ 强奸兄弟妻，论刑为绞。参见［宋］窦仪：《宋刑统》卷26《杂律·诸色犯奸》，薛梅卿点校，法律出版社1999年版，第479页。

⑤ 参见［宋］洪迈：《夷坚志·支甲》卷5《游节妇》，何卓点校，中华书局2006年版，第746—747页。

又衍生规定了“诱谑”，这是行为犯，无从发生犯罪后果。如第 11 例，陆氏声称其女阿邵曾与伯兄杨自智“谑弄”，这种隐私之事若非阿邵自述，他人恐难得知，所以翁浩堂才会推测这是“子母相谋，欲当官正名休离而去”，“阿邵之计，亦其狡哉”。

（三）奸夫

即使能够从女性身上获得关于犯罪后果的证据，但若非即时抓捕，女性在事后也很难证明奸夫是谁。如第 17 例，彭氏有孕，其父彭二十四所告是纳彭氏为存养妇的何十四家。甚至当矛头指向奸夫王桂时，他还拿彭氏举告之言自辩，声称奸夫出自何家。当然，就造成的犯奸后果而言，奸夫或可以用生理能力进行自辩。如第 8 例，胡石壁曾为被告蒋八分辩，“墓木已栱，血气既衰，岂复有不肖之念”。只是这种辩白理由无法对抗犯奸未遂或调戏的指控。

（四）主观心理

南宋时奸罪又新增“先强后和”的条款，即先是男性对女性实施强奸，后来转为两人和奸。这就涉及女性主观心理的证明问题。如第 14 例，潘富与喜安是和奸，但对庆喜，一开始是潘富“挟刀以逼奸”，即强奸，但从案情叙述来看，后来庆喜也一起参与偷盗主家财物，可见其主观心理的转变。

（五）品格证据

在第 8、15、26 例中，审理者皆对涉案人的外貌、仪态、出身、品行等进行评论，如以阿张是过犯妇人、阿周状貌所示并非廉洁之妇，否定原告指控的可信度；虽贬低郑应臻在外形神态上类仆、类贼，但依然认为犯奸未有实迹；至于第 6、10 例，审理者虽然根据当事人有违常理的行为、在审问现场的神态而产生怀疑，但依然未据此推论奸罪的成立。

总而言之，犯奸案件（尤其是和奸）事涉隐私，构成证明体系的每个环节都可能遇到查证困境，上述名公都秉持了“不欲以疑似之迹，而遽加罪于人”[①]的办案精神，除非有确凿证供，否则不会轻易认定犯奸成立，也不会轻易反坐举告之人。这自然也是理想状态下针对奸罪疑狱的司法态度，“如必欲究竟虚实，则捶楚之下，一懦弱妇人岂能如一强男子之足以对狱吏哉，终于诬服而已矣”。[②]这当然也不是南宋名公们独有的想法，元丰三年（1080年）四月，神宗对叶元有杀兄及兄子案有过如下意见：“同居兄乱其妻，或强或和，既无证左，又罪人今已皆死，则二者同出于叶元有一口，不足用以定罪。”[③]应当说，这样的证明体系对嫌疑人而言，体现了审慎治狱的司法精神，但对被害人课以较高的证明要求，不利于被害人维护自身权益，并非全无可议之处。

三、在证明困境中的现实博弈

犯奸案件事涉暧昧，隐私性较强，举证说明义务大多落在当事人身上。然而，如前所述，受害人想要证成犯奸的难度不低，但似有若无，“疑似之迹，固未必然，谤议之兴，要岂无自”，[④]犯罪嫌疑人似乎也很难完全排除自身的嫌疑。这就是《宋刑统》所谓的“疑罪”：“事有疑似，

---

① 《名公书判清明集》卷10《人伦门·女嫁已久而欲离亲》，中国社会科学院历史研究所、宋辽金元史研究室点校，中华书局1987年版，第380页。

② 《名公书判清明集》卷10《人伦门·既有暧昧之讼合勒听离》，中国社会科学院历史研究所、宋辽金元史研究室点校，中华书局1987年版，第389页。

③ [宋]李焘:《续资治通鉴长编》卷303《神宗元丰三年夏四月庚戌条》，上海师范大学古籍整理研究所、华东师范大学古籍整理研究所点校，中华书局2004年版，第7384页。

④ 《名公书判清明集》卷12《惩恶门·道士奸从夫捕》，中国社会科学院历史研究所、宋辽金元史研究室点校，中华书局1987年版，第446页。

处断难明”，“疑，谓虚实之证等，是非之理均；或事涉疑似，傍无证见；或傍有闻证，事非疑似之类”。[①] 这自然会在现实中产生连锁反应。

《庆元条法事类》在《宋刑统》的基础上新增“犯奸，从夫捕”的规定，[②] 除范应铃所谓“若事之暧昧，奸不因夫告而坐罪……开告讦之门，成罗织之狱，则今之妇人，其不免于射者过半矣”[③] 的原因外，或许也是向南方风俗妥协的结果。如两浙妇人贪图安逸享受，小民之家难以负担所费，就纵容她们私通，谓之“贴夫”，如居处靠近寺院，所贴都是僧人。[④] 如武陵之民郑二的妻子素来与王和尚通奸，为邻人所悉知，张二夫妇以此取笑郑二夫妇，导致郑二持刀上门挑衅、为张二所逐、遂杀子图赖张二的结果。[⑤]

这种制度、风俗与证明困境交互作用，为僧人实现私欲创造了可能性。如京师人王武功之妻颇美，为化缘僧所觊觎，屡兴挑逗而未能遂愿。在王氏夫妇赴官淮上之际，该僧托人送来重礼，并传言“聪大师传语县君，相别有日，无以表意，漫奉此送路”。王武功因此怀疑其妻与僧人奸通，诉于官府。僧人没有留下姓名及居所地址，难以追捕，但王妻

① ［宋］窦仪：《宋刑统》卷30《断狱律·疑狱》，薛梅卿点校，法律出版社1999年版，第564页。至于不合拷讯的特殊群体应据“众证定罪”，出现三人证实、三人证虚的情况，自然也涵摄在这一“疑罪”定义之下，并不构成一种独立的情况。参见［宋］窦仪：《宋刑统》卷29《断狱律·不合拷讯者取众证为定》，薛梅卿点校，法律出版社1999年版，第536—537页。

② ［宋］谢深甫等纂修：《庆元条法事类》卷80《杂门·诸色犯奸》，戴建国点校，黑龙江人民出版社2002年版，第921页。

③ 《名公书判清明集》卷12《惩恶门·因奸射射》，中国社会科学院历史研究所、宋辽金元史研究室点校，中华书局1987年版，第446页。

④ ［宋］庄绰：《鸡肋编》卷中《浙人讳鸭》，萧鲁阳点校，中华书局1983年版，第73页。其他南方各地的情形，亦可参见程民生：《宋代地域文化》，河南大学出版社1997年版，第25—26页。

⑤ ［宋］洪迈：《夷坚志·支景》卷10《郑二杀子》，何卓点校，中华书局2006年版，第960页。

坐狱受讯，并被丈夫休弃。后来她以“暧昧不可竟”之故而被放出，无以为生，僧人又遣人说项，骗该妇到寺，加以软禁、强奸。[①]无独有偶，江夏主簿赵某任满后寄居寺院，僧人伪造与其妻的信函，置于赵某每日进殿插香的炉下，赵某发现后诘问其妻，其妻难以自明，丈夫诉于官府而离异，僧人则受杖还俗，并托媒迎娶赵妻。[②]当然，也有无辜的僧人会受困于这种难以自证清白的难题，如宗室赵保义久居寺院，“使小婢遍走方丈，一不从所求，即以奸事诬胁”。[③]

类似的“诬胁”手段，也时常为女性所采用。如淳熙十四年（1187年）九月清晨，程发自临安回浮梁，遇到一名妇人，自称被赶出夫家、无处栖身，要求带她回家，愿意相嫁。程发因有妻室而拒绝，称“与汝同行，路人必唤作奸盗，于事不稳便”，妇人就此威胁“我便走投都保，说汝掠我来，强奸我”。程发害怕，因此同意她随行。[④]又如，庆元三年（1197年）六月十日，李七夜归，见所居之处房门半掩，内有一女子，着单衣，穿翠鞋而不袜。在李七惊疑之际，女子言：“汝若不相容，我便呼厢巡诬汝以诱引之罪。”李七惧曰：“敢不惟命是从。”[⑤]两则故事的后续发展事涉灵异，且这些对话非外人可知，应出于叙述者的创作，但足可反映时人对于告奸与证明的看法，如在本文表1第26例中，胡颖就认

① ［宋］洪迈：《夷坚志·支景》卷3《王武功妻》，何卓点校，中华书局2006年版，第902页。

② ［宋］洪迈：《夷坚志·再补》，何卓点校，中华书局2006年版，第1797页。此条末称“时理宗朝淳祐戊申年”，已在洪迈死后，点校者何卓认为系年或有误，又或是《榕阴新检》误引，存疑待考。而李剑国则倾向于此条非出《夷坚志》。参见李剑国：《宋代志怪传奇叙录》（增订本），中华书局2018年版，第572页。

③ 《名公书判清明集》卷11《人品门·僧为宗室诬赖》，中国社会科学院历史研究所、宋辽金元史研究室点校，中华书局1987年版，第406页。

④ ［宋］洪迈：《夷坚志·支丁》卷5《黟县道上妇人》，何卓点校，中华书局2006年版，第1008页。

⑤ ［宋］洪迈：《夷坚三志·壬》卷3《张三店女子》，何卓点校，中华书局2006年版第1489—1490页。

为若是确有强奸，女子理应“即时叫知邻舍，陈诉官府”，此处二女正是以此相要挟，而二男最初的妥协也是出于无法自明的担忧。尤其是，并非所有人都能有幸巧遇“名公”，因疑罪而获释，一旦涉讼系囚，则可能因官吏的非法索贿、刑讯逼供等而遭受“破家灭身之灾”。[①] 前引宁六被诬强奸的冤案即为一例；又如淳熙十六年（1189 年）闰五月，潭州贫民某女与赵主簿之子通奸有孕，与母寄居易二十三店中，无力偿付僦直，其母就诬告易家之子奸污其女。易子遭受刑讯月余，始终未认，而某女因身怀有孕，无法拷讯。此后因生灵异，某女产子后承认诬告，并供出奸夫，其母受杖，易子无罪释放。[②]

除此之外，捉奸在床这种犯奸实证与告从夫捕的诉讼要求，也逐渐产生了一种犯罪模式。[③]《夷坚志补》卷八所载“吴约知县”“李将仕”“临安武将”三则故事都与此相关。前两例的男主角贪恋女色，着意与有夫之妇接近，在赢得美人芳心、准备登床就枕之际，其夫回家，捉奸成功，最终以男主角苦苦哀求并奉上重金自赎而告终；后一例的男主角与妇人遂愿成奸，并将随身行李等搬入妇人室内，其夫归来捉奸，男主角夺门脱逃，最终失财免罚。其实，这都是“猾恶之徒，结倡女诱饵”，做了“一场经纪”罢了。[④] 如前所述，犯奸区分“已成”与“未成”，即使如前两例所言，男主角并未得逞其愿，也须受到刑责，更何况被捉奸在房时，如何自证犯奸“未成”呢？

---

① 参见刘馨珺：《明镜高悬——南宋县衙的狱讼》，五南图书出版有限公司 2005 年版，第 225—230 页。

② ［宋］洪迈：《夷坚志 · 支乙》卷 10《赵主簿妾》，何卓点校，中华书局 2006 年版，第 869 页。

③ 铁爱花将这种犯罪模式归入“情色诈骗”。详见铁爱花：《宋人行旅中情色诈骗问题探析》，《社会科学战线》2013 年第 7 期。

④ ［宋］洪迈：《夷坚志 · 补卷》卷 8《八事》，何卓点校，中华书局 2006 年版，第 1616—1620 页。

四、结语

在南宋，虽然没有出现现代证据法上的"证明标准"等概念以及相应的举证责任等规则，但无论是司法官吏还是普通百姓，在他们的心目中自有一套"罪证确凿"的证明体系，而且这种证明体系并不因涉案者的身份(如尊卑)而有所不同。

在法律制度上，举告犯罪被要求"注明年月，指陈事实，不得称疑"，对于"被杀、被盗及水火损败"类案件，如果不是衔恨故意诬陷，"虽虚，皆不反坐"。[①] 由此可知，犯奸案件的被害人在举告时被课加的证明义务高于杀人、盗窃等案件的被害人及其家属，一旦未能坐实，就构成诬告，将被反坐。如上所述，因犯奸案件事涉暧昧，当事人既难证成对方有罪，也难自证无罪，官府实际上也很难进行查证，判断孰是孰非，加之当时并无举证责任的概念，官府在证明的各个环节一旦遇到障碍，"反复参验，犹未能决，事须讯问者，立案同判，然后拷讯"，如果嫌疑人在承受了法定最高限度的刑讯后还是不认罪，那么就要"反拷告人"[②]，可见告奸者面临极大的法律风险。

或许是有鉴于这套制度规定对告奸者不利以及犯奸案件存在的证明困境，在司法实践中，审理者往往会对犯奸案件的单方面口供抱持审慎态度，虽心有疑虑，但不会轻易认定奸罪成立，也不会严格依法反坐告奸者；而在社会生活中，无论是男性还是女性，又都会利用这种证明困境，达到离间他人夫妻、第三者插足、诈取钱财等目的。

---

① [宋]窦仪:《宋刑统》卷 24《斗讼律·犯罪陈首》，薛梅卿点校，法律出版社 1999 年版，第 426 页。

② "不合拷讯者取众证为定"，参见[宋]窦仪:《宋刑统》卷 29《断狱律》，薛梅卿点校，法律出版社 1999 年版，第 538、541 页。

当然，无论是证明体系，还是当事人围绕证明困境展开的博弈，都仰赖于良性的制度运作环境。虽然根据目前的史料与研究，当时的确大量存在贪赃枉法、刑讯致死等实例，我们也确实能够获得“刑政未明”“青天窗外无青天”的概括印象，但这并不意味着这套观念、规则、实践未曾出现于南宋。事实上，号称法治昌明的当下，全世界任何一个国家与地区都还依然受困于这些疑罪以及暧昧不明、难以量化的“证明标准”难题，我们大概很难自信地宣称自己比古人高明许多。

附记 本文的最初想法形成于浙江大学人文高等研究院举办的“《夷坚志》的世界：文学、语言与社会”研究坊（2018 年 8 月 1—14 日），得益于与陈昭容、康韵梅、郭永秉、仇鹿鸣四位先生的讨论；作为《论南宋疑罪刑案的查证困境与官民的应对互动》的一部分，曾宣读于第 242 回宋代史谈话会（2021 年 12 月 25 日），平田茂树、山口智哉、小野达哉等先生惠予高见；在修订过程中，译者山口先生以及学生晏可艺、云梦沙又给予有益建议，谨此一并申谢。本文的日译本《南宋時代の姦通事件における立証のジレンマ》（山口智哉译）刊发于平田茂树等编《アジア遊学》277《宋代とは何か》，勉誠出版 2022 年版。

认真地对待秋审

——传统中国司法"正当程序"的新诠释

陈新宇*

摘　要　德克·卜德和克莱伦斯·莫里斯认为秋审是一种不同于西方的"正当程序"的命题，具有丰富的诠释空间。从宪制意义上看，通过秋审，中央与地方之间建立起了更加紧密的联系，一方面可以促进全国司法的统一适用，另一方面得以改变律典确定法定刑主义带来的量刑僵化的弊端。在秋审中，刑部与各省之间的关系不同于常规的审级关系，通过秋审各种《不符册》可以发现，刑部对于各省的不同意见，常采取"内商"的方式更加谨慎地处理，改判率并不算高。在刑部内部的会议上，既尊重当家堂官的意见，在决策时亦有民主的色彩，保持了一种权威与民主的平衡。

关键词　秋审　正当程序　《不符册》

*　陈新宇，清华大学法学院教授。

一、引言

美国学者德克·卜德(Derk Bodde)① 和克莱伦斯·莫里斯(Clarence Morris)② 在其名著《中华帝国的法律》中曾指出传统中国司法的特质,“覆审制度,尤其是有关死刑案件的秋审、朝审,可以说是人类智慧的杰出成果。无疑该制度复杂、规定繁琐,也许过于仪式化,很可能浪费大量人力,但毕竟创制了一种有别于我们的‘正当程序’,值得中国人骄傲和自豪”③。该书出版于1967年,尽管当年受限于资料等原因,卜德和莫里斯对秋审某些环节的认识未必准确④,但作为一部由资深汉学家和

---

① 德克·卜德(1909—2003)是哈佛大学文学学士(1930年)、荷兰莱顿大学的汉学博士(1938年),宾夕法尼亚大学教授。曾在中国生活和学习多年,著有《古代中国的神话》、《中国思想西传考》、《中华帝国的法律》、《北京日记》、《剑桥中国秦汉史》(第一章)、《中国思想、社会和科学:前近代中国科学技术的智识与社会背景》、《托尔斯泰与中国》等一百余篇(本)论著。参见Douglas Martin, “Derk Bodde, 94, A Longtime Scholar on China”, *The New York Times*, Nov. 13, 2003;蔡慧清:《德克·卜德与中国文化》,《湖南社会科学》2006年第2期。中国学界对卜德最为熟悉之处,是其曾将冯友兰先生《中国哲学史》两卷本翻译成英文,介绍给西方学界。

② 克莱伦斯·莫里斯(1903—1985)是科罗拉多大学法学学士(L.L.B. 1925年)、哥伦比亚大学法学硕士(L.L.M. 1926年),宾夕法尼亚大学法学院教授。其对中国法有浓厚兴趣,曾与德克·卜德和宾夕法尼亚大学的另外一位汉学教授李克(W. Allyn Rickett)共同开设一门中国法律思想的课程,也是美国的当代中国联合委员会下设的中国法委员会三名创设委员之一。See Jefferson B. Fordham, Clarence Morris, *University of Pennsylvania Law Review*, vol. 121 (3), 1973, pp. 419-422.

③ See Derk Bodde, Clarence Morris, *Law in Imperial China: Exemplified by 190 Ch'ing Dynasty Cases (Translated from the Hsing-an hui-lan) with Hwwistorical, Social and Juridical Commentaries*, Cambridge, Massachusetts: Harvard University Press, 1967, p. 142. 中译本可见D. 布迪、C. 莫里斯:《中华帝国的法律》,朱勇译,江苏人民出版社1995年版。迄今已经多次重印,中信出版社也有该书中译本。Bodde亦有翻译为博德或卜德。

④ 此处引出一个学术典故:当年卜德曾在哈佛大学演讲谈清代的司法,对秋审中的重要环节“勾决”理解有误,认为是“皇帝用朱笔在死罪人犯的名单上画一个大圈,名字被朱笔扫到的人便该处死”,并对听众提问,“清代刑事程序从传讯、初审、覆审,一步一步十分严密,

中国法专家通力合作的作品,《中华帝国的法律》在学术史上理应有一席之地,对传统中国司法这一议题具有比较客观理性的认识,从比较法的视野提出"秋审是一种不同于西方的'正当程序'"的命题具有"接着讲"的丰富诠释空间。

秋审是一种中国传统文化理念与制度规范相互融汇、发展演进的产物,包括天人合一观念下的秋冬行刑("孟秋之月……戮有罪,严断刑"①"赏以春夏,刑以秋冬"②)、德(仁)政理念下的录(虑)囚、慎刑与集议("罪疑惟轻,功疑惟重。与其杀不辜,宁失不经"③;"疑狱,泛与众共之。众疑,赦之"④)、天理国法人情三位一体规范意识下的衡平司法("秋审衡情"⑤)、大一统集权观下的人主专断("使杀生之机,夺予之要在大臣,如是者侵"⑥)等。其制度雏形是明代在霜降后会审重囚的

(接上页)为什么到了最后竟由皇帝如儿戏似的决定了罪犯的生死"?法史专家张伟仁先生作为唯一一个中国听众就在现场,其为自己回答不出卜德的问题和不了解清代刑事程序感到羞愧,这一事件在很大程度上促成了张伟仁从国际法转而法律史研究。而关于"勾决"这个问题也在后来张伟仁回到中研院史语所工作,在查阅"三法司"档案中得到解决——"'勾决'一事,档案中有不少题本对'勾'前的程序有详细的叙述,而'勾'这一动作并非皇帝以朱笔在死刑人犯名单上画一个大圈,而是将每个应予处死之人的姓名上个别作一'勾'号,然后又在勾到本的首幅以朱笔写明'这所勾的某某某、某某某[将被勾之名一一抄录出来]著即处决,余著牢固监候'。这些步骤当然是为了确切防止误行勾决而设计的,十分谨慎细密,绝非儿戏"。参见张伟仁:《学习法律的一些问题》,《法制史研究》2006年第10期。

① 《礼记正义·月令》,载李学勤主编:《十三经注疏》,北京大学出版社1999年版,第518—521页。

② 《左传·襄公二十六年》,载李学勤主编:《十三经注疏》,北京大学出版社1999年版,第1044页。

③ 《尚书正义·大禹谟》,载李学勤主编:《十三经注疏》,北京大学出版社1999年版,第91页。

④ 《礼记正义·王制》,载李学勤主编:《十三经注疏》,北京大学出版社1999年版,第412页。

⑤ 关于"秋审衡情"的探讨,可见孙家红:《清代的死刑监候》,社会科学文献出版社2007年版,第216—263页。

⑥ [清]王先慎:《韩非子集解·三守第十六》,钟哲点校,中华书局2018年版,第121页。

朝审，“天顺三年，令每年霜降后，三法司同公、侯、伯会审重囚，谓之朝审，历朝遂遵行之”。[①] 清承明制，建立了以京内即“刑部现监重囚”为对象的朝审和以京外即“直隶各省重囚”为对象的秋审制度，制度规范更臻完备，“自顺治十年，始行朝审之例。令每年于霜降后十日，将刑部现监重囚，引赴天安门外，三法司会同九卿、詹事、科道官逐一审录。若有司称冤并情可矜疑者，奏请减等缓决，其情真者，具题请旨处决。至直隶各省重囚，比照在京事例，令督抚各官将情真应决、应缓，并有可矜、可疑者，分别详审，开列具奏，候旨定夺，名曰秋审”。[②]

拙文将在当前更为充分的秋审史料[③] 和代表性研究[④] 的基础上，展

---

① 《明史・刑法二》，载邱汉平编著:《历代刑法志》，群众出版社 1984 年版，第 532 页。

② 《大清会典》(康熙朝)卷 130《刑部二十二》。关于清代朝审、秋审确立的具体时间，亦有史料认为是顺治元年(1644 年):“顺治元年，刑部左侍郎党崇雅奏言:‘旧制凡刑于重犯，自大逆、大盗决不待时外，余俱监候处决。在京有热审、朝审之例，每至霜降后方请旨处决。在外直省，亦有三司秋审之例，未尝一丽死刑辄弃于市。望照例区别，以昭钦恤。’此有清言秋、朝审之始。”(《清史稿・刑法二》，载邱汉平编著:《历代刑法志》，群众出版社 1984 年版，第 584 页。)

③ 例如杨一凡主编的《清代秋审文献》(全 30 册，中国民主法制出版社 2015 年版)是迄今关于秋审最为丰富翔实的资料汇编；杨一凡主编的《清代判牍案例汇编》(乙编，全 50 册，社会科学文献出版社 2019 年版)中收入了秋审各种《不符册》等重要资料。

④ 例如孙家红《清代死刑监候》(社会科学文献出版社 2007 年版)；宋北平《秋审条款源流考》(社会科学文献出版社 2009 年版)；郑秦《清代司法审判制度研究》(第五章“清代的秋审制度”，湖南教育出版社 1988 年版)；那思陆《清代中央司法审判制度》(第四章第五节“秋审”，北京大学出版社 2004 年版)；沈厚铎《秋审初探》(《政法论坛》1998 年第 3 期)；M. J. Meijer, “The Autumn Assizes in Ch’ing Law”, *T’oung Pao*[《通报》], vol. 70, no. 1/3, 1984)；伊藤洋二《清代における秋審の実態》(《中央大學アジア史研究》第 11 号，1987 年)；高遠拓兒《清代秋審制度と秋審条款——とくに乾隆・嘉慶年間を中心として》(《東洋學報》第 81 卷第 2 号，1999 年)、《清代秋審制度の機能とその實態》(《東洋史研究》第 63 卷第 1 号，2004 年)等系列论文；赤城美恵子《中国清代の朝審および秋審の研究——監候事案の処理と差等化をめぐって》(日本东北大学博士论文，2004 年)、《可矜と可疑——清朝初期の朝審手続及び事案の分類をめぐって》(日本《法制史研究》第 54 号，2004 年)等系列论文；安藤道安《明代の審録——罪名例の伝統にみる朝審と秋審制度》(《法制史研究：法制史學會年報》第 50 号，2000 年)；中村茂夫

开进一步的探讨。主要从法律程序的视角，通过数据统计等实证方法，以秋审各种《不符册》为中心，考察中央与地方关系，探究在秋审中刑部与各省意见不一致时，刑部内部如何进行协商和决策等问题。拙文的基本框架是：首先，介绍秋审制度建立和完善的两个关键要素，即死刑监候和逐级审转覆核，解读清代死刑条目数量激增的原因，指出秋审是逐级审转覆核制下的一种特别程序，是处理中央与地方关系的重要一环。其次，通过秋审各种《不符册》，梳理地方秋审主导的督抚与中央秋审主导的刑部之间如何衔接、出现不同意见如何处理的相关程序，分析《不符册》中刑部最常见的表达方式"内商"的意涵，介绍刑部内部的两种会议即司议和堂议。复次，对刑部会议进行实证研究，对457个秋审案件的改判率进行统计，指出刑部改判率不算太高，分析其原因；对《不符册》代表性案例进行个案深描，指出当家堂官的作用在决策时不应被夸大。最后，在余论中进行总结与拓展。

二、秋审的制度要素：死刑监候和逐级审转覆核

有清一代，秋审的建立和完善需要具备两个关键要素，一个是实体法层面上，传统死刑在执行方式上区分了监候与立决，一个是程序法层面上，传统司法确立了逐级审转覆核制。①

（接上页）《秋審余滴》（《愛大史学》第8号，1999年）等。其中高远拓儿教授在《清代秋審制度の機能とその實態》、《刑部左侍郎薛允升と『各省留養不符冊』——清末の当家堂官のことば》（《アフロ・ユーラシア大陸の都市と社会》，中央大学出版部2020年版）、《法部右侍郎沈家本と『各省留養不符冊』》（《中央大学アジア史研究》第44号，2020年）等文中使用了《不符册》，主要是探讨情实与缓决的界限，薛允升、沈家本在秋审中的表现等问题，但与拙文的研究旨趣、论证方法和个案讨论等不同。

① 本文将近完成时，发现郑秦教授已经对清代的司法体制有"逐级审转覆核制"的凝练概括。参见郑秦：《清代司法审判制度研究》，湖南教育出版社1988年版，第153页。

死刑监候即绞监候、斩监候，秋审适用的对象是被拟判绞、斩监候的囚犯。传统死刑的执行至晚从唐代开始，已经有普通犯罪类型“（秋后）处决”和特殊犯罪类型（谋反、谋叛、谋大逆、恶逆、奴婢部曲杀主等）“（决）不待时”的区分，[1] 前者维持了秋冬行刑的惯例，后者则及时惩治了罪大恶极者，是传统法制经与权的综合体现。明代律例体系开始明确区分“监候”和“立决”，“律应监候者，注秋后处决于其下，未注者则为立决，例文则分别著其应处之刑焉”。[2] 清代沿袭了这种“监候”和“立决”区分，“顺治初定律，乃于各条内分晰注明，凡律不注监候者，皆立决也；凡例内不言立决者，皆监候也”[3]。

依据沈家本的统计，唐律死罪二百三十三事；宋代死罪二百九十三，包括沿用唐律的《宋刑统》和后来编敕增加的死罪六十；明代死罪二百八十二，包括明律死罪二百四十九（凌迟十三、斩决三十八、绞决十三、斩候九十八、绞候八十七），杂犯死罪十三（杂犯斩四，杂犯绞九）

---

① 依据《唐律疏议》“立春后秋分前不决死刑”，唐代普通犯罪类型的死刑需在秋冬执行，特殊犯罪类型的死刑虽然可以在立春到秋分之间执行，但在特定的时日月份，仍然不能执行。“诸立春以后、秋分以前决死刑者，徒一年。其所犯虽不待时，若于断屠月及禁杀日而决者，各杖六十。待时而违者，加二等。[疏]议曰：依狱官令：‘从立春至秋分，不得奏决死刑。’违者，徒一年。若犯‘恶逆’以上及奴婢、部曲杀主者，不拘此令。其大祭祀及致斋、朔望、上下弦、二十四气、雨未晴、夜未明、断屠月日及假日，并不得奏决死刑。其所犯虽不待时，‘若于断屠月’，谓正月、五月、九月，‘及禁杀日’，谓每月十直日，月一日、八日、十四日、十五日、十八日、二十三日、二十四日、二十八日、二十九日、三十日，虽不待时，于此月日，亦不得决死刑，违而决者，各杖六十。‘待时而违者’，谓秋分以前、立春以后，正月、五月、九月及十直日，不得行刑，故违时日者，加二等，合杖八十。其正月、五月、九月有闰者，令文但云正月、五月、九月断屠，即有闰者各同正月，亦不得奏决死刑。”（《唐律疏议》卷30《断狱》，刘俊文点校，法律出版社1999年版，第613页。）

② 董康：《秋审制度（第一编）》，载杨一凡主编：《清代秋审文献》第30册，中国民主法制出版社2015年版，第501页。

③ 赵尔巽：《清史稿》，载邱汉平编者：《历代刑法志》，群众出版社1984年版，第574页。

和《问刑条例》死罪二十。[①]有清一代，情况有所变化，顺治时律例内真正死罪凡二百三十九条，杂犯斩绞三十六条；[②]但依据乾隆五年《大清律例》“总类”，死罪四百四十二，包括杂犯绞罪六条、杂犯斩罪七条、实犯监候绞一百四十五条、实犯监候斩一百三十九条、立绞二十五条、立斩一百三条、凌迟处死十七条；[③]依据嘉庆朝《大清会典》，死罪六百四十四，包括杂犯绞者六、杂犯斩者八、实犯绞监候者二百一十三、实犯斩监候者一百七十九、立绞者五十七、立斩者一百六十、凌迟处死者二十一；[④]依据光绪朝《大清会典》，死罪八百一十三，包括杂犯绞者六、杂犯斩者六、实犯绞监候者二百六十六、实犯斩监候者二百一十二、立绞者七十一、立斩者二百二十二、凌迟处死者三十。[⑤]通过数据对比，可以看到，相对于唐宋明时期死罪相对较少且数量比较接近（三百以下），清代初期的死罪维持了这一趋势，但从乾隆朝起，数量有了较大提升（四百以上），并且到了清末增加幅度甚巨（比乾隆朝增加近一倍）。正如董康指出，“清承明制，自世祖迄世宗，无大变更，至乾隆以后，死刑之条例较多”。[⑥]

对历代死刑条目数量演变规律的解读，不能简单地理解为清代的

① 参加［清］沈家本：《死刑之数》，载《历代刑法考（附寄簃文存）》（三），邓经元、骈宇骞点校，中华书局1985年版，第1248—1249页。但依据其《唐死罪总类》统计（《历代刑法考（附寄簃文存）》（三），第1253—1267页），唐律的死刑有斩八十九条、绞一百四十三条，总数应为二百二十二条。两处数据对比，前者多一条，稍有出入。

② ［清］沈家本：《虚拟死罪改为流徒折》，载《历代刑法考（附寄簃文存）》（四），邓经元、骈宇骞点校，中华书局1985年版，第2028页。

③ 参见《大清律例》（乾隆五年）卷46《杂犯死罪》，郑秦、田涛点校，法律出版社1999年版，第859—907页。

④ 《钦定大清会典》（嘉庆朝）卷41《刑部·尚书侍郎职掌一》。

⑤ 《钦定大清会典》（光绪朝）卷54《刑部·尚书侍郎职掌二》。

⑥ 董康：《清秋审条例》，载杨一凡主编：《清代秋审文献》第30册，中国民主法制出版社2015年版，第400页。

刑法越来越严酷，原因有两点：第一是清代死刑存在着名实不符的现象。首先，绞、斩监候经过秋审，即便是最严重的“情实”者，如果没有被勾到，也不会被处死，最终被执行死刑者只占较小比例，“每年实予勾决者十不逮一，有死罪之名，无死罪之实”。[①] 其次，存在着大量“虚拟死罪”的情况，例如戏杀、误杀、擅杀，虽然《大清律例》规定是绞监候，但在经过秋审后皆入缓决，最终减为流刑；[②] 董康也指出《秋审条款》的“矜缓比较门”又名“虚拟死罪”，符合该门的犯罪最终只是被执行徒流刑。[③] 因此以实际执行死刑而言，在政治正常而非全国性战乱时期，清代死刑的数量没有像死刑条目数据变化得那样夸张。

第二是清代对死刑犯的处理更加制度化、规范化。唐代对死刑犯的录囚覆奏，结果更多是出自君主的特权裁断，不具有确定性，例如唐太宗曾经允许死罪者三百九十人回家，等待第二年秋才执行，结果囚徒都按期回来，太宗因为其诚信而赦免了他们，但该事例正如沈家本所评价，“此其纵之还也，乃出于一念之仁而非以其罪之可恕，其来归而悉原之也，乃出于非常之特恩，亦非以其真有可原，欧阳永叔所谓违道而干誉也”[④]。明代通过朝审开始对死刑监候者予以类型化处理，分为“情罪

---

① 《修订法律大臣沈家本等奏进呈刑律草案折》，载《大清新法令》第 1 卷，李秀清、孟祥沛、汪世荣点校，商务印书馆 2010 年版，第 459 页。董康也谈到秋审“每年案件虽多，情实者不逮十之一也”，董康：《前清司法制度》，载何勤华、魏琼编：《董康法学文集》，中国政法大学出版社 2005 年版，第 351 页。

② 参见［清］沈家本：《虚拟死罪改为流徒折》，载《历代刑法考（附寄簃文存）》（四），邓经元、骈宇骞点校，中华书局 1985 年版，第 2029 页。

③ 参见董康：《论秋审制度与欧美减刑委员会》，载何勤华、魏琼编：《董康法学文集》，中国政法大学出版社 2005 年版，第 342 页。

④ ［清］沈家本：《赦考》，载《历代刑法考（附寄簃文存）》（二），邓经元、骈宇骞点校，中华书局 1985 年版，第 797 页。董康也认为，“唐律降虑之特权事属偶然，沐此宽典，百不获一”。《秋审制度第一编》，载杨一凡主编：《清代秋审文献》第 30 册，中国民主法制出版社 2015 年版，第 502 页。

可矜疑”“有词当再问”“情真应决”三类，[①] 到了清代，其类型更趋完善，初期区分为“情实”“缓决”“矜”“疑”四类，雍正以后加入“留养承祀”，凡五类，[②] 同时在实践中形成、发展出秋审条款和秋审成案等重要法源，使得法律适用更具有确定性。

从适用区域上看，明代朝审最初适用于北京，再推行到南京，弘治二年（1489 年）以遣官审录的方式推广到各省。[③] 清代秋审模仿朝审，从直隶发展到全国，并在康熙五年（1666 年）改变以往通过巡按御史或者三法司官员外出审录的方式，[④] 真正定型成为一种中央与地方保持一致、分工有序的常规制度。有清一代能够在更大的疆域内推行适用秋审，反映出其国家治理能力的提升，在司法方面的重要标志是确立了以

① 参见［明］王樵：《方麓集》，载《景印文渊阁四库全书》第 1285 册，台湾商务印书馆有限公司 2008 年版，第 116 页。

② 参见《清史稿》，载邱汉平编著：《历代刑法志》，群众出版社 1984 年版，第 584 页；刚毅将其分为“情实”“缓决”“可矜”“留养”“承祀”五类（参见［清］刚毅辑：《秋谳辑要》卷一，载杨一凡主编：《清代秋审文献》第 9 册，中国民主法制出版社 2015 年版，第 233 页）；沈家本根据会典将其分为“情实”“缓决”“可矜”“留养承祀”。（参见［清］沈家本：《叙雪堂故事》，载徐世虹主编：《沈家本全集》第 2 卷，中国政法大学出版社 2010 年版，第 365 页。）

③ 参见董康：《秋审制度第一编》，载杨一凡主编：《清代秋审文献》第 30 册，中国民主法制出版社 2015 年版，第 495—496 页。

④ 这一演变过程的重要历史细节，可见［清］薛允升著述、黄静嘉编校：《读例存疑重刊本》（第 5 册，成文出版社 1970 年版，第 1240 页），“《律例通考》云：‘按：朝审及直隶秋审，始自顺治十年。先准刑部差司官二员，会同该抚按审奏。十三年改差三法司堂官，前往直隶，会同该抚按审题。十四年停遣三法司堂官，照旧差司官二员，会同审录。各省秋审定于顺治十五年，各该巡按，会同该抚及布按二司等官，照在京事例，分别实缓，并有可矜可疑者，于霜降前具奏。顺治十八年，覆准巡按已裁，在外秋审，该抚照例举行。康熙五年题准，直隶地方差遣司官永远停止，即明律所云直隶去处，从刑部委官云云也’”。又可见［清］吉同钧《新订秋审条款讲义》（杨一凡主编：《清代秋审文献》第 30 册，第 235 页），“顺治十年京师设朝审，直隶始设秋审，十五年各省遍设秋审，由刑部差司官二员会同该抚按审奏，后改差三法司堂官会审。康熙五年停止差遣，由各省巡抚举行”。

案件性质和刑罚轻重区分不同类型、不同行政级别具有各自权限，大体是轻罪由州县自理、重罪由中央核准的逐级审转覆核制度。秋审成为这种司法制度下的一种特别程序，从宪制的意义上讲，秋审正是处理中央与地方关系的重要一环。

逐级审转覆核制是一套通过案件分流、层级分权、文书（例如循环簿、题本、奏折等）和规制（例如审限、驳案等）等方法、手段构建的制度，其具体细节，正如史料所记载，“各省户、婚、田土及笞、杖轻罪，由州县完结，例称自理。词讼每月设立循环簿，申送督、抚、司、道查考。巡道巡历所至，提簿查核，如有未完，勒限催审。徒以上解府、道、臬司审转，徒罪由督抚汇案咨结。有关人命及流以上，专咨由部汇题。死罪系谋反、大逆、恶逆、不道、劫狱、反狱、戕官，并洋盗、会匪、强盗、拒杀官差，罪干凌迟、斩、枭者，专折具奏，交部速议。杀一家二命之案，交部速题。其余斩、绞，俱专本具题，分送揭帖于法司科道，内阁票拟，交三法司核议。如情罪不符及引律错误者，或驳令覆审，或径行改正，合则如拟核定。议上立决，命下，钉封飞递各州县正印官或佐贰，会同武职行刑。监候则入秋审”。[①] 可以看到，在该制度之下，在秋审之前，经过初步的审理和覆核，地方的督抚对案件判处绞、斩监候的意见得到中央的三法司和皇帝的认可。[②] 接下来进行的，便是通过秋审，对其究竟属于情实、缓决、可矜、可疑和留养承祀哪一类别做出进一步的裁判，并最终确定具体的刑罚。

---

① 参见《清史稿·刑法三》，载邱汉平编著：《历代刑法志》，群众出版社 1984 年版，第 583 页。

② 其大致的流程和文书措辞如下：（1）地方督抚以“某某依律（或例）拟斩（或拟绞）”上报；（2）皇帝以“三法司核拟具奏”要求刑部、大理寺和都察院给出意见；（3）三法司如果同意地方意见，刑部领衔以“某某依某律（或例）拟斩（或拟绞）监候，秋后处决”上报；（4）皇帝如果同意，以“某某依拟应斩（或绞）著监候，秋后处决”下旨；（5）刑部咨行地方督抚将“某某监候在案”。

三、《不符册》所见的秋审程序

清代秋审包括地方秋审与中央秋审两个层面。作为地方秋审主导的督抚与作为中央秋审主导的刑部之间如何衔接、当双方意见不同如何处理，构成了传统法律程序极富特色的一端，秋审文书类中的《不符册》就是反映这一过程的重要载体。所谓“不符册”，指刑部将“内外意见不同，实缓互异者，提出另为一册”。[①] 本部分以秋审各种《不符册》为基础，梳理其过程，归纳其要点。

首先，对于在规定时间之前题结，进入该年秋审的案件，[②] 刑部与各省分别根据案情，各自给出实、缓、矜、疑等法律意见。需要指出，在这一阶段，刑部与各省之间不同于之前常规审级制度下串联式的一方唱罢我登场，毋宁是并联式的齐头并进。其间具体细节，就刑部而言，“每年正月书吏摘录死罪原案节略……订为一册，分送学习司员，先用蓝笔勾点，酌拟实缓可矜，加以批语，谓之初看；次由堂派资深司员覆用紫笔批阅，谓之覆看；复由秋审处坐办提调各员取初看、覆看之批，折中酌议，又用墨笔加批，谓之总看。总看看后呈堂公阅，各加批词，注明实缓”。就各省而言，“每年二、三月先由臬司拟定实、缓、可矜详由，督

① ［清］吉同钧：《新订秋审条款讲义》序，载杨一凡主编：《清代秋审文献》第30册，中国民主法制出版社2015年版，第236页。

② 在一般情况下，“凡斩、绞监候应入秋审案件，俱按该省题结日期截止。云南、贵州、四川、广东、广西封印日截止，福建正月三十日截止，奉天、陕西、甘肃、湖南、湖北、江苏、江西、浙江、安徽二月初十日截止，河南、山东、山西三月初十日截止，直隶三月三十日截止，新疆、察哈尔六月三十日截止。本部现审七月十五日截止，如遇下半年闰月，以七月三十日截止计算。题结在截止日以前，归本年办理；如题结在截止日以后，归次年办理”。［清］刚毅：《秋谳辑要》卷一，载杨一凡主编：《清代秋审文献》第9册，中国民主法制出版社2015年版，第225页。

抚覆勘。勘后，督抚会同藩司、各道，择日同至臬署，亲提人犯，当堂唱名，然后确加看语，于五月以前具题咨部”。[①] 可以看到此一阶段花开两朵，刑部内部完成了其由资浅到资深、由司员（学习司员、资深司员、秋审处坐办提调）到堂官（尚书、侍郎）多个层级的审阅，既层层递进，又保持独立；各省则先由专门负责司法的官员按察使司（臬司）提出意见后，再以督抚、布政使司（藩司）、按察使司等省级主要官员共同会审人犯的方式，给出了地方秋审的结论，并在规定期限内报送给刑部。在此基础上，刑部将双方的意见进行对照，如果各省的“后尾”，即“督抚酌定实缓勘语”，与刑部司批、堂批不一致，便有了秋审处为此专门制作的《不符册》。[②] 为下一阶段的司议、堂议做好准备。

目前可见的秋审各种《不符册》包括直隶、安徽、浙江、云南、广西、贵州、四川、陕西、广东、湖广、奉天、山东、山西、江苏、热河等省的秋审案件，根据其列出的内（刑部）外（各省）意见对照，至少存在着以下14种“不符”的类型，分别为：内实外缓、内商外缓、内商外实、内缓外矜、内商矜外缓、内商外缓留、内商矜外矜、内矜外缓、内矜外缓留、内缓外缓留、内商留外缓留、内商矜留外缓留、内缓外缓承、内商承外缓承。[③] 可以看出，地方督抚的意见比较明确，基本是给出实、缓、矜、留

---

① ［清］吉同钧：《新订秋审条款讲义》序，载杨一凡主编：《清代秋审文献》第30册，中国民主法制出版社2015年版，第235—236页。

② 参见［清］刚毅：《秋谳辑要》卷一，载杨一凡主编：《清代秋审文献》第9册，中国民主法制出版社2015年版，第226页。关于各省的“后尾”，亦有称为“外尾”，参见［清］吉同钧：《新订秋审条款讲义》，载杨一凡主编：《清代秋审文献》第30册，中国民主法制出版社2015年版，第236页。与此相对应，刑部司官的意见，称为“部尾”，参见董康：《论秋审制度与欧美减刑委员会》，载何勤华、魏琼编：《董康法学文集》，中国政法大学出版社2005年版，第343页。

③ 参见《各省不符册》《秋审不符册》《各省留养不符册》，载杨一凡主编：《清代判牍案例汇编》（乙编）第38—43、50册，社会科学文献出版社2019年版。

具体的意见，个别例外比如“外缓留”“外缓承”，表明存在“缓决”和“留养”或“承祀”两种意见并存，其指的是秋审人犯既符合“缓决”的条件，同时又存在着“留养”或“承祀”的可能性，需要督抚进一步查明情况，再咨部核办。例如《浙江省不符册》的傅升等人越狱一案，浙江巡抚梁宝常奏称，“（傅升）乘机脱监，并未随同助势。傅升他物吓殴壹伤适毙……入于缓决。再傅升到案时据供父母俱年逾柒拾，兄弟成发，正在查办留养。该犯脱监仍依常律，自应循例办理。现饬诸暨县查明传集保邻亲族人等讯取保结，由府审明解司审详覆看。应俟详解到日，由臣提讯明确，另行咨部核办”。①

与各省的意见比较，刑部的意见则多不明朗，“内商”是其中一种最常见的表达方式。14 种内外“不符”类型中，有关“内商”的就有 8 种，而且归入该类的案件比例远远超出刑部有明确意见的案件比例。例如《直隶省不符册》共 26 个案件，分别是“内实外缓”1 个、“内商外缓”20 个、“内商外实”1 个、“内缓外矜”3 个、“内商矜外缓”1 个，“内商”类的有 22 个，约占 84.62%；《安徽省不符册》共 32 个案件，分别是“内商外缓”26 个、“内商外缓留”2 个、“内商外实”1 个、“内商矜外矜”3 个，“内商”类达到 100%；《浙江省不符册》共 19 个案件，分别是“内实外缓”1 个、“内商外缓”16 个、“内商外缓留”1 个、“内商矜外缓”1 个，“内商类”有 18 个，约占 94.74%。② 这意味着刑部内部对案件如何定谳存在着商榷意见，需要进一步协商解决，可以说“内商”折射出即便在法律专门机构里，在法律专家各自的眼中，同案同判仍存在着不小的难度，需要以更谨慎的方式来进行处理。

---

① 《各省不符册》，载杨一凡主编：《清代判牍案例汇编》（乙编）第 38 册，社会科学文献出版社 2019 年版，第 532—533 页。

② 三省的《不符册》收入《各省不符册》，参见杨一凡主编：《清代判牍案例汇编》（乙编）第 38 册，社会科学文献出版社 2019 年版。

其次，围绕着《不符册》的内外不符和刑部内部暂时无法取得一致意见的情况，刑部在七月份举办两种会议进行集体协商。第一种是司议，七月中在秋审处举行，由该处的提调、坐办等参加；第二种是堂议，七月底在白云亭举行。需要指出，虽说是堂议，实际上除了刑部的堂官即尚书、侍郎之外，之前司议的秋审处人员也一起参加，因此更准确讲，应该是吉同钧所讲的“堂司合议”。两种会议的结果会以小方签的方式黏贴在不符册各案的上栏。[①] 这一阶段有两点值得特别注意，一个是会议结果采取多数决议的方式，一个是权威专家即当家堂官的作用，根据董康的说法，会议乃“从多数定最后处分，轻重均适者，取决于当家堂官”。[②] 所谓“当家堂官”，指尚书、侍郎中“指麾一切者”，在刑部的语境下，“亦有侍郎当家者，赵舒翘、沈家本之在刑部，皆以深明旧律，为尚书所不及，实权乃渐集于侍郎。概因其人而生权力也”。[③] 或许可以说，刑部内部会议的议事方式，兼顾了民主与权威，颇有某种在司法民主协商基础上集中的特质。司议人员能够有机会参与堂议，可以充分与尚书、侍郎反馈、沟通意见，同时既能发挥各堂官中因专业能力而有重要话语权的当家堂官的决断作用，又避免其作为少数意见时推翻多数意见。[④]

---

① 参见董康：《前清司法制度》，载何勤华、魏琼编：《董康法学文集》，中国政法大学出版社 2005 年版，第 352 页；[清]吉同钧：《新订秋审条款讲义》序，载杨一凡主编：《清代秋审文献》第三十册，中国民主法制出版社 2015 年版，第 236 页；[清]刚毅：《秋谳辑要》卷一，载杨一凡主编：《清代秋审文献》第 9 册，中国民主法制出版社 2015 年版，第 226—227 页。

② 参见董康：《前清司法制度》，载何勤华、魏琼编：《董康法学文集》，中国政法大学出版社 2005 年版，第 352 页。

③ 参见徐珂：《清稗类钞》第 3 册，中华书局 2010 年版，第 1313 页。董康也指出，“惟尚、侍六人内仅有一人系本部司官出身者，亦称当家堂官”，参见《清代秋审条例》，载杨一凡主编：《清代秋审文献》第 30 册，中国民主法制出版社 2015 年版，第 437—438 页。

④ 董康就指出，当家堂官“占最少数恐无形而推翻司议，乃令司议之提坐并加于内，决以多数，亦尊重法家之专诣也”。董康：《清秋审条例》，载杨一凡主编：《清代秋审文献》第 30 册，中国民主法制出版社 2015 年版，第 437—438 页。

最后，在刑部完成司、堂会议后，就进入一般人更为熟悉的秋谳大典，其术语叫“秋审上班”，即八月份在金水桥西由九卿、詹事、科道会同详核，具题上奏。正如亲历者沈家本所描述，“八月上旬，九卿等会于天安门外金水桥西朝房，以各省秋审起数，按其实缓矜留逐案唱报。其与外拟不符，另行改拟之案，即将应改缘由朗诵。如九卿等有商签，应准应驳之处亦加朗诵，俾众共闻。议既定，将情实、缓决、可矜、承祀留养各犯分拟具题，恭候钦定”。[①] 在颇具仪式感的秋谳大典背后，从程序角度值得注意的是参与者事先获得相关材料及其时间的问题。主要有两种，一个是招册，包括原案材料、刑部看语和督抚看语，[②] 乾隆二十八年（1763 年）根据山西道御史戈涛的奏请，要求将招册于秋审上班前十五日分发给参与秋审的各衙门；[③] 一个是改事方签，即刑部会议后专门刊订成册的改判看语，道光五年（1825 年）根据御史万方雍的奏请，要求将改拟各案看语汇齐缮刻，于秋审上班前五日分送给九卿、詹事、科道。[④] 改事方签包括五种情形，分别是：（1）改实者；（2）例实情轻从宽声叙者；（3）服制情重从严声叙者；（4）实缓在疑似之间酌缓归入汇奏者；（5）关系矜缓及留养承祀，酌有改动者。[⑤] 从改事方签的内容，可以看到《不符册》最终成果的转化形式。上述材料和时限要求的目的，

① ［清］沈家本：《叙雪堂故事》，载徐世虹主编：《沈家本全集》第 2 卷，中国政法大学出版社 2010 年版，第 365 页。

② “有司决囚等第”律下的条例一：“秋审时……刑部将原案及法司看语，并督抚看语，刊刷招册，送九卿、詹事、科道各一册”，参见［清］薛允升著述、黄静嘉编校：《读例存疑重刊本》第五册，成文出版社 1970 年版，第 1239 页。

③ 参见［清］沈家本：《叙雪堂故事》，载徐世虹主编：《沈家本全集》第 2 卷，中国政法大学出版社 2010 年版，第 373、376 页。

④ 同上书，第 376 页。

⑤ 参见董康：《清秋审条例》，载杨一凡主编：《清代秋审文献》第 30 册，中国民主法制出版社 2015 年版，第 439 页。

在于使参与秋审的各类人员能够事先充分了解案情和裁判理由，在仪式化的基础上实质性地进行覆核。

虽然御史们要求刑部提前合理时间分送招册的类似奏折在嘉庆朝多次出现，甚至光绪朝仍可以得见，[①]证明其执行效果并不如意，但这类诉求正是努力促进九卿等会审更加合理化的表现。从光绪十八年（1892年）御史文灏奏请于上班前十日分送招册，刑部的回应“从前本以前十日为期，后应缮刻改事看语，须一并分送，遂以前五日为期，历年办理，并无迟误”[②]来看，在道光五年御史万方雍奏请后，招册很可能确定为在会审前五日与改事方签一并分送。实践中的案例，乾隆三十五年（1770年）福建省陈招弟因殴死汤宋氏本夫汤乃明毁尸灭迹一案，关于奸妇汤宋氏如何处理，福建巡抚温福将其定为情实，刑部改为缓决，九卿等会审仍以其不知情拟以缓决，参与会审的吏部尚书托庸、都察院左都御史素尔讷专门联袂上奏提出异议，认为应该以情实定案，而温福同样上奏坚持之前的意见。[③]光绪二十九年（1903年）江苏陆来蒽强占郭改子为妻一案，都察院两位给事中熙麟和潘庆澜在会审中认为刑部所拟“情实”过重，分别上折提出异议。[④]这些个案可以折射出九卿等会审并非仅仅是个仪式化的过场，同样存在不同意见与激烈争执。辩证地讲，如果九卿等会审时没有过多的异议，也正是刑部在经过内部多层审核后，所拟意见确实达到情罪允协的表现。

---

① 参见［清］沈家本：《叙雪堂故事》，载徐世虹主编：《沈家本全集》第2卷，中国政法大学出版社2010年版，第373—375页。御史们要求招册“十数日前”“半月以前”“前十日”等分送，刑部则以工作量大等理由进行辩解，根据这些材料，现实中招册分送的时间往往是“会审前一、二日”“距上班日期三、四日”“前五日”等。

② 参见［清］沈家本：《叙雪堂故事》，载徐世虹主编：《沈家本全集》第2卷，中国政法大学出版社2010年版，第375页。

③ 同上书，第391—393页；《秋审事宜并历年上谕》，载杨一凡主编：《清代秋审文献》第1册，中国民主法制出版社2015年版，第281—285页。

④ 参见董笑寒、孙燕京：《秋审个案与清末司法审判》，《南京社会科学》2013年第2期。

四、刑部会议的实证研究

（一）数据统计：457 个秋审案件的改判率

根据《各省不符册》《秋审不符册》《各省留养不符册》的数据统计看刑部最终对督抚意见的改判情况。需要指出，这里采取的标准是刑部明确改变了督抚关于案件类别的意见，例如缓决改情实、可矜改缓决、缓决改可矜等情形，但不包括督抚提出缓留或缓承，刑部最终只同意缓决的情形（例如“内商外缓留”“内缓外缓留”“内缓外缓承”），因为刑部只是对督抚提出的复合意见（缓决或留养、缓决或承祀）做出明确指示，并非严格上的改判。以下共有四组数据。

1. 道光二十七年（1847 年）《各省不符册》的情况是共 139 个案件，改判 24 个[①]，包括直隶 26 个案件，8 个改判；[②]安徽 32 个案件，2 个改判；[③]浙江 19 个案件，2 个改判；[④]云南 13 个案件，1 个改判；广西 15 个案件，2 个改判；[⑤]四川 34 个案件，9 个改判。综上，该年的改判率：24/139 ≈ 17.27%。

2. 光绪九年（1883 年）《各省不符册》的情况是共 215 个案件，改

① 杨一凡主编：《清代判牍案例汇编》（乙编）第 38、39 册，社会科学文献出版社 2019 年版。

② 另外有 1 个（吕幅案）属于“内商外缓”，刑部最终在“照缓”的基础上进一步指示“不准减等”。

③ 另外有 2 个（袁应修案、陈小印案）属于“内商外缓留”，刑部最终在“照缓”的基础上进一步指示“不（准）留”。

④ 另外有 1 个（傅升案）属于“内商外缓留”，刑部最终在“照缓”的基础上进一步指示“不准留”。

⑤ 统计时将杨志刚、杨亚长案（同案犯）归入改判的案件，具体结果是杨志刚照缓，杨亚长改实。

判36个，[①] 包括云南3个案件，2个改判；四川57个案件，有7个改判；[②] 陕西10个案件，3个改判；广东9个案件，1个改判；湖广32个案件，7个改判；奉天27个案件，7个改判；山东34个案件，2个改判；[③] 山西16个案件，2个改判；浙江9个案件，1个改判；安徽8个案件，3个改判；江苏10个案件，1个改判。综上，该年的改判率：36/215 ≈ 16.74%。

3. 光绪五年（1879年）并七年（1881年）《秋审不符册》的情况是共56个斗杀类案件，4个改判，[④] 该类案件的改判率：4/56 ≈ 7.14%。

4. 光绪九年《各省留养不符册》的情况是共47个留养类案件，2个改判[⑤]，该类案件的改判率：2/47 ≈ 4.26%。

尽管案件样本相对有限，只涉及457个案件，但通过上述数据统

---

① 杨一凡主编：《清代判牍案例汇编》（乙编）第40—42册。与道光二十七年《各省不符册》的情况不同，光绪九年《各省不符册》大多数案件的文书中看不到司议、堂议的具体意见（即小方签），只能根据其目录页（案犯人名的汇总）的案犯人名下所附的堂议改判结果进行统计。但像贵州、直隶、江西、热河四省，无论是正文的案件文书还是目录页皆无相关记录，因此无法统计。

② 《四川省不符册》目录页的案犯人名中黄济碌、杨葵生、刘鲜五3人的案件文书在正文中没有找到，因此根据正文实际出现的案件文书统计案件数量。另外，有1个（叶氏案）刑部意见是“拟驳”。

③ 《山东省不符册》目录页（案犯人名的汇总）中有华二红薯、杨僖仔、韩呕、王抢仔4个案件所附的堂议结果因为涂抹或者字迹模糊无法辨认，但可以确定不是改判类的“改某”（例如改实、缓、矜）字样。

④ 参见杨一凡主编：《清代判牍案例汇编》（乙编）第39册，社会科学文献出版社2019年版。

⑤ 参见杨一凡主编：《清代判牍案例汇编》（乙编）第43册，社会科学文献出版社2019年版。光绪九年《各省留养不符册》的情况是其正文的案件文书看不到司议、堂议的具体意见，目录页（案犯人名的汇总）的案犯人名下，“内商外缓留”类有2个案件（汪歪歪案、王小栓案）添附有堂议“改实”字样；同时，“内缓外缓留”类的22个案件、“内缓外缓承”类的1个案件，下面虽然没有添附信息，但推测刑部应坚持了原来“内缓”意见，没有接受督抚关于“留养”“承祀”的建议，可以看出刑部对于留养、承祀采取了非常谨慎的态度，轻易不会接受，一个原因很可能就是留养、承祀的减刑幅度很大。另外，《清代判牍案例汇编》（乙编）第50册有光绪三十三年（1907年）的《各省留养不符册》，但没有任何司议、堂议信息，因此无法进行统计。

计，仍然可以窥见：（1）整体上刑部的改判率不算太高，最高是17.27%，在特定类型案件中甚至更低，只有4.26%。或者可以说，刑部在很大程度上尊重各省的意见。（2）对暂定“内商”的案件，在经过司议、堂议之后，才有推翻督抚判决的明确意见，[①]考虑到在《不符册》中“内商”案件的比例最大，可以说刑部主要通过会议，确保了改判的合法性。（3）央地比较，地方督抚的有利条件是可以当面审讯案犯，更方便了解案情，中央刑部的优势是作为专业机构更熟悉相关政策、规则与成案，这应是以书面审为主的刑部采取集议这种更为谨慎方式的主要原因之一。

（二）个案深描：当家堂官的作用

董康的《清秋审条例》附录中收入光绪年间《不符册》的“刨窃浮厝尸棺”和“火器伤人”二起案件，[②]晚清律学大家沈家本在刑（法）部侍郎[③]任上，皆有参审。这两起案件，皆包括了司看、覆看、总看、各堂官批语和方签，内容完整，正是可以考察秋审中当家堂官作用的重要材料。本部分以第二个案例“火器伤人”作为主要分析的样本，同时辅以第一个案例“刨窃浮厝尸棺”加以论证。

---

① 例如直隶26个案件，会议之前有明确不同意见的4个（“内实外缓”类1个、“内缓外矜”类3个，会议也维持了之前的刑部意见），会议之后增加4个（“内商外缓”类“改实”3个、“内商矜外缓”类“改矜”1个）；安徽32个案件，会议之前全部是“内商”，会议之后增加2个（皆“内商外缓”类“改实”）；浙江19个案件，会议之前有明确不同意见的1个（“内实外缓”类，会议也维持了之前刑部意见），会议之后增加1个（“内商矜外缓”类“改矜”）。

② 董康：《清秋审条例》，载杨一凡主编：《清代秋审文献》第30册，中国民主法制出版社2015年版，第461—473页。以下关于案件内容的引用，出处皆来自此。需要指出，董康的标题是“光绪二十八年不符册二起”，但实际上只有第二个案件才是在光绪二十八年朝廷同意进行秋审的案件，第一个案件发生在光绪三十年，光绪三十二年朝廷同意进行秋审，三十三年进行秋审，并不是光绪二十八年的秋审案件。董康可能在标记时间上有误，因此笔者改为“光绪年间”。另外，董康在第一个案件的按语中说“此起系在清光绪三十四年废止磔枭等刑之后”，这也是有误的，实际上清末废止凌迟、枭首等重法是在光绪三十一年（1905年）。这或许跟《清秋审条例》成书是1942年、董康记忆有误有关。

③ 第一个案件秋审的时间在清末官制改革之后，这时刑部已经改为“法部”。

该案发生在光绪二十二年（1896年），光绪二十九年进行秋审。根据地方秋审中直隶总督袁世凯会审，案情是案犯李小锅携带洋枪受雇给村人看护未成熟的庄稼，该夜二更时本案被害人冯三桐赴地查看，正在睡觉的李小锅听到庄稼响动，出来查看，星光下看到地里有人，当向喝问，冯三桐未答。李小锅怀疑是贼人，开枪致伤其脊背倒地。与李小锅一同看管庄稼的梁小本从熟睡中被枪响惊醒，出来查问，李小锅答说有贼，邀他一起去看，见到冯三桐受伤殒命，该犯李小锅复又丢弃尸体，后尸体被找回。

关于本案，直隶的意见是"火器杀人李小锅应情实，惟确出疑贼误伤致毙，历有免勾成案，应请由部援案，归于声叙办理"，也就是将其归入情实类，同时因为事出有因，参考以往的成案，虽然被拟为情实但在皇帝勾决时会予以免勾，因此请刑部在将其定为情实的同时，上奏时援引成案，专门说明其特殊情况。

这个案件在刑部，司看（即初看）、覆看皆很简略，都是二字"拟实"，总看的批语基本与直隶观点一致，即认为事发原因是"疑贼起衅并无别故"，同时从法源角度"向有声叙成案"，其意见是"似应于黄册出语内妥为声叙，以冀邀恩免勾，谨记候核"。所谓"黄册"，是一种刑部针对情实、有关服制类型的人犯，专门制作，供皇帝审阅的名册，[①]也就是说，秋审处的总看认为可以定为情实，同时声叙。

刑部堂官共四人写了批词，顺序依次是荣大人、沈大人、孚大人和胡大人，根据资料可知，他们分别是刑部尚书荣庆、刑部左侍郎沈家本、刑部右侍郎孚琦和胡燏棻。[②]从各人批词可以看到，沈家本作为当家

① "情实并有关服制人犯，由刑部缮写名册，纸用粉敷，墨书粉上，谓之黄册，以备御览。"[清]吉同钧：《新订秋审条款讲义》，载杨一凡主编：《清代秋审文献》第30册，"序"第237页。

② 参见钱实甫：《清代职官年表》第1册，中华书局2019年版，第321、527、725页。

堂官，表现出两个特征：（1）批词的篇幅最长，沈家本的批词共 217 字，而其他人分别是荣庆 22 字、孚琦 2 字、胡燏棻 72 字，相距比较悬殊。（2）虽然在此阶段堂官们是各自批阅，但从其批语中专门提到沈家本名，显然有的堂官已经事先参考了沈家本的批词，例如荣庆批词有“此案情节沈堂按察直省，知之甚悉”、胡燏棻批词有“阅沈堂所批”。上述两个特征，同样也出现在第一个案例“刨窃浮厝尸棺”里。

沈家本主要通过指出该案供词的初供和现供不同，从事实层面提出质疑，“就现供情形而论，衅起疑贼，秋审向得声叙，惟此案初此供词，该犯与死者之妻有奸，经死者查知禁绝，后与死者相遇，触起前嫌，将其轰毙，有梁小本作证。该犯亦供梁小本帮同抬尸，到省后梁小本坚不承认抬尸情事，该犯供亦拟移，驳回覆审。梁小本旋在保病故，该犯供遂翻异。死者之妻不认与该犯有奸，又无可以质证之人。二次招解，复经驳审，终无确供，最后方以现供定案”。即是说，通过供词比对，李小锅火器杀人案的动机存在两种可能性，一种是依据初供主观恶性很大的报复杀人，一种是依据现供主观恶性要低得多的疑贼误杀，但因为关键证人梁小本不幸病故，案件在事实上只能存疑。这给秋审带来了难题，即便不同动机都可以定为情实，但声叙与否，到了将来皇帝勾决的阶段，仍然会有生死之别的差异，“盖估毫无不得已而各此议结，于罪名虽无出入，而秋审则大有关系。”在此沈家本表现出非常谨慎的态度，没有明确给出自己的答案，而是提出了两种方案，“应否照现讯情形，准其援案声叙？抑或以初供情形不好不准声叙之处记核？初供两已删除，无可究结矣”。如果从措辞看，他似乎倾向于第一种方案。

在沈家本提出供词前后不一引发的事实存疑问题后，荣庆在批词中指出“若就初供，似难声叙”，胡燏棻对此也有回应，并进一步指出案件存在其他恶性的情节，“该犯在直隶初供，案属因奸，即使初犯删除，无可究结，该犯将死者轰毙后，复将其尸掷入井内，殊太残忍，未便声叙，记实候核”。而孚琦的批词最为简单，只有“记实”二字。从这些批词可以推出，沈家本之外的三位堂官，其意见都是“记实”并且“不声叙”。

根据方签，司议的结果是维持了此前总看的意见，即拟情实并声叙，“谨按此起火器杀人例实，是以照实。惟疑贼确属有因，向有声叙成案，自应于黄册内出语声叙”。但是到了最终堂议，其结果却是推翻了司议，代之以简单五个字“照实不声叙”。虽然堂议简白，无法直接看出其中讨论的情况，但从本案的情形看，初看、覆看的“记实”与其他三位堂官的“记实不声叙”，代表其基本立场，如果他们在会议上仍然坚持初心，那可以推测最终的堂议结果，更应该是多数意见而非当家堂官的一己之见。

如果说“火器伤人”案中沈家本的意见相对模糊，上述推测或可商榷，那么不妨对照另外一起案件“刨窃浮厝尸棺”。该案地方秋审，贵州巡抚庞鸿书的意见是“情实”。刑部方面，司看（即初看）、覆看皆是“拟实”，总看则给出了“酌缓归入汇奏办理”或“（拟实）于黄册内妥为声叙”两种意见；三位堂官，法部尚书戴鸿慈的意见是“酌缓候核”，左侍郎绍昌的意见是“酌缓汇奏”，右侍郎沈家本的意见是“缓决，归汇奏办理”，可以说三人拟“缓决”意见是一致的。但方签所见的司议、堂议结果却都是“照实声叙”。也就是说，即便是最初三位堂官各自的意见一致，在堂司合议时也可能会发生变化，初看、覆看与总看的司员在最终会议上同样会发挥重要作用。

因此，综合两案可以窥见，在秋审中，当家堂官在法理诠释（第一个案例）[①] 或者事实发现（第二个案例）方面有过人之处，一定程度上可以

---

① 董康认为沈家本在该案的批词“足备折狱之龟鉴也”。《清秋审条例》，载杨一凡主编：《清代秋审文献》第 30 册，中国民主法制出版社 2015 年版，468 页。

影响身边同僚，但在最终决策时其未必有决定性的力量，对此不能过分夸大其作用而忽视刑部内部集议时的民主性因素。

五、余论

钱穆先生曾指出："其实中国历史上以往一切制度传统，只要已经沿袭到一百两百年的，也何尝不与当时人事相配合。又何尝是专出于一二人之私心，全可用专制黑暗四字来抹杀？"[①]有清一代，如果秋审建制从顺治十年（1653 年）起算，到宣统三年（1911 年）伴随清廷覆灭而结束，其历史已经有 258 年，如果追溯到明代天顺三年（1459 年），则时间更长。依据秋审程序，在九卿等会审之后，情实的人犯在皇帝勾到之前，还有刑科给事中的三覆奏。乾隆十四年（1749 年），这位秋审参与度甚高的皇帝在将秋审从三覆奏改为一覆奏时，留下一段意味深长的话，正可以与钱穆的话遥相对应，"朕每当勾到之年，置招册于旁，反覆省览，常至五六遍，必令毫无疑义。至临勾，必与大学士等斟酌再四，然后予勾，其啻三覆已哉"？[②]

需要指出，秋审作为一种德克·卜德和克莱伦斯·莫里斯所说的"正当程序"，不同于季卫东教授《法律程序的意义》中提出的现代程序这一重要概念的意涵，[③]但仍可在某种程度上对此做一点补充。在传统中国的语境里，从宪制意义上看，通过秋审这一逐级审转覆核制下的特

---

① 钱穆：《中国历代政治得失》，九州出版社 2014 年版，"序"第 2 页。

② ［清］沈家本：《叙雪堂故事》，载徐世虹主编：《沈家本全集》第 2 卷，中国政法大学出版社 2010 年版，第 367 页。

③ 参见季卫东：《法律程序的意义——对中国法制建设的另一种思考》，载《法治秩序的建构》，中国政法大学出版社 1999 年版；这篇重要论文的简编，可见《中国社会科学》1993 年第 1 期。

别程序，中央与地方之间建立起了更加紧密的联系。传统死刑通过“监候”的方式，在清代数量上有了形式而非实质上的大幅度提高，使得更多的案件需要经过中央刑部的覆核。在这一过程中，一方面可以促进全国司法的统一适用，避免地方不同，标准不一；另一方面得以改变律典的确定法定刑主义带来的量刑僵化的弊端，[①]使得司法个案可以通过就事论事的“决疑术”方法，以集体会议形式，[②]达到情理法相结合更为公平妥善的结果。

在秋审中，刑部与各省之间呈现出中央与地方关系的另一种样态，不同于常规的审级关系，而是分别根据案情，各自给出实、缓、矜、疑等法律意见，是一种并联式的状态。通过秋审各种《不符册》可以发现，刑部对于各省不同意见的态度，不同于常规制度下驳案时的咄咄逼人，而是较为平和，不立即否定，常采取“内商”的方式更加谨慎地处理，亦在很大程度上尊重各省意见，改判率并不算高。在刑部内部的会议上，既尊重当家堂官的意见，在决策时亦有民主的色彩，保持了一种权威与民主的平衡。

在清末变法中，伴随新刑律草案的出台和官制改革的启动，死刑监候不复存在，司法独立取代了集议会审，秋审失去了其制度空间，伴随清廷覆灭退出了历史舞台。今天在此“发思古之幽情”，最后但同样重要的是，需要自省的是无论借鉴抑或批判，都需要避免“为赋新词强说愁”或“月是故乡明”式的偏执与偏颇。

---

① 即便在采用具有一定量刑空间的当代，在面临特殊的案例，例如2006年的许霆案时，仍然会面临情轻法重的难题。在古代立法里，往往是一行为对应一固定的刑罚，这种情法之间的矛盾更加突出。

② 除了刑部内部的司议和堂议，九卿等的会审采取法律专家（以刑部为代表）和非法律专家集体讨论的方式，也使得案件可以听取法外人士的意见，增加对情理等因素的考量。

国民政府考试院对传统科举制度的继承与发展

聂　鑫*

摘　要　南京国民政府成立不久，即设置了中央最高考试机关——考试院，这一方面是基于五权宪法的"国父遗教"，另一方面也源于中国传统科举取士的文化。考试院的职权范围并不限于狭义的考试（考选）权，还有人事（铨叙）权。在考试院体制的发展过程中，随着政治现实的变化，以及中华民国宪法的拟定，考试院的组织与职权也屡有变更。1946 年宪法与 1947 年《考试院组织法》所最后确立的考试院体制，不尽符合孙中山的理念，也有别于传统中国或现代西方的范式。关于考试院制度有很多争议，集中在考试院行使人事权之正当性、考试院应采首长制还是委员制、人事一条鞭与地方自治的矛盾、文官考选是否分省区定额、对民意代表应否通过考选铨定资格等问题上。研究民国考试院制度的形成与矛盾，对于当代中国考试、人事制度建设与政治体制完善，亦有一定参考意义。

关键词　考试院　考选　铨叙　人事一条鞭

*　聂鑫，清华大学法学院教授。

引 言

“一国的大政，不外‘用人’和‘行政’二者。行政的良莠，全看用人的当否；而用人的标准，则舍公平的考试制度以外，更没有再好的办法。”[①]基于以上理念，古代中国创设了举世闻名的科举考试制度，其官吏选拔机制，在上千年的时间里领先于其他国家，甚至成为以英国为代表的近代公务员考试制度之滥觞。不少人甚至认为，科举制度是中国在四大发明之外的“第五大发明”，是中国在精神文明领域对世界的最大贡献。[②] 20 世纪初，在西潮的冲击下，科举考试因其形式僵化、内容空虚成为众矢之的，被晚清政府废止；但科举公开、公平选拔公务人员的传统并未就此消逝。早在辛亥革命之前，孙中山先生就融汇中西、提出五权宪法的理念，主张在欧美传统的立法、行政、司法三权的基础上，加上基于中国传统的监察、考试两权，组成一个五权政府。与欧美宪法范式相较，孙中山先生首创的五权宪法主要精神之一是“特别注重人的因素”，“考试权的主要功能，在于进贤”，“监察权的主要功能，则在于去不肖”，如此方能使“贤者在位”“能者在职”。[③]1927 年国民政府成立，很快就本着“国父遗教”试行五权政府，考试院也由“孙文学说”变为制度现实。今天，在国家认真对待中华法系、提倡挖掘和传承中华法律文化的精华的背景下，研究近代中国对于传统科举考试制度的继承与创新，就有了新的意义。

对于考试院（也包括监察院）这样“国粹级”的宪法制度，“显难由

---

① 沈兼士：《中国考试制度史》，台湾商务印书馆有限公司 1995 年版，第 1 页。

② 《关于中国科举制》，《光明日报》2011 年 10 月 24 日。

③ 林纪东：《中华民国宪法逐条释义》（三），三民书局 1993 年版，第 139 页。

外国宪法学原理来获得研究的依据”，[①] 应从现实政制运作的情况来检讨制度的理念与现实。

一、孙中山关于考试院的设计

1906年，孙中山在《民报》周年纪念大会上的演说中首次宣扬其五权宪法思想。关于考选权独立，他首先回顾了美国在采行现代文官制度（公务员考试制度）之前的历史，认为其选举无法得其才、委任又纯粹是政党分赃：“美国官吏有由选举得来的，有由委任得来的，从前本无考试的制度，所以无论是选举是委任都有狠（很）大的流弊。就选举上说，那些略有口才的人，便去巴结国民，运动选举，那些学问思想高尚的，反都因讷于口才，没人去物色他。所以美国代表院中，往往有愚蠢无知的人夹杂在内，那历史实在可笑。就委任上说，凡是委任官，都是跟着大统领进退，美国共和党、民主党向来是迭相兴废，遇着换了大统领，由内阁至邮政局长，不下六七万人，同时俱换，所以美国政治腐败散漫，是各国所没有的。这样看来都是考选制度不发达的原故。”[②] 孙中山接着说，中国传统考选制度经过改良之后在英美大行其道，但美中不足有二，其一是考选制度只适用于事务官，不适用于政务官和民意代表，其二是考选权仍隶属于行政权，不能独立，将来民国在考选制度上应更进一步：“考选本是中国始创的，可惜那制度不好，却被外国学去，改良之后，成了美制。英国首先仿行考选制度，美国也渐取法，大凡下级官吏，必要考试合格，方得委任。自从行了此制，美国政治方有起色，但是

---

① 陈新民：《中华民国宪法释论》2001年1月自刊，第687页。

② 孙文：《“民报”周年纪念大会上的演说》，载张枬、王忍之编：《辛亥革命前十年间时论选集》第2卷上册，生活·读书·新知三联书店1963年版，第541页。

他只能用于下级官吏，并且考选之权，仍然在行政部之下。虽然少有补救，也是不完全的。所以将来，中华民国宪法，必要设立独立机关专掌考选权，大小官吏，必须考试定了他的资格，无论那官吏是由选举的，抑或由委任的，必须合格之人方得有效。这法可以除却盲从滥举，及任用私人的流弊。"①

在上述1906年的演说中，除了考选权（狭义的考试权）独立之外，孙中山还提到铨叙独立的问题："中国向来铨选最重资格，这本是美意，但是在君主专制国中，黜陟人才，悉凭君主一人的喜怒，所以虽讲资格，也是虚文。至于社会共和的政体，这资格的法子，正是合用，因为那官吏不是君主的私人，是国民的公仆，必须十分称职方可任用。但是这考选权如果属于行政部，那权限未免太广，流弊反多，所以必须成了独立机关才得妥当。"②中国古代考、选分立，自唐以后由礼部主管文官考试（考选，授予任官资格）、吏部主管文官之铨叙（授官分职）。吏部一向位列六部之首，可见古代中国政府组织体系中特别强调人事行政之重要性。③何为铨叙？"'铨'与权衡轻重的'权'通，也就是权衡人员的资格条件；'叙'与先后次序的'序'通。铨叙二字合并起来，也就是经权衡之后，叙列人员的品位、等级，以及次序的高低先后。改用现代汉语来说，就是拿每一个公务人员所实际具有的资格条件，去和人事法律所规定应该具有的资格条件，相互对照，加以审查，来决定每一人员是否符合人事法律的要求，并决定符合者的高低等次。在任用上，符合规

① 孙文：《"民报"周年纪念大会上的演说》，载张枬、王忍之编：《辛亥革命前十年间时论选集》第2卷上册，生活·读书·新知三联书店1963年版，第541—542页。

② 同上书，第542页。

③ 礼部与吏部在唐代均隶属于中央三省之尚书省，为行政执行机关。宋明以降，君主渐趋集权、三省制度破坏，六部尚书成为直隶于天子的最高行政长官，各自独立行使职权，仅对天子负责。

定的人员就准他任用，并定下他的官等、职等和俸级；不符合的就不准他。”[①] 孙中山在这里提到的考选与铨选独立，实际上已集礼部之考选权与吏部之铨叙权（人事权）于一身，是广义的考试权，其职权不可谓不重。

在1919年出版的《孙文学说》中，孙中山提出设立包括考试院在内的五院和国民大会，而“国民大会及五院职员，与夫全国大小官吏，其资格由考试院定之”[②]。在这里，孙中山明确提出考试院的考选权及于中央及地方所有官吏，由中央机关统管全国官吏资格的铨定，这是单一制（中央人事集权）而非联邦制（人事分权）的安排，也与隋唐以后的中国传统暗合。中国自隋代以科举代汉之辟举，六品以下官皆归吏部铨选，[③] 中央政府之吏部夺取地方州郡令之自辟僚属之权；且行“革选”之法，令县佐回避本郡，尽用他乡人为地方官，是为中央集权的重要步骤：“往者州唯置纲纪，郡置守丞，县唯令而已，其所具僚则长官自辟，受诏赴任，每州不过数十，今则不然，大小之官悉由吏部，纤介之迹皆属考功。”此制度乃创始自北魏末年及北齐，隋沿袭之而加以普遍化。[④]

孙中山在1921年关于五权宪法的演讲中，再次强调以中国传统的考试制度来济源自欧美的“普通选举”制度之弊；他还用图表说明，中国古代虽然立法、行政、司法三权附属于君权，可考试权与弹劾权却是相对独立于君权的，可见古代“中国也有三权宪法”；外国

---

① 徐有守：《考铨新论》，台湾商务印书馆有限公司1996年版，第67页。

② 《革命方略与五权宪法》，载五权宪法学会编：《五权宪法文献辑要》，帕米尔书店1963年版，第5页。

③ 五品以上官，则由尚书省拟名报中书门下省审议，再报皇帝制授。

④ 参见陈寅恪：《隋唐制度渊源略论稿·唐代政治史述论稿》，生活·读书·新知三联书店2001年版，第94—96页。

的三权分立中，考试权隶属于行政权、监察权隶属于立法权，而中国将来的五权宪法，则应把考试权、监察权从行政机关、立法机关中独立出来。[①]1924 年 4 月，孙中山手书公布《国民政府建国大纲》，其第 15 条明定："凡候选及任命官员，无论中央与地方，皆须经中央考试铨定资格者乃可。"[②]

除了前述 1906 年演讲外，在孙中山演讲或著作中，关于考试院的职掌均语焉不详，而其中最具争议的问题是：孙中山五权宪法理论中独立的考试权，是仅指大小官吏考选，还是也包括文官（铨叙）人事管理。学者更多的是根据孙中山在"军政时期"的考试制度建设来推断其所主张的考试权独立仅包括狭义的考选权的。民国肇始，南京临时政府设立直隶于临时大总统之铨叙局，掌理公务人员任免、升迁等人事行政；孙中山就任临时大总统不久，即令法制局拟定《文官考试委员官职令草案》等文官考试法案，根据《文官考试委员官职令草案》，任命高等及普通文官考试委员长及委员，掌理文官考试。[③]1924 年 8 月，广州军政府核定公布《考试院组织条例》，规定考试院独立建制，直隶于大元帅，管理全国考试及考试行政事务；各省设考试院分院，受考试院统一指挥监督；考试院之法定职掌，仅为"考选"人才，而选拔后的文官铨叙与相关人事管理，则不属于考试院管辖范围。[④]

---

① 参见五权宪法学会编：《五权宪法文献辑要》，帕米尔书店 1963 年版，第 14—23 页。

② 《国民政府建国大纲》，载五权宪法学会编：《五权宪法文献辑要》，帕米尔书店 1963 年版，第 38 页。

③ 参见"考试院考铨丛书指导委员会"主编：《七十年之考铨行政》，正中书局 1981 年版，第 5—10 页。

④ 参见江大树：《我国文官政策之形成与变迁：一个历史/结构的分析途径》，台湾大学政治学研究所博士学位论文，1997 年，第 70—71 页。

二、考试院的设立与制度变迁

（一）考试院体制的草创

1. 考试院及所属部会的组织

1925年7月，广州国民政府成立，当时并未依据《考试院组织条例》组织考试院，而是设立文官处，类似于民初之铨叙局。北伐胜利后，国民党中央决定中央政府采行五院制。国民政府于1928年10月8日修正公布《国民政府组织法》，其第五章为“考试院”，规定“考试院为国民政府最高考试机关，掌理考选铨叙事宜，所有公务员均须依法律经考试院考选铨叙，方得任用”（第37条）；“考试院设院长、副院长各一人”（第38条）。[①] 考试院首任院长戴季陶，他以国民党元老、蒋介石密友的身份，主持考试院20年，对于考试院体制的建设与发展影响至巨。

戴季陶就任考试院院长后的首要任务是筹建考试院，除为考试院网罗各方人才外，制度建设是第一位的。关于考试院的组织，当时的宪法性法律《国民政府组织法》语焉不详，仅规定“考试院之组织以法律定之”（第40条），而“考试院关于主管事项，得提法律案于立法院”（第39条）。1928年10月20日，国民政府公布《考试院组织法》。根据该法，考试院下设考选委员会和铨叙部（第1条）；考选委员会掌下列事项：考选文官、法官、外交官及其他公务员，考选专门技术人员，组织典试委员会，册报考选人员，举行考试其他应办事项（第2条）；铨叙部掌下列事项：公务员登记，考取人员分类登记，成绩考核登记，公务员任免

① 夏新华等：《近代中国宪政历程：史料荟萃》，中国政法大学出版社2004年版，第788页。

之审查，公务员升降转调之审查，公务员资格审查，俸给奖恤之审查登记（第3条）；考选委员会设委员长、副委员长与委员，铨叙部设部长、副部长，均由考试院院长提请国民政府任命之，从此条来看，训政时期考试院是院长负责制（首长制）（第4条）；考试院得依法律于各省组织典试委员会（第12条），这符合孙中山中央与地方官吏的考选均归考试院管辖的思想；考试院对各公务员之任用除法律另有规定外，如查有不合法定资格时，得不经惩戒程序径请降免（第15条），此条是考试院铨叙权行使之补充规定。[①] 据说，戴季陶本来只看重狭义的考试权，仅注重官吏的考试而非铨叙工作，在最初起草考试院组织法时，考试院的组织并不包括铨叙部；因为立法委员钮永健的坚持，《立法院组织法》才规定考试院应负责考选和铨叙两项工作。戴季陶因此还说“既然钮先生认为要设铨叙部，那就请钮先生来当铨叙部部长”，而钮永健果然于1930年12月就任铨叙部部长。[②] 国民政府于1928年12月及1929年8月又先后公布《铨叙部组织法》与《考选委员会组织法》，分别规定铨叙部掌理全国文官、法官、外交官、其他公务员及考取人员之铨叙事项，考选委员会掌理全国考选事宜。1930年1月6日，考选委员会与铨叙部同时正式成立，考试院院长戴季陶并兼任考选委员会委员长。[③]

2. 考选铨叙制度的建立

1929年8月，国民政府公布《考试法》《典试委员会组织法》，对于考试的种类、时间、地点及组织机构，以及应考资格、应考科目等都做了规定，而典试委员会则是主持相关考试的最高权力机关。1930年

---

① 参见《国民政府公报》第1号，1928年10月26日。

② 参见肖如平：《国民政府考试院研究》，社会科学文献出版社2008年版，第79页。

③ 参见考试院考铨丛书指导委员会主编：《七十年之考铨行政》，正中书局1981年版，第38页。

11月、12月间，国民政府公布《监试法》《考试法施行细则》与《典试规程》。1930年11月至1931年4月，考试院先后公布各类行政人员以及会计人员、统计人员、外交官、司法官、律师、监狱官、西医医师、药剂师等考试条例。1931年3月，国民政府又公布《特种考试法》。至此，考选制度建设大体完成。[①]1931年，考试院举行了首届高等考试与普通考试。根据1935年7月颁布的《典试法》，各项考试并非由考试院直接典试，而是临时派用典试委员以组织典试委员会；典试委员会独立行使职权，包括排定考试日程、决定命题标准及评阅标准、拟题及阅卷之分配、审查应考人员成绩、决定录取最低标准、放榜公示及格人员等；其职权行使实际不受考试院的指挥监督，仅仅是与考试院及下属考选行政机关（考选委员会）存在业务上的关联而已。[②]

根据《铨叙部组织法》，铨叙部下设登记、甄核、考功、奖恤等司及铨叙审查委员会。其职权包括甄别、登记、任用、分发、俸给审查、考绩奖惩、补习教育、授勋及抚恤等。铨叙审查委员会负责复核各司之工作。[③]1929年10月，国民政府公布《公务员任用条例》与《现任公务员甄别审查条例》，规定各官等之任用资格，以及甄审全国各级现任公务员的程序与标准，铨叙部为行使任用与甄别审查权的法定机关。1933年3月，国民政府公布《公务员任用法》，以取代《公务员任用条例》。根据《公务员任用法》，简任职、荐任职、委任职三级公务员之任用，都必须由国民政府或主管长官送铨叙部审查合格后，方得任命（第7条）；在正式任命官员前，各机关长官在必要时可以指派有相当资格的人员

---

① 参见考试院编纂室编:《国家考试暨文官制度》2012年自刊，第20—25页。
② 参见《国民政府公报》第1808号，1935年8月1日。
③ 参见钱端升等:《民国政制史》上册，上海人民出版社2008年版，第264页。

代理相关职务，但是代理期间不得逾三个月（第8条）。[1]这意味着，除了须经国民党中央政治会议或其他权力机关议决任命的政务官（包括五院正、副院长，各部会首长，立法院、监察院委员）外，全国文官之任用资格，均须经过考试院铨叙部的审查。[2]

除了考铨中央与地方各级公务员外，考试院也对地方各级民意代表则行使考试权与资格审查权。1940年12月，国民政府公布《县参议员及乡镇民代表候选人考试暂行条例》，规定县参议员及乡镇民代表候选人须经过考试取得资格，考试分为试验及检核两种；1941年即办理了部分县乡参议院候选人与乡镇民代表候选人的资格检核。[3] 1943年，国民政府公布《省县公职人员候选人考试法》以取代1940年的条例。与条例相较，《省县公职人员候选人考试法》适用范围有所扩大，将省参议员及市公职候选人亦纳入考试范围。该法规定，所有地方公职人员（民意代表）考试科目及检核办法由考试院确定（第4条）；考试及格者，由考试院发给及格证书、并公告之（第10条）。[4] 1943年10月1日考试院公布《省县公职候选人考试法施行细则》及《省县公职候选人检核办法》，规定：由考选委员会设公职候选人检核委员会，办理公职候选人检核事宜；县政府及省民政厅，各设公职候选人应考资格审查委员会，办理各该县公职候选人应考资格初审、复审及汇转事宜。[5]

---

① 参见《国民政府公报》第1077号，1933年3月13日。

② 与孙中山的规划不同，国民政府高阶的政务官（包括中央民意代表），其候选人资格，是不需要经过考试院的考选与铨审的。

③ 参见考试院编纂室编：《国家考试暨文官制度》2012年自刊，第25页。

④ 参见中国第二历史档案馆编：《国民党政府政治制度档案史料选编》上册，安徽教育出版社1994年版，第341—343页。

⑤ 参见考试院编纂室编：《国家考试暨文官制度》2012年自刊，第25—26页。

（二）考试院铨叙权行使的阻碍及其应对

戴季陶致力于实现考试权独立，主要目的是对抗当时军阀的分赃用人。据统计，从 1931 年到 1947 年，公务人员高等考试、普通考试录取一万余人，特种考试录取约 15 万人。“虽然当时公务人员高普考试之举行，尤其是高考及首都普考，可谓全国盛事、颇受社会各界注目，办理过程十分隆重并多依循古礼进行；不过，倘从功绩制基本精神之‘考用配合’而言，其推行范围仍极有限，象征意义重于实质效果。”[①] 与考选委员会相较，铨叙部职权的行使与制度建设遭遇了很多困难，究其原因，主要不在于从理论上铨叙权（人事权）是否应属于独立于行政机关的考试院，而在于现实中用人机关对于人事权的把持。南京国民政府虽然在形式上建立全国政权，但是并未根除北洋时期军阀割据势力，大小机关长官在政治利益、文化心理上倾向于“不拘一格”任用私人，这与铨叙的基本精神（根据法定资格决定官员的任免与升降）南辕北辙。而考试院铨叙权的不彰，反过来又使得国家公务员考试“录而不用”、形同虚设。以铨叙部的分发权为例，考试院院长戴季陶坚持“考用合一”，根据《第一届高等考试及格人员分发规程》考试及格者应向铨叙部报到，由铨叙部拟定分发机关，呈由国民政府转请其向中央或各省区机关分发；可现实运作中，尽管几乎所有及格者均被分发出去，可各机关对于这些国家抡才大典选拔的人才往往是分而不用，或用而不实授官位，导致人才的浪费与流失。[②] 戴季陶与蒋介石都逐渐意识到铨叙制度（人事管理制度）完善的重要性，而这也是中央政府打破地方割据、实现集权的重要途径。

---

① 江大树：《我国文官政策之形成与变迁：一个历史/结构的分析途径》，台湾大学政治学研究所博士学位论文，1997 年，第 72 页。

② 参见肖如平：《国民政府考试院研究》，社会科学文献出版社 2008 年版，第 117—125 页。

1. 考试院统一地方人事权的尝试:《县长任用法》的颁行与修正

民国以降,清朝地方“省—道—府—县”的政府层级被打破,省与县之间的行政组织尚未定型,市之设置亦不多见,县成为省之下的基本行政单位。当时县长的任用为省政府所把持,县长职位成了省主席任用亲信、培植羽翼的重要资源。就人事任免权而言,中央对于县之控制尚不如前清;帝制时代自行科举以来,县令通常需经考试取得任官资格,再由中央吏部统一任命、分发。1932 年 7 月,国民政府公布《县长任用法》[①],明确规定了县长的任用资格,要求县长须年满 30 岁,并具备如下条件之一:县长考试及格;或在大学独立学院或专门学校研究政治、法律、经济、社会学科 3 年以上毕业,经公务员高等考试及格,并曾任荐任职公务员 1 年以上;或有前款毕业证书,并曾任荐任职 3 年以上;或虽未经过国家考试,但经各省考取之县长,且经考试院复核及格者(第 1 条)。在任用程序上,县长的任用分为试署、署理、实授三个阶段(第 3 条);试署、署理期限各为一年(第 4、5 条);需期满并考核成绩优良,方得由试署转为署理,进而由署理转为实授(第 5、6 条);实授县长任期 3 年,其任职期间非有违法或失职情事并经交付惩戒或刑事审判,不得停职或免职(第 6、7 条);县长之任用由省政府咨内政部转咨铨叙部,经铨叙部审查合格后,方可由内政部呈请行政院转呈国民政府任命(第 11 条);未经上述程序任命而代理县长者,其代理期限不得超过 3 个月(第 9 条)。《县长任用法》对于县长资格及程序要求均非常严格,在很大程度上限制了省主席对于县长的任免权,有利于中央集权。但各省县长素质普遍较低,完全无法达到法定的要求,各省纷纷要求中

① 参见《立法院公报》第 41 期,1932 年 9 月。

央放宽任用资格限制。[①] 在各省的压力下，国民政府于1933年6月修正《县长任用法》，与原法案相较，修正案降低了县长任用资格、简化了任用程序，还调整了条文的顺序，但法律的精神并未改变，仍然是通过考试院铨叙部对于县长的任免、调任进行严格限制；修正案所附“县长资格审查表及说明”，补充规定省政府委派代理县长，也必须于省令发布之日起一个月内，依据县长正式任命程序，报内政部转请铨叙部审查呈荐。[②]

对于地方省政府来说，修正后的《县长任用法》的要求仍然过高，他们规避甚至漠视该法，1933年全国送审的县长人数仅为在任县长总数的约十分之一。中央政府无奈由行政院颁布相关“办法”再次降低资格要求，但负责审查资格的铨叙部对这种“法外有令”的做法非常不满，而县长的素质也着实堪忧。为此，考试院会同行政院向中央政治会议提案，认为县长为亲民官，人选至关重要，对现状应切实整顿。1937年5月，国民政府颁布《修正县长任用法原则》，规定凡依法具备县长资格者，须由铨叙部审查、交内政部统一训练后，由铨叙部分发任用。[③] 尽管法规与现实存在一定落差，但中央政府始终没有放弃孙中山的由考试院统一考铨中央与地方官吏的理念。

2.“人事一条鞭”体制的建立

自1930年代中期起，考试院逐步控制中央与地方各政府机关人事管理部门与人事管理人员，以实现国家人事权的统一。1936年2月，考试院公布《各省委任职公务员铨叙委托审查办法》，规定在各省铨叙分

---

① 参见肖如平：《国民政府考试院研究》，社会科学文献出版社2008年版，第190—191页。

② 参见中国第二历史档案馆编：《国民党政府政治制度档案史料选编》下册，安徽教育出版社1994年版，第19—22页。

③ 参见肖如平：《国民政府考试院研究》，社会科学文献出版社2008年版，第192—193页。

机关成立前，可将委任职公务员的任用、考绩、登记工作，委托各省政府组织审查委员会办理。同年6月，国民政府颁布《铨叙处组织条例》，规定铨叙部得于各省设铨叙处，办理该省及邻近省市委任职公务员之铨叙事宜。委任职在国民政府简、荐、委三级公务员（特任政务官除外）中是最低阶的公务员，这意味着考试院铨叙部通过各省派出机关，控制了全国所有公务员的铨叙事宜。[①]

1939年，国防最高委员会委员长蒋介石提出："各机关之人事人员，应予统一训练，由铨叙部分发任用，以推动考铨制度，健全人事管理。"[②]1940年3月，考试院举行中央人事行政会议，探讨人事行政权的统一问题。同年12月，考试院拟定《各机关人事管理暂行办法》，呈请国民政府公布实施，该《办法》明确规定各机关应设专任人事管理人员，及人事管理的职掌，并规定铨叙机关得指导各机关人事管理章则之制订、修改与实施。1941年7月，军事委员会委员长侍从室会同铨叙部秘书处共同研商"统一管理"之具体办法，拟定《党政军各机关人事机构统一管理纲要》，于同年12月经国防最高委员会通过，由国民政府通令施行。该《纲要》规定除党务、军事机关另设人事主管机关外，全国政府机关的人事及其人员，应由考试院铨叙部统一管理；各机关应充实人事机构，其未设专管机构者应从速设立；各政府机关内之人事机构及人事管理人员，应受铨叙部之指挥监督；各政府机关人事管理人员应由铨叙部统一考核、任免，现任人事人员应由管理机

① 1946年2月，国民政府颁布《考铨处组织条例》，以考铨处代替铨叙处，掌理各省区内之考选、铨叙事宜，其业务分别受考试院考选委员会和铨叙部的指挥监督。参见"考试院考铨丛书指导委员会"主编：《七十年之考铨行政》，正中书局1981年版，第45—46页。

② 参见叶尚志：《我国所需要的人事行政制度——兼述总统对人事制度的训示》，《人事行政季刊》1953年第3期。

关考核以决定去留；人事管理人员之训练，由考试院负责统一办法，并限于三年内办理完成。[①] 为使人事机构及人员之统一管理有法可依，铨叙部又于1942年拟订《人事管理条例》草案，于同年9月由国民政府公布。该《条例》主要内容有三：其一，各机关应设置人事管理机构之种类及其职掌；其二，各机关人事管理人员由铨叙部指挥监督，人事主管之任免由铨叙部依法办理；其三，国立中等以上学校及国营事业机关之人事管理，准用本条例。1942年10月2日国民政府发布训令，规定本条例自当年11月1日施行，并先以国民政府各处局、五院及各院直属部会及各部、署之直属机关为实施机关；1943年6月11日，国民政府又明令自当年7月1日起，在地方各机关开始施行该条例，具体包括各省政府及院辖市（直辖市）政府及其所属厅处局、各行政督察专员公署、各县市政府。[②]

自此，中央与地方各政府机关之人事管理统一于考试院铨叙部，国民政府建成了所谓“人事一条鞭”的体制。考试院的权限经由考选权、铨审权扩张为独立的人事行政权，成为全国文官体制的主管机关。

（三）中华民国宪法拟定过程中关于考试院定位的争论

国民政府训政时期的考试院体制，主要是以孙中山五权宪法的思想为基础，以传统科举与铨叙制度为参照，经由政治人物的政治决断与努力推动而形塑。考试院考选权与铨叙权的落实虽然也面临种种困难，但主要是现实政治的障碍而非理论的质疑。但是，在中华民国宪法的制订过程中，考试院组织与职权的合理性与正当性，开始面临基于西方

---

① 参见中国第二历史档案馆编:《国民党政府政治制度档案史料选编》下册，安徽教育出版社1994年版，第63—64页。

② 同上书，第64—66页。

宪政理论与政治体制范式的质疑。应该说，与国民大会、行政院与立法院等制宪时的核心争议相较，考试院并非争论的焦点，关于考试院体制的争议甚至不如监察院的多；社会上对于考试院的质疑是本着西方三权宪法的范式对于五权宪法本身的批评。但五权宪法的“国父遗教”在形式上不可撼动，于是宪法草拟者（如张君劢等）尝试以西方三权宪法的精神注入五权宪法的躯壳。但伴随制度妥协而来的，是中西两种宪法体制的杂拌与理论的模糊，而尽管宪法上明文规定考试院及其职权，却无法终止关于考试院存废及职权大小的争议。

在 1930 年“五五宪草”的拟定过程中，由于国民党单边垄断制宪，宪草基本接受了训政以来考试院的职权及其定位。在立法院对宪草的审议过程中，争议基本围绕文字与技术问题而展开，例如考试院院长的任期是否应当延长以确保其独立性、考选委员会设置的必要性及其与典试委员会的关系、国民大会代表是否须经考试铨定资格，等等。[1] 根据 1936 年立法院通过的《中华民国宪法草案》定稿，“考试院为中央政府行使考试权的最高机关，掌理考选、铨叙”（第 83 条），而立法院特别说明：铨叙“应与考选相辅而行。考选之目的，在于登庸贤才，而关于公务员之任用、叙俸、考绩、降免等铨叙事宜，一并归其掌理、始发挥考试权之效用，以贯彻五权分立之精神。国父遗教每将考选与铨叙并举，即明示此旨。故本条规定铨叙亦为考试院之职权”。宪草还规定应经考试院依法考选铨定的人员包括：公务人员任用资格、公职候选人资格、专门职业及技术人员执业资格（第 85 条）。民意代表（公职候选人）须经考试是孙中山先生的原创，而在欧美通常由行业协会主导的专门职业及技术人员（如律师、医师、药剂师）执业资格考试，在考试院创

① 参见吴经熊、黄公觉：《中国制宪史》，商务印书馆 1937 年版，第 541—543 页。

立之初即由考试院掌理，在宪法起草中亦将此做法宪法化。立法院对此解释说："此等专门人员执行业务，关系社会公共利害至为密切，非如此，不足以昭慎重、杜冒滥。"[①] 考试院将其职权扩展到铨叙权（人事权），将考试权范围扩张到专门职业及技术人员考试，凡此种种未见得是孙中山五权宪法思想的本意，但从1928年考试院草创，经过十余年的政制实践，在戴季陶等人推动下，考试院的体制已基本定型。

在抗日战争期间，以国民党党外人士为主体的"国民参政会宪政期成会"拟定"期成宪草"，该宪草对五五宪草多有修正。该宪草规定考试院职权仅为"掌理考选"而无"铨叙"；另外，五五宪草第85条关于考选铨定人员之范围的规定在"期成宪草"中也被删去。[②]1944年由"宪政实施协进会"提出的"酌提研讨中华民国宪法草案各题中"，有三条是关于考试院的，包括"考试院院长之产生及任期问题"；"各种候选人员，是否均应先经考试"；"一切公务人员、与专门职业及技术人员，是否均应先经考试"。[③]"期成宪草"与"宪政实施协进会"对五五宪草的修正并不为国民政府所接受，但这些修正意见保留下来，并最终在1946年1月政治协商会议中得以部分落实。宪草问题是政治协商会议的核心问题，在中国共产党和其他党派的努力下，政协就宪草问题达成的十二项原则，对五五宪草做出重大修正。政协宪草十二原则第五项是专门针对考试院的："考试院用委员制，其委员由总统提名，经监察院同意任命之。其职权着重于公务人员及专业人员之考试。考试委员应

① 上述草案条文及立法院说明，参见立法院宪法草案宣传委员会编：《中华民国宪法草案说明书》，正中书局1940年版，第56—57页。

② 参见夏新华等：《近代中国宪政历程：史料荟萃》，中国政法大学出版社2004年版，第1037页。

③ 同上书，第1090页。

超出党派。"[1] 在考试院职权方面，该"原则"接受了专业人员（专门职业及技术人员）也由考试院办理资格考试的制度现实，但将民意代表资格的考选权排除在外，同时还强调考试院职权着重于考试而非铨叙；在考试院组织方面，"原则"改考试院现行的首长制为委员制，并特别强调考试委员须超出党派，以打破执政的国民党在人事权方面的垄断。国民党中央对于政协十二原则多有意见，但其所提五条修正意见并不包括考试院问题。政协会议组织了政协宪草审议委员会，拟定五五宪草修正案（政协宪草）。宪草拟定者有感于国民政府时期任用私人的情形十分严重，例如蒋介石在军界任用同乡、在政界任用亲戚，甚至考试院院长戴季陶也任用其嫡亲外孙做考试院铨叙部主任秘书，上行下效，"一人得道，鸡犬升天"之官场现状，与孙中山先生所谓美国政党分肥制度（spoil system）相较有过之而无不及。[2] 而改训政时期考试院之首长制为委员制，甚至规定考试院院长由考试委员互选产生（政协宪草第90条），并设专条特别强调"公务人员选拔，应实行公开竞争之考试制度，非经考试及格者，不得任用"（政协宪草第91条），正是为了打破考试院院长及各级首长对于人事权的垄断，切实实现考试权独立，以杜绝政府长官任用幸进。在拟定政协宪草"考试院"一章的过程中，最大的争议是公职候选人资格是否须经过考选或铨定。由考试院考铨公职候选人（民意代表）资格，在意识形态上是国父遗教，也列之于五五宪草；就制度实践面来说，国民政府在训政时期不设中央民意代表[3]，但对于各

① 参见夏新华等:《近代中国宪政历程：史料荟萃》，中国政法大学出版社2004年版，第1092页。

② 参见雷震:《中华民国制宪史：政治协商会议宪法草案》，稻乡出版社2010年版，第281—283页。

③ 训政时期立法委员、监察委员并非选举产生，国民参见政会也不能被认为是正式、完整之民意机关。参见聂鑫:《国民政府时期立法院的地位与权限》,《历史研究》2014年第6期。

级地方民意代表资格之考铨，如前所述当时已有专门法律规定，考试院也在切实办理相关考铨事宜。但政协宪草的拟定者认为孙中山关于公职候选人资格须经考试铨定的提法在理论上“是极端不合理又缺乏政治常识的”，不符合“民主时代”的社会现实；就政治现实而言，执政党可能通过考铨民意代表资格来排除在野党有力的候选人，故而出席政协的共产党与其他民主人士一致同意修改五五宪草的相关规定。[①] 尽管政协宪草审议委员会中的国民党专家屡屡提出异议，但政协宪草第92条所列考试院考选权删除了五五宪草中“公职候选人资格”一项。另外，政协宪草十二原则中“考试超出党派以外”的规定也落实为宪草条文（第94条）。[②]

1946年12月制宪国民大会通过的中华民国宪法与政协宪草大体一致，仅有几处修改，其中关于考试院的修改有两项：其一是将考试按分区定额的制度[③] 加入上述政协宪草第91条公平选拔条款中（宪法第85条）；更重要的修改是将考试院院长由考试委员互选改为，考试院院长、副院长、考试委员均由总统提名、监察院同意后任命之（宪法第84条）。训政时期的考试院是首长制，政协宪草设计的考试院是委

① 参见雷震：《中华民国制宪史：政治协商会议宪法草案》，稻乡出版社2010年版，第285—291页。

② 参见夏新华等：《近代中国宪政历程：史料荟萃》，中国政法大学出版社2004年版，第1099页。

③ 公务员考试按省区分别规定名额，分区举行考试，这源于中国古代科举制的传统。古代中国作为大一统的单一制国家，在各地教育人文水平不一、甚至悬殊的前提下，不得不在科举名额的分配上兼顾地域公平，这在一定意义上保证了公务人员的地域代表性与省籍多元化。国民政府考选分省区定额制度始于1930年12月《考选法施行细则》，考试院自1935起即在公务员高等、普通考试中对于教育资源较少省份之考生另订从宽录取办法。（参见江大树：《我国文官政策之形成与变迁：一个历史/结构的分析途径》，台湾大学政治学研究所博士学位论文，1997年，第218—219页。）制宪国民大会将考选分区定额制度入宪，这在一定意义上也是向传统科举制度回归。

员制，而1946年宪法则混合了此两种制度：考试院除院长、副院长外，还设有依法独立行使职权的考试委员；但考试院院长、副院长并非考试委员选举产生，他们可以相对独立于考试委员行使院务管理权。事实上，在制宪国大审查宪法草案时，由国民党代表控制的各组宪法审查委员会曾试图推翻政协宪草、复辟五五宪草。其中第四审查委员会审查考试院条文时，有一种意见是将政协宪草92条排除的公职候选人资格之考铨重新列入宪法，审查委员会对此未做最后结论。在蒋介石本人的亲自弹压下，制宪国大宪法综合审查委员会才将宪法案基本恢复原状，公职候选人资格问题最终没有写入宪法。[①] 需要强调的是，宪法条文关于考试院的规定非常简略，宪法第89条也明确将考试院的组织（包括职权行使方式）交由法律来规定，这意味着立法者有很大的形成空间。1947年3月，国民政府公布《考试院组织法》，由于考试院已设置考试委员多名，故而裁撤原有的委员制的考选委员会，改设考选处负责考选事宜。可是，考选处与并列之铨叙部相较，有层级较低之嫌，故而经由考试院提议，国民政府1947年12月再次修正《考试院组织法》，考选处升格为考选部，并名列铨叙部之前。根据修正《考试院组织法》：考试院设考选部及铨叙部（第5条）；考选部职掌考选公务人员、考选专门职业及技术人员、组织典试委员会、考取人员之册报及举行考试其他应办事项（第6条）；铨叙部职掌公务人员之登记、考绩、任免、升降转调及叙资之审查、俸给及奖励之审查登记、保障抚恤退休及养老，还职掌考取人员之分类登记、各机关人事机构之管理（第7条）。[②]

---

① 参见国民大会秘书处编：《国民大会实录》1946年12月自刊，第458、479页。

② 参见夏新华等：《近代中国宪政历程：史料荟萃》，中国政法大学出版社2004年版，第1151—1152页。

三、关于考试院制度的重大争议

（一）考试院掌理铨叙权之正当性：人事权应否独立

“在五权之中有一个考试权，因之，五院之中就设了一个考试院。观考试院之职权，知其不限于考试，乃普及于一般人事行政。所以考试院与其以考试为名，不如依日本《国家公务员法》所定，改称为人事院，犹能名实相符。”[①] 如前所述，在考试院创院院长戴季陶的推动下，考试院的人事权逐渐扩张。而“实务界人士均将考试权独立于行政权之外，扩大解读成人事权独立于行政权之外，并自动将考试院等同于国家最高人事行政机构”[②]。政协宪草十二原则第五项曾试图将考试院职权大幅度限缩，但这与训政时期考试院职权日趋扩张的制度发展与政治实践背道而驰，故而政协宪草及1946年国大通过的宪法均未遵循“政协原则”，而是赋予考试院广义上的考试权：“考试院为国家最高考试机关，掌理考试、任用、铨叙、考绩、级俸、升迁、保障、褒奖、抚恤、退休、养老等事项。”（宪法第83条）[③]

由一个独立的机关或委员会掌理公务员考试，这既与中国传统科举制度相承接，又与世界通例不矛盾。故而由考试院行使狭义的考试权，其争议并不大。但是，一旦考试院的职权扩张到人事权，其在学理及政治实践上都遭遇了反对的声浪。学者通常用现代西方行政学理论上的“行政中立”来说明人事主管机关相对独立的重要性，认为这可以

① 萨孟武：《中国宪法新论》，三民书局1993年版，第426页。

② 叶俊荣等：《宪改方向盘》，五南图书出版公司2006年版，第183页。

③ 参见夏新华等：《近代中国宪政历程：史料荟萃》，中国政法大学出版社2004年版，第1110页。

在政党轮替的背景下保障文官系统的相对超然与独立，确保国家施政的延续性与稳定性。但是比较各国制度，有采相对独立制者（部外制或折衷制），人事权相对独立于行政权，如美国之文官委员会、日本之人事院等，其考选铨审权由独立机构行使，人事执行权由各部会行使，人事制度权则或由独立机构或由各部会行使；有采幕僚制者（部内制），将人事权完全纳入行政权之内，如德国、法国，其考选铨审权、人事制度权、人事执行权均由各部会行使。如民国考试院体制一般采完全独立制（院外制）者，实属特例：不仅于行政体系之外单独设立人事管理机关（考试院及其下属铨叙部），而且统一指挥管理中央与地方各机关之人事机构与人事人员；其考选铨审权、人事制度权、人事执行权（人事一条鞭）均由独立机构行使。

如前所述，考试院的铨叙权问题在制宪史上存在很大争议，有不少学者及政治人物坚持应将考试院人事职权回归行政院，因为人事权是行政机关的核心权力，不能与行政权截然分开；人事权与行政权分立，虽可防止机关首长任用私人，但有碍于行政效率，且有过分侵入行政机关职权范围之虞。虽然 1946 年宪法将铨叙权赋予考试院，也不能终结相关的争论。在现实运作中，考试院虽然在制度上集中了人事权，但因为行政机关的积极抵制或消极应对，考试院人事政策的推行常常遭遇困难。其实，在实务上考试院铨叙部并未侵夺行政机关的人事权，人事权在各机关，而人事审核权在考试院。任用公务人员的权力在各机关，考绩及升迁的决定权亦在各机关，考试院只是依法进行审查核定，预防行政首长在人事决定方面恣意妄为。[①] 另外，在五权宪法下，总统并非虚位，可对考试院的组织与施政进行实质影响：根据 1946 年宪法，总统

① 参见徐有守:《考铨新论》，台湾商务印书馆有限公司 1996 年版，第 159—166 页。

对考试院院长、副院长、考试委员行使提名权（第84条）；有协调解决五院之间院际争执（包括行政院与考试院的冲突）的权力（第44条）。[①]由于1946年宪法所确立的政体是折衷总统制与内阁制的混合制[②]，因此总统（而非行政院长）才是最高行政首长；考试院尽管独立于行政院，却位于最高行政首长总统之下。从这个角度来说，考试院可说也是相对独立制，而非严格意义上的独立制。由考试院掌理人事（审核）权，这已经历数十年的政治实践，又有宪法与法律支持，要率意更张并不容易。更何况，行政机关对于人事权独立的反对，从另一个角度来看反而证明考试院对于行政权之有效制衡。

（二）考试院的组织：首长制还是委员制（合议制）

训政时期考试院，采首长独任制，从考试院筹备成立到1947年"行宪"，整个训政时期考试院院长均由国民党元老戴季陶担任。"虽然考试院下设有独立超然的'考试委员会'（军政时期）或'考选委员会'（训政时期）"，但其性质与行宪后之"典试委员会"同属临时组织，"所有文官政策决定权操诸考试院长一人手中"。[③]如前所述，为防止执政党籍的考试院长独断，政协十二原则特别强调考试院应用委员制，考试院委员须超出党派以外，考试院院长由考试委员互选产生。但1946年最后通过的宪法将院长改为政治任命（总统提名，监察院同意），而非委员互选。

① 参见夏新华等：《近代中国宪政历程：史料荟萃》，中国政法大学出版社2004年版，第1107、1110页。

② 参见聂鑫：《内阁制、总统制还是半总统制——民国宪法史上的政体之争》，《法学》2013年第10期。

③ 江大树：《我国文官政策之形成与变迁：一个历史/结构的分析途径》，台湾大学政治学研究所博士学位论文，1997年，第74页。

1946年宪法对于立法、司法、考试、监察四院的职权行使方式，大致均安排为会议的形式。宪法在一定意义上将监察院定位为监察议会，其作为独立监察机关同时行使美式参议院的同意权；司法院大法官亦通过大法官会议的方式行使其释宪与释法权；考试委员在实际上也组成了一个独立的“人事议会”。如同司法院大法官一般，考试委员个人不能单独行使职权，其行使考试权的平台是考试院会议。《考试院组织法》设置了考试院会议，以院长、副院长及考试委员组织之，统筹有关考试事项；考试院会议以院长为主席（第4条）；但该法同时规定考试院长除担任考试院会议主席外，其职权还包括综理院务，并监督所属机关（第9条）。[①] 考试院于1948年9月以院令的形式制订颁布《考试院会议规则》，应由考试院会议讨论、议决事项如下：考铨施政方针工作计划及预算之分配，提出立法院之考铨法律案，以考试院及其下属考选部、铨叙部命令形式发布的规范性文件以及应由考试院核准的规范性文件，举行各种考试及分区举行考试之决定，考选铨叙两部之共同关系事项等（第6条）；考试院会议以法定会议组成人员之二分之一为法定最低决议人数，但出席人达法定最低人数四分之三时亦得开会（第3条）；讨论案件以出席者过半数之同意决议，可否同数时取决于主席（第9条）。[②]

上述《考试院组织法》第4条与《考试院会议规则》的相关规定，使得考试院看起来像采委员制（合议制）的机关。但《考试院组织法》第9条又赋予考试院院长综理院务，监督所属机关的权力；再加上考试院院长（副院长）并非由考试委员选举产生，而是政治任命，这使得考试

① 参见夏新华等:《近代中国宪政历程：史料荟萃》，中国政法大学出版社2004年版，第1151—1152页。

② 参见《总统府公报》第100号，1948年9月14日。

院的实际运作包含有首长制的因子。更重要的是，考试院的实际政务乃是由考选部、铨叙部具体掌理，可考选部、铨叙部首长的任命并不需要经过考试委员的同意。有点奇怪的是，关于考选、铨叙两部首长的产生方式，法律一直没有明文规定。考选、铨叙两部首长的任命可由总统全权任命，甚至不须经过考试院院长或考试院会议的提名或同意。在实务上，总统可能会征求考试院院长的意见；但考试委员及考试院会议在任命过程中则无法参与，不管是在制度上还是实务上。从这个角度来说，考试院的实际运作又是倾向于首长制的，而这个首长可能还不是考试院院长，而是总统。1946 年宪法在政体设计上混合了内阁制与总统制；在具体考试院的设计上，又将训政时期考试院的首长制与政协十二原则规划的委员制相妥协。这造成了考试院内部考试院院长（副院长）与考试委员的双头马车，以及考试院会议与考选、铨叙两部的各自为政。在理论与实务上，甚至会发生考试院会议与下属两部在考选、铨叙政策方面的严重对立冲突；我们甚至可以说，由于总统直接行使考、铨两部首长的任命权，考选、铨叙两部在事实上并非纯然是考试院的下属机关。

考试院会议与考选、铨叙两部之所以会发生冲突，不仅源于制度的“拧巴”，也源于人事安排的不当。考试委员的选拔存在重大误区，作为考铨重大方针与考铨制度的议决主体，他们大多却并非法政领域的专家，而是专业范围涵盖理工农医各行各业的“状元”。高高在上的考试委员“不食人间烟火”“外行指导内行”，难免会与考选、铨叙两部发生冲突。之所以会有这样的误区，乃是因为考试委员资格的相关规定，沿袭了早期选拔考选委员与典试委员的惯例，以“声誉卓著”“有专门著作”为佳。这忽略了考试（广义的“考试”）委员的职责乃是制订考铨政策，而非办理考试。“训政时期考选委员职能仅在公平考试，加上另设临时典试委员会，组织运作并无问题。行宪之后，以考选委员充任考试委员（尚需兼掌铨叙等文官管理法制），导致法统象征重于职能发挥”。[1]考试委员虽大多为饱学之士，“但所学者，百分之八、九十皆为与考铨政策及考铨行政无关之其他各种不同学科。政府之所以如此，揣其用意，似以为考试委员之人物，不外乎办理考试而已。而考试科目繁多，自应广为延揽各种不同专业科目之人才，以应各种考试科目之需要云。……此实为一重大而彻底错误之观点。因考试院之职掌，载之于宪法；考试委员之责任，即在共同执行宪法所规定之诸职掌。考试院并非一长期之考试机器，考试委员亦非年长专任之典试委员；其主要责任乃在参加考试院院会，共同决定国家考铨大政，审查考铨法规，以及审查考、铨两部呈报到院之重要案件。……故考试委员之遴选，实应配合其决定考铨政策此一主要任务，而任命熟研人事管理或公共行政学之学者，以及深具政府事务经验者为是”[2]。至于考试所涉专业的专家学者，他们应担当的角色是举办考试时的典试委员、命题委员及阅卷委员，而非考试委员。

其实，即使考试院内部组织统一、考试委员均为人事行政专家，作为决定人事政策与法制的机关，考试院采委员合议制也会产生效率方面的问题。1947年《考试院组织法》规定考试委员人数多达19人，再加上考试院院长、副院长各一人，考试院会议要想达成一致决议并不容易；要考试院的决议能充分照顾行政部门的意见，为各级行政机关所接受，则又生出许多困难。从这个角度来讲，在考试院之内，考试院院长（副院长）、考试委员、考选与铨叙部长由总统分别提名或任命，或许蕴含有令考试院内部互相制衡考量，这样可以避免考试院上下一体、形成

① 江大树：《我国文官政策之形成与变迁：一个历史/结构的分析途径》，台湾大学政治学研究所博士学位论文，1997年，第81、311页。

② 徐有守：《考铨新论》，台湾商务印书馆有限公司1996年版，第60—61页。

对于行政部门的过度制约。从这个角度讲，考试院的组织方式，也有利于打消行政部门的疑虑。

（三）其他争议

1.“人事一条鞭”制度与地方自治的冲突

南京国民政府时期由考试院逐渐统一全国人事管理之权，在当时主要是为了打破地方与部门割据的现状，实现中央集权。但是，中央集权又有造成国民党独裁的危险，在政治协商会议上，中国共产党和其他民主人士都希望未来的宪法能够包含联邦制的因素。1946 年最后通过的宪法在事实上包含有联邦制的因子，例如各省得制订省自治法；中央的监察院由各省选举产生，并且对司法院、考试院行使人事同意权，类似于美国的参议院。但是，1947 年《考试院组织法》依然延续了人事一条鞭的精神，其规定“考试院得于各省设考铨处”（第 17 条），考铨处为训政时期铨叙处之延续，除铨叙外还兼掌各省考选事宜；另外，法律继续规定“考试院对于各公务员之任用，除法律另有规定外，如查有不合法定资格时，得不经惩戒程序，径请降免”（第 19 条）。[①] 由中央政府考试院统一任命、管理、指挥全国各省市县政府的人事管理人员，统一考核全国公务人员，这难免会与地方自治的原则发生冲突。

2. 考选之“分省区定额”

如前所述，为实现公务员选拔的区域平衡，1946 年宪法规定公务人员之选拔“应按省区分别规定名额，分区举行考试”（第 85 条）。在实务中，甚至考试委员、司法院大法官的提名，亦有每省不超过一名的惯

---

① 参见夏新华等:《近代中国宪政历程：史料荟萃》，中国政法大学出版社 2004 年版，第 1152 页。

例。但是，中国古代科举于各省规定取士的名额，乃是因为当时没有议会，只好通过文官考试分区定额以实现政府的地域代表性。近代中国已采行国会制度，1947年宪法颁布后，国民大会、立法院、监察院的代表均由地方选举产生，尤其是监察院监察委员乃是以省为单位选出等额的代表（类似于美国参议院），中央政府的地域代表性已经充分实现。在此背景下，是否还有必要依照“古法”按省区分别规定名额考取公务员，这值得进一步探讨。

3. 考选权的范围之争：文官考试还是民意代表、政务官一体考试

在制度与实务上，考试院考选权的范围与孙中山先生的规划不尽相同。例如前述专门职业及技术人员资格考试，乃是“孙文学说”所无，亦与欧美惯例不合，纯是训政时期考试院自己创设出来的权力。但行之已久，并无太大弊病，也就基本不发生问题。甚至随着社会分工专业化日趋细密以及“证书时代”的到来，此类考试的范围与规模日渐扩大，反而成为考试院的核心工作之一。

本来依据孙中山五权宪法思想的本意以及训政时期的实践，民意代表也是需要考试院铨定资格的。批判此做法的人认为这是精英主义的，是“反民主”的，他们认为“凡是受过普通教育而具备一般常识的人，都可以做民意代表候选人……民意代表最重要的是能真正反映民意，这不是考试可以铨定的，只有让选举人用自己的眼光和知识去选择”[①]。1946年宪法接受了以上意见，在考试院的考选权中删去了“公职候选人资格”一项。但我们也必须看到，近代中国国会议员的素质（包括道德素质）存在问题，欧美早期国会议员也有类似的状况。中国在仿行西

① 雷震：《中华民国制宪史：政治协商会议宪法草案》，稻乡出版社2010年版，第287页。

方国会制度的过程中，是依靠民主制度的完善逐渐提升国会议员的素质，还是可以采用独立机关的铨审淘汰不合格的候选人，这并非是个伪问题。[①]

另外一个被制宪者忽略的问题是，政务官是否应该通过考试铨定资格？孙中山的制度规划是大小官吏一体考试。但无论在制度上还是实务上，国民政府时期的政务官（包括总统、五院院长、各部会首长等）或由直接任命，或由提名选举，都是不须经过考试的。与民意代表资格是否需要考选铨定不同，关于政务官资格的问题似乎朝野意见非常一致，就是政务官不须考试院铨定资格。除了欧美惯例如此外，究其原因，一方面或者是因为以政务官级别之高，考试院无权考查其资格；另一方面或者也与当时的精英政治文化有关。[②]

结　语

国民政府的考试院（包括整个五权宪法体制）自创设以来，即遭遇理论上的质疑与政治上的反对。反对的人士常常喜欢拿西方的三权宪法来攻击五权宪法，鼓吹废除监察院与考试院，仅保留行政院、立法院、司法院三权。但事实上，五权拿掉两权，并不等于就是三权分立。比照西方各国政体，有美国总统制的分权制（separation of powers），也有英国内阁制的混权制（fusion of powers、“议行合一”），还有法国第五共和国的混合制（半总统制），更有瑞士的委员制。各国基于不同的文化

① 在一些后发达国家和地区，财团与黑道势力往往通过选举合法渗入议会，进而影响政治。

② 国民政府时期的政务官通常拥有较高的学历（包括留学的背景），故而在资格方面通常不会引起质疑；至于其实际政治能力与政治品格则另作别论，不过这在技术上也不是考选能够审查的。

传统与政治现实，选择了各自不同的道路，不能仅仅因为五权宪法乃是中国独创即否定其合理性与正当性，这是民族缺乏自信心的表现。

考试院体制的正当性与合理性，不在于孙中山先生的鼓吹或国民政府的坚持，而在于中国通过科举公开公平取士这一绵延上千年的制度，也源于中国自古以来由独立机关（吏部）职掌全国大小官吏铨叙的传统。考试院的职权并不仅仅包含狭义的考试权（考选权），也包括铨叙权（人事权）；考试院不仅是最高考试机关，也是最高人事机关。从这个角度来说考试院是中国古代礼部与吏部的合体，六部之中居三分之一，职权不可谓不重。由考试院掌理人事权，这不仅是对中国古代吏部传统的延续，也是近代中国中央政府打破地方割据与部门割据、破除任人唯亲的官场文化的现实需要。而考试院的体制也随着国民政府相关宪法、法律体系的完备而日渐成熟。仅仅因为考试院的体制与西方宪法理论及人事行政学不符合就反对考试院行使人事权，就忽略了一个重要的现实，考铨制度乃是“依据有关法规规定实施”，“实行中的制度是一种存在的事实，不是见解，不是学说，也不是理论”[①]。

关于考试院体制的首要争议即人事权应否从行政院独立出来，交给考试院掌理。一方面，考试院掌理人事权乃是基于中国传统与现实的政治需要。另一方面，考试院并未侵犯各行政机关首长的人事决定权，考试院行使的仅为人事审核权；考试院的人事权是消极的防弊的权力，而非积极的用人权。再有，由于1946年宪法确立的政体为混合制，总统（而非行政院长）才是最高行政首长；而总统对于考试院拥有关键的人事提名权，在此意义上考试院作为最高人事机关并非完全独立于行政机关，仅为相对独立。故而由相对独立的考试院掌理最高人事（审核）权，应当没有太大的窒碍。

---

① 徐有守：《考铨制度》，台湾商务印书馆有限公司2007年版，“初版卷前语”第5页。

考试院的组织与领导方式在训政时期是首长制，院务基本由院长戴季陶乾纲独断。1946 年政治协商会议试图将其改为委员制，以期打破国民党的人事垄断。1946 年 12 月施行的中华民国宪法则混合了首长制与委员制，再加上相关配套法规的独特规定，造成考试院内院长（副院长）、考试委员（考试院会议）、考选与铨叙两部三类主体权力来源不同、互相制衡的局面。究其原因，在于宪法的妥协、制度的不配套以及政治人物的个人意志。但反过来说，考试院内的相互制衡在一定程度上抵消了其对于行政机关的过度制约，反而有利于考试院与行政权的协调与妥协，有利于施政的顺畅。

考试院的理念与制度还有诸多值得检讨之处，例如人事一条鞭制度、分省区定额考试制度，以及考选权的范围等等，都是融合了历史与当下、东潮与西潮的好问题。我们今天研究考试院，其意义不在于刻舟求剑地模仿其范式，而在于通过检讨这一融汇中西的制度探索，在欧美的经典范例之外，为当代中国的考试、人事制度建设乃至政治体制的完善提供一点距离当代中国更近的参考。

陕甘宁边区法律解释制度初探（1937—1949）*

李相森**

摘　要　陕甘宁边区政权对法律解释问题有所关注并发展了一套有关法律解释的制度化做法。陕甘宁边区的法律解释权归属于参议会、边区政府、高等法院、各级行政机关等多个主体。其中边区政府是最重要的法律解释主体，负责法律解释的统一。在法律解释方式上，主要存在以立法方式解释、以命令方式解释、以解答法律疑问的方式解释等。陕甘宁边区法律制度表现出法律解释主体多元、由最高行政机关统一法律解释、具有较强的立法性和行政性等特性。这是与边区的分层立法体制、集中统一的行政体制以及各级机关人员法律素养普遍不高的法制现实相适应的。陕甘宁边区法律解释制度深刻影响了中华人民共和国成立以后法律解释制度构建。当前我国的法律解释权配置、对法律解释统一的追求以及法律解释方式都可以从陕甘宁边区法律解释及实践中寻找到最初的根基。

关键词　革命根据地　陕甘宁边区　参议会　高等法院　法律解释权

---

*　本文为2018年国家社会科学基金青年项目“我国统一法律解释制度构建研究”（项目号：18CFX005）的阶段性成果。

**　李相森，南京审计大学法学院副教授。

当前我国的法律解释制度是独具特色的“中国式”法律解释制度。在法律解释权的归属上，全国人民代表大会常务常委会、最高人民法院、最高人民检察院、国务院及主管部门、省级人民代表大会常务委员会以及省级人民政府主管部门等多个主体都有权进行法律解释；在法律解释方式上，解释主体往往以创制规范、解答法律疑问的方式解释法律法规；在法律解释的效力上，各主体创制的法律解释与其所解释的法律法规具有同等效力。这与一般法理上将法律解释视为立法权、司法权、行政权行使的附随活动全然不同。要想理解中国式法律解释制度的这种独特性需要追溯其来源。正如黄宗智所言：“从历史实际的视野来看，中国今天的法律明显具有三大传统，即古代的、现代革命的和西方移植的三大传统。三者在中国近、现代史中是实际存在的、不可分割的现实；三者一起在中国现、当代历史中形成一个有机体，缺一便不可理解中国的现实。”① 中国共产党领导的革命根据地政权所创建的法律解释制度、所进行的法律解释实践构成了我国当前法律解释制度的传统之一。换言之，我国当前法律解释制度是在革命根据地时期法律解释制度及实践的基础上发展起来的。因此，探究革命根据地时期的法律解释制度及实践就有其必要性。

革命根据地法制以陕甘宁边区法制为典型。陕甘宁边区是抗日战争时期、解放战争时期中共中央、中央军委所在地，是革命战争的大本营、政治法制建设的模范区。中国共产党在陕甘宁边区所建立的政治法律制度不仅为其他根据地政权提供了蓝本，而且还影响了新中国成立后之后我国的政治法律制度，为新中国法制奠定了基石。陕甘宁边区政权对于法律解释问题有所关注，并在实践中发展起了一套有关法

① 黄宗智：《过去和现在：中国民事法律实践的探索》，法律出版社 2009 年版，“序”第 5 页。

律解释的制度。学界对于革命根据地法制的研究取得了丰硕成果，但对革命根据地（包括陕甘宁边区）法律解释制度及实践却缺少系统的研究。故本文拟梳理陕甘宁边区的法律解释权配置、法律解释形式，分析陕甘宁边区法律解释制度的特性及逻辑，并探讨其对新中国成立后法律解释制度的影响。

一、陕甘宁边区法律解释权的配置

陕甘宁边区的法律文件并未对法律解释权的归属作出明确、系统的安排，在此主要是依据当时法律规范有关该法律规范解释权主体的规定、部分法律文件对特定机关法律解释职权的规定、法律解释实践以及当时人们对法律解释权归属的认识来探讨陕甘宁边区法律解释权的配置问题。

（一）边区参议会

陕甘宁边区参议会是边区最高的人民权力机关。陕甘宁边区第一届参议会于 1939 年 1 月 17 日至 2 月 4 日召开，标志着边区参议会制度的正式确立。边区参议会有权对与参议会组织、选举有关的法律进行解释。1939 年 2 月陕甘宁边区第一届参议会通过的《陕甘宁边区选举条例》第 20 条规定："本条例修改及解释之权，属于边区参议会。"[①]《陕甘宁边区各级参议会组织条例》第 23 条规定："本条例修改及解释之权属于边区参议会。"[②]1941 年 11 月边区第二届参议会修正通过的《陕甘

① 张希坡编著：《革命根据地法律文献选辑（第三辑）：抗日战争——解放战争时期老解放区的法律文献（1937—1949）第二卷陕甘宁边区（上）：第 I 分册》，中国人民大学出版社 2017 年版，第 41 页。

② 同上书，第 95 页。

宁边区各级参议会选举条例》第30条规定“本条例修改及解释权属于边区参议会”。[①] 此外，边区参议会还对《陕甘宁边区土地条例》（1939年4月4日公布）有解释之权。[②]

表1　陕甘宁边区参议会有权解释的法律文件一览[③]

序号	时间	名称	相关规定	解释权主体	文件性质
1	1939年2月边区第一届参议会通过	陕甘宁边区选举条例	第20条 本条例修改及解释之权，属于边区参议会。	陕甘宁边区参议会	选举法规
2	1939年2月边区第一届参议会通过	陕甘宁边区各级参议会组织条例	第23条 本条例修改及解释之权属于边区参议会。	陕甘宁边区参议会	政权组织法规
3	1939年4月4日公布	陕甘宁边区土地条例	第26条 本条例修改与解释之权属于边区参议会。	陕甘宁边区参议会	土地法规
4	1941年11月参议会修正通过 1942年4月6日边区政府公布	陕甘宁边区各级参议会组织条例	第30条 本条例修改及解释之权属于边区参议会。	陕甘宁边区参议会	政权组织法规

① 《红色档案——延安时期文献档案汇编》编委会编纂：《陕甘宁边区参议会史料汇编（上卷）》，陕西人民出版社2013年版，第227页。

② 张希坡编著：《革命根据地法律文献选辑（第三辑）：抗日战争——解放战争时期老解放区的法律文献（1937—1949）第二卷陕甘宁边区（上）：第Ⅱ分册》，中国人民大学出版社2017年版，第229页。

③ 根据张希坡编著的《革命根据地法律文献选辑（第三辑）：抗日战争——解放战争时期老解放区的法律文献（1937—1949）第二卷陕甘宁边区》（包括上册第Ⅰ分册、第Ⅱ分册及下册，共三册）所收录陕甘宁边区法律文件梳理而成。

续表

序号	时间	名称	相关规定	解释权主体	文件性质
5	1944 年 12 月边区第二届参议会第二次大会通过	陕甘宁边区各级参议会选举条例	第 32 条 本条例修改及解释之权，属于边区参议会。如在闭会期内有急需解释者，由边区参议会常驻委员会解释之。	陕甘宁边区参议会	选举法规
6	1946 年 10 月 28 日	中华民国陕甘宁边区自治宪法草案	第 72 条 本宪法解释之权，属于边区议会，议会休会期间，属于议会所授权之议会常务委员会。	陕甘宁边区参议会	宪法

边区参议会一年开会一次，并不能经常召开，其法律解释职权就不能经常性行使。因此，在参议会闭会期间，由参议会常驻委员会代行其法律解释权。1944 年 12 月边区第二届参议会第二次大会通过的《陕甘宁边区各级参议会选举条例》第 32 条规定："本条例修改及解释之权，属于边区参议会。如在闭会期内有急需解释者，由边区参议会常驻委员会解释之。"① 与此前法规仅规定解释权归边区参议会不同，该条例规定了参议会闭会期间如何进行法律解释的问题。参议会常驻委员会在参议会闭会期间代行参议会的部分职权，其中即包括在紧急情况下解释相关法律的权力。

① 张希坡编著：《革命根据地法律文献选辑（第三辑）：抗日战争——解放战争时期老解放区的法律文献（1937—1949）第二卷陕甘宁边区（上）：第 I 分册》，中国人民大学出版社 2017 年版，第 62 页。

陕甘宁边区在制定宪法草案时，对宪法解释权作了安排，将其归属于边区议会及议会所授权的议会常务委员会。1946 年 10 月 28 日完成的《中华民国陕甘宁边区自治宪法草案》第 72 条规定："本宪法解释之权，属于边区议会，议会休会期间，属于议会所授权之议会常务委员会"，[1] 由作为边区最高权力机关的议会行使宪法解释权。

（二）边区政府

陕甘宁边区政府于 1937 年 9 月 6 日正式成立，是陕甘宁边区的最高行政机关，掌有最主要的法律解释权，甚至被视为享有统一解释法令权。[2]1939 年 4 月 4 日公布的《陕甘宁边区政府组织条例》规定了边区政府制定单行条例及规程的立法权、停止或撤销所属各机关违背法令或不当之命令或处分权等各项职权，但并没有明确规定边区政府享有法律解释权。[3]1942 年公布的《陕甘宁边区政府合署办公办法（草案）》才对边区政府的法令解释事宜有所涉及。该办法草案规定陕甘宁边区

---

① 张希坡编著：《革命根据地法律文献选辑（第三辑）：抗日战争——解放战争时期老解放区的法律文献（1937—1949）第二卷陕甘宁边区（下）》，中国人民大学出版社 2017 年版，第 11 页。

② 清末宣统元年《法院编制法》第 35 条规定："大理院卿有统一解释法令必应处置之权，但不得指挥审判官所掌理各案件之审判。"中华民国成立后，继续沿用清末《法院编制法》有关大理院统一解释法令权的规定。1915 年公布的《修正暂行法院编制法》第 35 条规定："大理院长有统一解释法令及必应处置之权，但不得指挥审判官所掌理各案件之审判。"南京国民政府成立后，1927 年 10 月 25 日公布的《最高法院组织暂行条例》第 3 条规定："最高法院院长有统一解释法令及必要处置之权。"1928 年司法院成立后，统一解释法令权由司法院职掌。当时，陕甘宁边区在名义上为国民政府之下的特别区，司法院是全国司法最高机关，其他机关不能享有统一解释法令权。

③ 张希坡编著：《革命根据地法律文献选辑（第三辑）：抗日战争——解放战争时期老解放区的法律文献（1937—1949）第二卷陕甘宁边区（上）：第 I 分册》，中国人民大学出版社 2017 年版，第 98 页。

政府设合署办公厅，合署办公厅之下设法制室，"掌管法令草拟、审查、解释事宜"。[①]

陕甘宁边区的大量法律文件都明确规定了该法律文件的解释权归属于陕甘宁边区政府。根据张希坡编著的《革命根据地法律文献选辑（第三辑）：抗日战争——解放战争时期老解放区的法律文献（1937—1949）第二卷陕甘宁边区》所收录的陕甘宁边区法律文件统计，共有35部法律文件明确规定其解释权归边区政府。例如，1939年4月4日公布的《陕甘宁边区高等法院组织条例》第29条规定："本条例修改之权属于边区参议会，解释之权属于边区政府。"[②]1939年陕甘宁边区公布的《陕甘宁边区抗战时期惩治汉奸条例》《陕甘宁边区抗战时期惩治盗匪条例》《陕甘宁边区抗战时期惩治贪污条例》都规定了条例的解释权归边区政府。[③]

在实践中，陕甘宁边区政府被视为拥有最高的统一解释法令的权力。1942年3月3日，甘总县裁判员在办理案件过程中按照《破坏金融法令惩罚条例》第8条的规定"没收之款十分之三奖励报告人，十分之三奖励查获人"奖励了报告人，但不知查获人具体是指何人，产生了司法机关是否可以作为查获人受奖的疑问，因此向高等法院请示。3月11日，陕甘宁边区高等法院"因此问题有关法令之解释"，呈文边区政府请求进行解释。[④]1942年6月29日，陕甘宁边区高等法院呈文陕甘

---

① 张希坡编著：《革命根据地法律文献选辑（第三辑）：抗日战争——解放战争时期老解放区的法律文献（1937—1949）第二卷陕甘宁边区（上）：第Ⅰ分册》，中国人民大学出版社2017年版，第207页。

② 韩延龙、常兆儒编：《中国新民主主义革命时期根据地法制文献选编（第三卷）》，中国社会科学出版社1981年版，第358页。

③ 同上书，第57、59、61页。

④ 张希坡编著：《革命根据地法律文献选辑（第三辑）：抗日战争——解放战争时期老解放区的法律文献（1937—1949）第二卷陕甘宁边区（上）：第Ⅱ分册》，中国人民大学出版社2017年版，第413—414页。

宁边区政府请求对新正县地方法院所呈请的庄基纠纷处理问题进行解答，其中有“惟事关法令解释之统一，特转呈钧府明文指示”之语。[①]

（三）边区政府审判委员会、高等法院及高等法院分庭

根据1942年8月22日公布的《陕甘宁边区政府审判委员会组织条例》第5条的规定，陕甘宁边区政府审判委员会有“法令解释”的职权。[②] 陕甘宁边区政府审判委员会是陕甘宁边区的终审司法机关，也即最高司法审判机关。在当时的政治背景下，陕甘宁边区是中华民国的地方行政区域。按照国民政府的司法体制，全国最高审判机关是国民政府最高法院。陕甘宁边区高等法院可以受理二审诉讼案件，对边区高等法院的判决不服，只能向最高法院上诉。但陕甘宁边区与当时最高法院所在地——重庆相隔甚远，诉讼不便。因此，陕甘宁边区政府于1942年7月10日发布命令，设立审判委员会以受理第三审案件。[③] 同时，边区政府赋予了审判委员会以法令解释权。1942年8月，陕甘宁边区政府审判委员会正式设立。

根据《陕甘宁边区政府审判委员会组织条例》的规定，边区政府审判委员会设委员5人，其中1人为委员长、1人为副委员长，由边区政府主席、副主席兼任，其他委员在政府委员中聘任；设秘书长1人，秘书1

---

① 张希坡编著：《革命根据地法律文献选辑（第三辑）：抗日战争——解放战争时期老解放区的法律文献（1937—1949）第二卷陕甘宁边区（上）：第Ⅱ分册》，中国人民大学出版社2017年版，第244页。

② 韩延龙、常兆儒编：《中国新民主主义革命时期根据地法制文献选编（第三卷）》，中国社会科学出版社1981年版，第363页。

③ 参见《陕甘宁边区政府关于设立审判委员会受理第三审案件的命令》，载张希坡编著：《革命根据地法律文献选辑（第三辑）：抗日战争——解放战争时期老解放区的法律文献（1937—1949）第二卷陕甘宁边区（上）：第Ⅱ分册》，中国人民大学出版社2017年版，第416页。

人，书记官1—2人。1943年3月30日，修正后的《陕甘宁边区政府审判委员会组织条例》删除了有关审判委员会解释法令的规定。[①]1944年2月15日，陕甘宁边区发布命令，边区政府委员会第四次会议决定边区司法审判改为二级制，因此边区政府审判委员会被取消。[②]

边区政府审判委员会取消后，边区高等法院成为边区最高审判机关。"边区政策和法律的解释权一般属于党和政府，但对于在审判过程中如何适用法律、法令的解释，则属边区高等法院"，[③]边区高等法院对于下级审判机关的法律疑义有解释之权。因陕甘宁边区各分区地域辽阔，与延安距离过远，地方一审案件上诉至高等法院，十分不便，故边区政府决定在各专员公署所在地设立高等法院分庭，受理所辖各县一审判决上诉之案件。高等法院分庭具有一定限度的法令解释权。高等法院则对高等法院分庭无力处理的法律疑问进行解释。1943年3月29日公布的《陕甘宁边区高等法院分庭组织条例草案》第13条规定："高等分庭关于行政处理问题及诉讼程序问题，法律适用问题，有须质疑者，呈送高等法院核示之。"[④]同年3月30日公布的《陕甘宁边区县司法处组织条例草案》第10条规定："县司法处关于行政处理问题，诉讼程序问题，适用法律问题，有质疑者，呈由该管高等法院分庭核示，如分庭

① 参见《陕甘宁边区政府关于设立审判委员会受理第三审案件的命令》，载张希坡编著：《革命根据地法律文献选辑（第三辑）：抗日战争——解放战争时期老解放区的法律文献（1937—1949）第二卷陕甘宁边区（上）：第Ⅱ分册》，中国人民大学出版社2017年版，第434页。

② 同上书，第445页。

③ 汪世荣等：《新中国司法制度的基石——陕甘宁边区高等法院（1937—1949）》，商务印书馆2018年版，第103页。

④ 张希坡编著：《革命根据地法律文献选辑（第三辑）：抗日战争——解放战争时期老解放区的法律文献（1937—1949）第二卷陕甘宁边区（上）：第Ⅱ分册》，中国人民大学出版社2017年版，第432页。

仍有疑问者，转请高等法院核示。”① 这两部条例草案确立了审判系统的法律疑义层级请示解释制度。

但后来，高等法院分庭的法令解释权被取消，各县司法处遇有法律疑义直接呈请高等法院解释。1945 年 12 月 29 日，王子宜代院长所做的《陕甘宁边区推事审判员联系会议总结》报告中提出：“过去高等分庭兼管各县司法行政，诸多不便。今后各县对于法律问题等有质疑者，得直接呈请高等法院核示，不经分庭。”②

此外，高等法院对于自身所制定的法律文件有解释之权。《陕甘宁边区高等法院在押人犯服役奖惩暂行办法》第 19 条规定：“本办法在实施中如有疑义，由院长解释或决定之。”③《陕甘宁边区监所保外服役人犯暂行办法》第 11 条规定：“本办法解释之权属于高等法院。”④

（四）地方行政机关

地方行政机关对其所制定的法律文件有解释之权，并有权根据当地实际情况对边区政府制定的法律文件进行补充说明。陕甘宁边区绥德分区于 1940 年制定了《陕甘宁边区绥德分区减租减息暂行条例》，并于 1942 年 9 月进行了修订补充，制定了《陕甘宁边区绥德分区减租减息暂行条例的补充办法（草案）》。补充办法第 4 条对减租减息条例第

---

① 张希坡编著：《革命根据地法律文献选辑（第三辑）：抗日战争——解放战争时期老解放区的法律文献（1937—1949）第二卷陕甘宁边区（上）：第Ⅱ分册》，中国人民大学出版社 2017 年版，第 433 页。

② 张希坡编著：《革命根据地法律文献选辑（第三辑）：抗日战争——解放战争时期老解放区的法律文献（1937—1949）第二卷陕甘宁边区（下）》，中国人民大学出版社 2017 年版，第 424 页。

③ 张希坡编著：《革命根据地法律文献选辑（第三辑）：抗日战争——解放战争时期老解放区的法律文献（1937—1949）第二卷陕甘宁边区（上）：第Ⅱ分册》，中国人民大学出版社 2017 年版，第 499 页。

④ 同上书，第 500 页。

10条进行了解释。[①]1942年11月，陕甘宁边区绥德分区行政督察专员公署发布名为“为解释和补充各项条例由”的命令，对《陕甘宁边区绥德分区减租减息暂行条例》第3条“本年主佃双方约定之租额为标准”中的“本年”进行了明确。[②]1943年10月，陕甘宁边区绥德分区专员公署发布《关于减租工作指示信》对该分区的减租工作作出指示，要求对于租佃问题按照《边区土地租佃条例草案》的规定处理，同时根据分区的具体实际情况对租佃条例第3条规定的活租、伙种、安庄稼作了补充说明。[③]

此外，各级行政机构都有向民众解释党和政府政策法令的职责，以使民众了解、认可、遵守党和政府的政策法令。1943年1月26日《陕甘宁边区保安处及其各级组织之组织规程（草案）》第3条规定陕甘宁边区保安处秘书室下设材料研究科，负责锄奸政策之研究、解释与材料之汇编。[④]此处对锄奸政策的解释更多的是指向各机关、民众宣传解释锄奸政策法令。

（五）其他组织

非权力机关性质的社会组织、团体有权对自身所创制的规范文件进行解释。1938年4月公布的《陕甘宁边区农业工人工会（雇农工会）的章程》第26条规定：“……本章程解释权，属于边区执行委员会”，[⑤]将该章程的解释权归于陕甘宁边区农业工人工会执行委员会。1940年11

① 张希坡编著：《革命根据地法律文献选辑（第三辑）：抗日战争——解放战争时期老解放区的法律文献（1937—1949）第二卷陕甘宁边区（上）：第Ⅱ分册》，中国人民大学出版社2017年版，第245页。

② 同上书，第248—249页。

③ 同上书，第274页。

④ 同上书，第379页。

⑤ 同上书，第295页。

月1日边区总工会印发、供公营工厂参考的《陕甘宁边区战时工厂集体合同暂行准则》第48条规定："本准则之解释权，属于陕甘宁边区总工会"，[①]将该准则解释权归之于陕甘宁边区总工会。

二、陕甘宁边区法律解释的方式

（一）以立法方式解释法律

以立法方式解释法律是指解释主体以创制规范性文件的方式对法律作进一步的细化、明确和阐释。陕甘宁边区以立法方式来解释法律，主要有两种做法：一是在法律文本中附加解释或说明；二是针对某部法律制定专门的解释文件。

在法律文本中附加解释或说明主要有两种体例，一是在相关条文之后直接附注解释、说明。比如，1944年12月陕甘宁边区第二届参议会第二次大会通过的《陕甘宁边区土地租佃条例》即在相关条文之后附加"说明"对法律用语进行解释，对条文如何适用进行说明，对相关立法理由进行阐释。该条例第13条规定"若因天灾人祸致收成减少或毁灭时，承租人得商请减付或免付应交租额"，其后附，"（说明）本条例所称'天灾人祸'，指灾荒、战争等不可抗力而言，各地区得依照本条例第五条统一规定减免办法"。[②]二是在整部法律文件之后附有专门的附件对法律用语进行解释。1941年10月1日公布的《陕甘宁边区各级税务局所

① 张希坡编著:《革命根据地法律文献选辑（第三辑）：抗日战争——解放战争时期老解放区的法律文献（1937—1949）第二卷陕甘宁边区（上）：第Ⅱ分册》，中国人民大学出版社2017年版，第306页。

② 同上书，第251页。

经常费各项开支暂行准则》之后有附件（二）“陕甘宁边区税法用语浅释”，对税法中的一些专业名词，如收入、支出、会计、审计、税率以及法律条文中的“以上以下”“不满”等用语进行了界定、阐释。[①]这种解释是为了帮助执法者更好地理解、适用相关规定。

以立法方式解释法律还表现为制定专门的“细则”“解释”对法律文件进行解释。1942年10月24日陕甘宁边区政府公布的《陕甘宁边区三十一（1942）年度征收救国公粮条例细则》对《陕甘宁边区三十一（1942）年度征收救国公粮条例》作了细化解释。《陕甘宁边区三十一（1942）年度征收救国公粮条例》第3条规定“凡边区内从事农业及副业或出租土地获取地租之人民，均有遵照本条例完结救国公粮之义务。”细则第3、4条则对“副业”“农业副业”“地租”作了详细界定。[②]1943年公布的《陕甘宁边区农业统一累进税试行细则》对《陕甘宁边区农业统一累进税试行条例》作了解释。[③]

1941年，为了便于选举条例的实施，陕甘宁边区参议会对《边区各级参议会选举条例》进行了解释，在“选举须知”上附有“选举条例的解释及其实施”一文。[④]1941年11月陕甘宁边区第二届参议会修正通过、1942年4月陕甘宁边区政府公布了《陕甘宁边区各级参议会选举条例》。陕甘宁边区第二届参议会对该条例相关条文的立法理由、具体含义及实施中应注意的问题作了解释说明，并将相关解释与条例全文合编为《边区各级参议会选举条例的解释及其实施》交边区

---

① 张希坡编著:《革命根据地法律文献选辑（第三辑）：抗日战争——解放战争时期老解放区的法律文献（1937—1949）第二卷陕甘宁边区（上）：第Ⅰ分册》，中国人民大学出版社2017年版，第474—478页。

② 同上书，第61页。

③ 同上书，第77—80页。

④ 同上书，第59页。

民政厅印发，由民政厅命令各分区专员、各县市长遵照施行。[①]例如，《陕甘宁边区各级参议会选举条例》第2条规定："采取普遍、直接、平等、无记名的投票选举制，选举边区、县（或等于县的市）及乡市三级参议会的参议员，组织边区、县（或等于县的市）及乡市参议会"，[②]《陕甘宁边区各级参议会选举条例的解释及其实施》则对该条中的"普遍""直接""平等""无记名""等于县的市"等用语作了详细地解释和说明："普遍是指选举人的资格没有任何限制，任何哪个普通人都有选举权和被选举权。直接是选民直接选出被选人，而不要经过转弯。平等是任何选民投的票，其效力都是一样。无记名亦叫'秘密'，是选民在票上只写被选出的人的姓名，不写自己的姓名。……'等于县的市'，如延安市，和延安县的地位相等。"[③]1942年12月陕甘宁边区政府制定的《陕甘宁边区婚姻暂行条例第二次修正草案解释及实施办法》对《陕甘宁边区婚姻暂行条例第二次修正草案》作了解释、补充，[④]但与《边区各级参议会选举条例的解释及其实施》不同，《陕甘宁边区婚姻暂行条例第二次修正草案解释及实施办法》并没有列出被解释的法律条文。

---

① 张希坡编著：《革命根据地法律文献选辑（第三辑）：抗日战争——解放战争时期老解放区的法律文献（1937—1949）第二卷陕甘宁边区（上）：第Ⅰ分册》，中国人民大学出版社2017年版，第59页。

② 《陕甘宁边区各级参议会选举条例》，载韩延龙、常兆儒编：《中国新民主主义革命时期根据地法制文献选编（第一卷）》，中国社会科学出版社1981年版，第218页。

③ 《陕甘宁边区各级参议会选举条例的解释及其实施》，载韩延龙、常兆儒编：《中国新民主主义革命时期根据地法制文献选编（第一卷）》，中国社会科学出版社1981年版，第224—225页。

④ 张希坡编著：《革命根据地法律文献选辑（第三辑）：抗日战争——解放战争时期老解放区的法律文献（1937—1949）第二卷陕甘宁边区（上）：第Ⅱ分册》，中国人民大学出版社2017年版，第337—338页。

（二）以命令方式解释法律

以命令方式解释法律是指法律解释主体对法律主动做出解释，并以命令方式要求相关主体遵照执行。1942 年 1 月 25 日陕甘宁边区政府发布命令对《陕甘宁边区贩卖纸烟惩治办法》第 3 条第 2 项“如当地无金库者，交贸易局”、第 6 条“概交当地财政机关作为财政收入”作出了补充解释，并要求各专员、县市长、税局长、贸易局长依照两个解释配合原来的办法执行。[①]

陕甘宁边区政府在对某项工作进行指示时，也会涉及对法律文件的解释。1948 年 10 月 31 日，陕甘宁边区政府发布关于进行县乡人民代表会及县乡两级政府选举的指示，即对《选举暂行办法》及有关选举问题进行了解释：“选举暂行办法第十五条中的‘法定人数’系指第八条第一款中的‘五百人’及第九条第一款中的‘二万人’而言。”[②]

（三）以解答方式解释法律

以解答方式进行法律解释是指法律解释主体接受法律解释请求并以解答法律疑问的方式解释相关的法律规定。中华苏维埃共和国时期即存在“解答式”法律解释。1933 年 10 月，中央政府内务部针对黄达所提出的有关《苏维埃暂行选举法》的两个疑问进行了解答，其中就涉及对《苏维埃暂行选举法》第 12 条所规定的“工人家属”的界定问题。[③]

---

① 《陕甘宁边区政府命令——补充解释贩卖纸烟惩治办法》，陕西省档案馆、陕西省社会科学院编：《陕甘宁边区政府文件选编（第五辑）》，陕西人民教育出版社 2014 年版，第 63—64 页。

② 张希坡编著：《革命根据地法律文献选辑（第三辑）：抗日战争——解放战争时期老解放区的法律文献（1937—1949）第二卷陕甘宁边区（下）》，中国人民大学出版社 2017 年版，第 33 页。

③ 张希坡编著：《革命根据地法律文献选辑（第二辑）（上卷）：第二次国内革命战争时期中华苏维埃共和国的法律文件（1927—1937）》，中国人民大学出版社 2017 年版，第 72 页。

这种“解答式”法律解释在抗日战争及解放战争时期仍是革命根据地政权解释法律的重要方式。

陕甘宁边区政府在接到法律疑义解释请求后，召开政务会议进行讨论、议决，以“批答”形式将相关解释决议转达请求解释主体。前文所提及的1942年6月有关庄基纠纷处理问题的疑义在呈至陕甘宁边区政府后，陕甘宁边区政府将相关问题提交第27次政务会议进行议决，作出了相关处理决议，以“批答”形式发文边区高等法院，并转饬相关法院遵照办理。[①] 由此可知陕甘宁边区解答法律疑义的一般流程：地方法院遇有法律疑问会呈请边区高等法院解决；如果是有关法令统一解释的问题，边区高等法院转呈边区政府解释；边区政府召开政务会议作出解释决议，并以“批答”方式转达请求解释主体。

三、陕甘宁边区法律解释制度的特性及逻辑

（一）法律解释权主体多元

陕甘宁边区的法律解释权主体非常多元。法律解释权分属于边区参议会、边区政府、边区高等法院、地方行政机关等多个主体。各主体的解释权限基本上按照“谁制定，谁解释”“谁主管，谁解释”的原则划分。其背后蕴含着的理念和逻辑是：由立法者对其所创制法律文件进行解释比较能够阐明法律的真意；某方面事务法律文件的制定者往往是该方面事务的主管者，由主管者进行解释一方面是其对相关事务及

① 张希坡编著：《革命根据地法律文献选辑（第三辑）：抗日战争——解放战争时期老解放区的法律文献（1937—1949）第二卷陕甘宁边区（上）：第Ⅱ分册》，中国人民大学出版社2017年版，第244页。

法规比较熟悉，能够做出较为准确、妥当的解释，另一方面还有利于主管者通过法律解释贯彻自己的管理意图。

多元法律解释主体是与陕甘宁边区的立法体制和行政体制相适应的。边区的立法权分属于权力机关、行政机关，甚至司法机关等不同的主体。各主体在一定权限范围内对于自身所管辖的事务发布命令、创制规范。

参议会是边区最高权力机关，在名义上享有边区的最高立法权。1939 年 2 月边区第一届参议会通过的《陕甘宁边区各级参议会组织条例》第 10 条规定了边区参议会的 11 项职权，其中包括“议决边区之单行法规”的权力。[①]1941 年 11 月边区第二届参议会修正通过、1942 年 4 月 6 日边区政府公布的《陕甘宁边区各级参议会组织条例》第 13 条规定了边区参议会“创制及复决边区之单行法规”的权力。[②]

边区政府在边区政治体制中有非常重要的地位，具有相当大的立法权限。1939 年《陕甘宁边区政府组织条例》第 5 条规定：“陕甘宁边区政府对于边区行政，得颁发命令，并得制定边区单行条例及规程。但关于增加人民负担，限制人民自由，确定行政区划，及重要行政设施，须得陕甘宁边区参议会之核准或追认。”[③]边区政府有权对所有的行政事务发布命令、制定单行条例及规程，即使是增加人民负担、限制人民自由以及其他重要事项，边区政府亦可先行制定草案送参议会常驻会审查后颁布施行。

陕甘宁边区的地方政府也具有一定的立法权。1941 年由边区第二

---

① 张希坡编著：《革命根据地法律文献选辑（第三辑）：抗日战争——解放战争时期老解放区的法律文献（1937—1949）第二卷陕甘宁边区（上）：第 I 分册》，中国人民大学出版社 2017 年版，第 96 页。

② 同上书，第 219 页。

③ 同上书，第 98 页。

届参议会通过、1942 年 1 月 5 日边区政府公布的《陕甘宁边区县政府组织暂行条例》第 6 条规定“各县政府在不抵触边区政府法规下，得颁发单行法规，但须呈边区政府核准”。[①] 1949 年 12 月，咸阳专署制定了《咸阳分区减租和清理旧债办法》呈请陕甘宁边区政府批准。陕甘宁边区政府因正在讨论出台新的减租和清理旧债条例，因此未予批准，但仍承认了咸阳分区各县所制定的减租办法，允许各县执行。[②] 各地方政府有权制定颁行相关法规办法，自然有权对其进行解释。

陕甘宁边区高等法院并非只是一个司法审判机关，它还有检察、狱政管理、司法行政等职能。边区高等法院有权制定有关狱政管理、司法行政方面的法律文件，并有权进行解释。作为司法机关，边区高等法院也具有“准立法”的职能。在当时的政治环境下，边区司法审判不可能完全适用国民政府制定的法律，而边区也没有建立起比较系统完备的法律法规体系。边区高等法院“通过对个案的审判、指导，履行着对审判过程中如何具体适用法律、法令进行司法解释的‘准立法’的职能”。[③] 边区高等法院曾指示各县市地方法院、各县司法处“日后遇有特殊情形，无明文援引者，应随时具报来院请示”。[④] 边区高等法院对于无明文规定的特殊情形的处理实际上是在创制规范。边区高等法院对于自身所发布的指示命令会在此后的适用过程中进一步的援引、阐释。

---

① 张希坡编著：《革命根据地法律文献选辑（第三辑）：抗日战争——解放战争时期老解放区的法律文献（1937—1949）第二卷陕甘宁边区（上）：第Ⅰ分册》，中国人民大学出版社 2017 年版，第 202 页。

② 陕西省档案馆、陕西省社会科学院编：《陕甘宁边区政府文件选编（第十辑）》，陕西人民教育出版社 2014 年版，第 336 页。

③ 马成主编：《陕甘宁边区法制史概论》，高等教育出版社 2019 年版，第 129 页。

④ 张希坡编著：《革命根据地法律文献选辑（第三辑）：抗日战争——解放战争时期老解放区的法律文献（1937—1949）第二卷陕甘宁边区（上）：第Ⅱ分册》，中国人民大学出版社 2017 年版，第 254 页。

（二）由最高行政机关负责法律解释的统一

陕甘宁边区的法律解释主体比较多元，但各主体的解释权限是不同的。陕甘宁边区政府是边区最为主要、最为重要的法律解释主体，承担着事实上的统一法律解释的职能。[①]其他主体的法律解释权限都是相对有限的。由陕甘宁边区政府行使对边区单行法规的解释权是为了保证相关法规的运用不被曲解、变通，保证各主体对法规的理解和适用符合边区政府所确定的基本政策及法律原则。1949年5月，陕甘宁边区人民法院印发了马锡五院长在延安大学所做的《关于司法工作中几个问题的报告》，[②]其中记录了延安大学学生有关法律解释的提问及马锡五的回答。学生的问题是："边区既有单行法规，关于法条的解释是否属于高等法院？"马锡五的回答是："为了保证各法规，不被灵活运用而影响到原则，因之解释之权属于边区政府。"[③]

由边区政府承担统一法律解释功能是与边区政治制度相适应的。陕甘宁边区政府综理全区政务，民政、财政、司法等各项事务都在边区政府的领导下开展。同时，边区绝大部分的法规都是边区政府制定、颁布或核准的。可以说，边区政府是边区最为重要的政权机关，不仅拥有

① 陕甘宁边区一度明确将法律解释权赋予作为最高审判机关的审判委员会。实际上审判委员会是陕甘宁边区政府的组成部分，审判委员会的委员长、副委员长由边区政府主席、副主席兼任，其他委员由政务会议在政府委员中聘任。此外，陕甘宁边区的正式法律文件没有有关"统一解释法令"的规定。这与当时国民政府《司法院组织法》明确规定司法院的统一解释法令权有所不同。

② 1949年3月8日陕甘宁边区政府第8号通令将陕甘宁边区高等法院改称为"边区人民法院"。参见汪世荣等著：《新中国司法制度的基石——陕甘宁边区高等法院（1937—1949）》，商务印书馆2018年版，第2页。

③ 张希坡编著：《革命根据地法律文献选辑（第三辑）：抗日战争——解放战争时期老解放区的法律文献（1937—1949）第二卷陕甘宁边区（下）》，中国人民大学出版社2017年版，第458页。

强大的行政权，还有广泛的立法权。由边区政府行使最主要的法律解释权也就理所当然。

按照“谁立法，谁解释”的原则，参议会作为边区的最高权力机关，掌有最高立法权，应当享有最高的法律解释权。但实际上参议会的立法权限非常有限，多是对边区政府制定的法规进行形式上的议决通过。而且参议会虽然在法律上的地位较高，但实际上并不被一些领导同志重视。此外，参议会并不能经常召开，无法承担起日常的法律解释任务。而参议会的常设机关常驻委员会在1941年之后才正规运行起来。这些都不利于参议会经常性地有效行使法律解释的职权。因此，陕甘宁边区的法律文件中仅有少数的几部明确规定该法律的解释主体为参议会，参议会也就无法获得统一法律解释机关的地位。

边区高等法院作为边区最高司法审判机关是可以通过终审权的行使承担起统一解释法律的任务。但高等法院是在陕甘宁边区政府领导之下的，政治地位不高。高等法院虽然有权对于下级审判机关的法律疑问进行解释，但无权向行政机关发令，也就无权向行政机关解释法令。抗日战争时期，边区高等法院自觉承认边区政府的统一法律解释权，并主动将有关法令解释的问题提请边区政府决议。从前述马锡五对延安大学学生所提问题的回答来看，作为边区人民法院院长的马锡五也明确地表明陕甘宁边区各项单行法规的解释权属于边区政府，不属于边区人民法院。

（三）法律解释制度的立法性及行政性较强

陕甘宁边区的法律解释制度具有很强的立法性，法律解释权的配置是与立法权的配置相适应的，法律解释权一定程度上成为立法权的延伸，相关的法律解释或者附属于法律文本，或者呈现出法律规范的形式外观。同时，陕甘宁边区的法律解释制度又具有浓重的行政色彩。法律解释权的配置遵循着“谁主管，谁解释”的原则，与行政权力密切相关。主管机关在对下级机关的指示命令中涉及对法律文件的解释，或者直接以命令的方式解释法令文件，相关的法律解释依靠行政力量推行。陕甘宁边区法律解释制度的立法性与行政性很大程度上取决于陕甘宁边区政府的特殊性。陕甘宁边区政府集主要的立法权、最高的行政权于一身，其对法律文件的解释既是设规立范，亦是发号施令。

直接在法律条文之后加注解，或者针对某部法规专门制定发布相应的解释文件，对相关的法律概念、立法目的、具体实施等进行解释、说明、补充，在当时边区各机关人员法律素养普遍不高的现实条件下，有利于让法律实施者能够理解法律条文的含义，能够更好地遵守、执行法律。而以行政的方式推行相关法令解释，能够保障法令解释得到统一的贯彻、执行，提高行政效率。因此，立法主体不厌其烦地解释那些并不是特别高深的法律名词用语，事无巨细地告知法律条文应当如何具体应用。

四、对新中国成立后法律解释制度的影响

新中国成立初期的法律制度是在革命根据地法律制度的基础上发展建立起来的。新中国成立后有关法律解释制度安排与陕甘宁边区的法律解释制度具有一定的延续性，受到了陕甘宁边区法律解释制度的深刻影响。

（一）法律解释权配置上的延续

在革命战争时期，为夺取战争的胜利，革命政权特别强调纪律的严

明、法令的统一。但是各地方的实际情况又千差万别，不同时期的斗争形势也不断变化，为了适应各地及不同时期斗争的需要，革命政权允许各地根据实际情况变通执行法令，授予地方以一定的法令制定、发布权。“谁制定，谁解释”“谁主管，谁解释”成为法律解释权的配置原则。法律解释权被条块分割，从而形成了多元主体协同解释的体制。当前我国法律解释体制是多元主体协同解释的体制，法律解释权被分配给多个主体，由全国人大常委会、最高人民法院、最高人民检察院、国务院及主管部门、地方人大及政府齐抓共管。这与革命根据地时期多元主体进行法律解释的做法如出一辙。

陕甘宁边区由立法主体同时职掌法律解释权的做法在新中国成立之后被继承。1949年9月27日中国人民政治协商会议第一届全体会议通过的《中华人民共和国中央人民政府组织法》第7条所规定的中央人民政府委员会的第一项职权是“制定并解释国家的法律，颁布法令，并监督其执行”。根据《中国人民政治协商会议共同纲领》的规定，中央人民政府是全国人民代表大会闭会期间行使国家政权的最高机关。中国人民政治协商会议全体会议选举产生的中央人民政府委员会对内领导国家政权，具体行使国家权力，由过渡时期国家政权最高机关同时职掌立法权和法律解释权。至1954年，第一届全国人民代表大会第一次会议通过的《中华人民共和国宪法》将法律解释权赋予全国人民代表大会常务委员会。此种有关法律解释权归属权力机关的常设机关的做法在1946年《中华民国陕甘宁边区自治宪法草案》“本宪法解释之权，属于边区议会，议会休会期间，属于议会所授权之议会常务委员会”的规定中也已经出现。[①]

---

① 根据1936年《苏联宪法》第49条的规定，苏联最高苏维埃主席团有权解释苏联现行法律。参见苏联科学院法学研究所科学研究员集体编著:《马克思列宁主义关于国家

（二）法律解释制度目的上的相同

虽然在革命根据地时期及我国当前的法律解释体制之下，多个主体都可以进行法律解释，而且相关法律文件都没有明确规定统一解释法律权，但法律解释的统一是不同时期的共同追求。避免对法律的曲解，消除法律解释的分歧，维护法律的统一和权威，既是陕甘宁边区法律解释制度的目的追求，也是我国当前法律解释制度的理想。

陕甘宁边区的立法权表现出既集中又分散的特点，法律解释权同样如此。这种集中和分散是辩证统一的，是集中之下的分散，分散基础上的集中。各主体的法律解释必须围绕革命战争的任务，不违背党和政府的基本方针、政策，因此表现出统一法律解释的趋向。陕甘宁边区政府的统一法律解释地位得到了包括边区高等法院在内的各边区机关的承认。陕甘宁边区绝大部分法规的解释权归属陕甘宁边区政府，一定程度上避免了对相关法规的曲解，保障了法令的统一和权威。

新中国成立之后的宪法和法律对法律解释权的归属作出了明确规定，这本身就显示了对法律解释统一的追求。1954 年颁布的《中华人民共和国宪法》第 31 条规定，全国人民代表大会常务委员会有权解释法律。“1975 年宪法”保留了全国人大常委会的此项权力。“1978 年宪法”更是赋予了全国人大常委会解释宪法的权力。根据我国现行宪法的规定，“解释宪法”“解释法律”是全国人民代表大会常务委员会的职权。1981 年，全国人民代表大会常务委员会针对当时所存在的各地各部门对法律规范理解不一、不能正确实施法律等问题，制定出台了《关于加

（接上页）与法权理论教程》，中国人民大学马列主义关于国家与法权理论教研室译，中国人民大学 1953 年版，第 524 页。苏联最高苏维埃主席团是苏联最高权力机关——苏联最高苏维埃的常设机构。《陕甘宁边区自治宪法草案》及 1954 年宪法有关法律解释权的安排可能都受到了苏联的影响。

强法律解释工作的决议》，对法律解释权的配置作出了安排，意图统一法律的解释。该协议明确规定最高人民法院和最高人民检察院的司法解释如果有原则性的分歧，应当报请全国人民代表大会常务委员会解释或决定。另外，根据我国现行《立法法》的规定，全国人大常委会对最高人民法院、最高人民检察院的司法解释有备案审查权。因此，在我国，全国人大常委会实际上是最高的统一法律解释机关。

（三）法律解释方式上的继承

新中国成立之后，随着我国法制建设的推进，尤其是改革开放以来，法制建设步入正轨，法律文件的规范化程度不断提高，有关法律解释在形式上也逐渐规范。新中国成立初期及当前的法律解释方式与陕甘宁边区的法律解释方式具有很强的继承性，陕甘宁边区解释法律的方式仍为今天所使用。

陕甘宁边区的一些政策、法令纲领性、原则性较强，较为宏阔，可操作性不强，加之执行者的法律素养不够，因此，相关有权主体以制定“细则”“实施办法”的方式对政策法令作进一步的细化、阐释，明确其适用的情形、应注意的问题，以指导各级机关具体地执行相应的政策、法令。“实施细则”仍然是我国当前行政机关解释法律法规的重要形式。实践中，国务院及其各主管部门往往以颁布“实施细则”“实施条例”的方式对法律进行解释。比如，2017 年 12 月 6 日国务院发布的《中华人民共和国反间谍法实施细则》以 26 条的条文对《反间谍法》的有关概念作了界定、对有关规定进行了细化，使其更加明确具体、具有可操作性。

以解答法律疑问的方式进行法律解释是陕甘宁边区各主体解释法律的常见做法。新中国成立后的法律解释制度中，依然存在着这种解答式解释。自20世纪50年代，全国人大常委会工作机构即进行法律询问答复。全国人大常委会可以应国务院、中央军事委员会、最高人民法院、最高人民检察院和全国人民代表大会各专门委员会以及省、自治区、直辖市的人民代表大会常务委员会的请求而作出法律解释。在司法审判领域，各级司法机关遇有法律疑难问题，可以呈请上级解释。最高人民法院可以对各高级人民法院、解放军军事法院就审判工作中具体应用法律问题的请示以批复的形式进行解答，从而做出司法解释。省级人民检察院可以向最高人民检察院提出制定司法解释的请示。这些都是典型的"请求-解答"模式的法律解释活动。

结　语

受特定历史条件的限制，陕甘宁边区政权并未对法律解释制度进行明确、系统地构设，法律解释制度虽并非陕甘宁边区法制中举足轻重的部分，但这并不代表这段历史是不重要的。陕甘宁边区的法律解释制度及其实践是中国共产党领导的革命政权在法律解释方面的最初尝试，为新中国成立后法律解释制度的确立奠定了基础、埋下了种子。回望陕甘宁边区的法律解释制度，可以更好地理解当前我国法律解释制度之所以独特的原因和逻辑。陕甘宁边区为适应革命战争需要所建立起来的既集中统一又多元协同的法律解释体制，影响了此后我国法律解释权的配置，从而形成了当前多元主体协同解释的体制。陕甘宁边区以立法方式、解答方式解释法律的做法也在新中国成立后继续沿用。而我国当前法律解释制度所体现出来的"准立法性"以及"行政性"也可以从陕甘宁边区的法律解释制度中找到最初的雏形。这种独特的法律解释制度有其历史的现实合理性，适应了法律不完备、社会形势复杂等特定条件下革命及建设的法律规范需求。当然，陕甘宁边区的法律解释制度也存在着一定的历史局限。比如，相关制度和实践缺少明确的规范依据，解释程序不够系统、完备等。因此，当下对于陕甘宁边区法律解释制度的实施效果及其利弊得失还需进一步地考察、评价和总结。

有没有“正宗”的法律史研究?

胡永恒*

摘　要　有些史学出身的法律史研究者认为其研究不够“正宗”,有些法学出身的法律史研究者也认为法律史研究应“回归法学”,这些观点存在局限性。法律史研究发展至今,并不存在“正宗”的法律史研究方法,不同时期有不同的主流研究范式。中国古代和现代法学知识体系存在断裂,古代法律史研究与当代部门法学对话困难。法律史研究应该兼容并包、兼顾法学和史学,而不能简单地非此即彼。不同研究方法可以自由竞争,看哪种研究方法更能获得学界认同。史学出身与法学出身的研究者应该互补优势、加强交流,形成真正的学术共同体。

关键词　法律史研究　交叉学科　回归法学　史学化　思想自由市场

近年来法律史学界出现了一大新气象:越来越多史学出身的学者加入进来,并创作了一大批优秀成果。他们深入发掘史料,娴熟运用考证,大大提升了法律史研究的史学水准,成绩有目共睹。但是,一方面,即便是某些优秀的研究者,也还存在这样一种心态,即认为自己所做的研究并非“正宗”的法律史研究;另一方面,他们的研究在法学出身的研究者看来,虽然展现了良好的史学基础,但存在法学专业性不足的短

* 胡永恒,中国社会科学院近代史研究所副编审,《近代史研究》编辑部主任。

板。笔者在本科和硕士、博士研究生阶段都求学于法学院，后又长期在史学刊物担任编辑，在与两方面的朋友私下交流时，经常能听到上述声音，故觉得有必要对这一问题稍作探讨。

史学出身的学者觉得自己的法律史研究不“正宗”，一个很重要的原因，是他们的研究主题虽然跟法律相关，但并非法学中的核心议题，并不需要多少法学专业知识的支撑。比如，对历史上具体案件的探讨，他们关注的重点，往往是对案件事实真相的探索，或案件所反映的普遍社会现象或社会问题，甚或是案件所折射的深层次的政治、经济、文化因素。这种视角与专业的法学视角是有所差异的，往往有意无意地回避一些法学专业性较强的议题，如法定的诉讼程序、证据的效力及链条、法官的法律推理、判决的依据、法的层级与效力、判决书的写作与修辞等。他们的研究固然不乏精彩，但是在很多法学研究者看来，难免缺少了专业的法学味道。当然，这里只是描述现象，并非苛责。毕竟，与法学取向的研究者相比，他们的研究旨趣不一样，设问方式不一样，研究进路和方法自然也就有所区别。

法学专业议题的缺席，一方面，固然体现了研究者的自律与谨慎，轻易不“越界击球”，尽量不在自己不熟悉的领域发言；另一方面，也多少反映了一种不够自信、不够进取的心态。这种心态妨碍了他们进一步拓展自己的研究领域，也妨碍了他们更好地与法学出身的研究者的学术对话。

法律史研究中“史学化”和“法学化”的区隔其来有自。出于特定的历史原因，法律史研究的主力军是法学出身的学者。从学科建制来看，中国法律史（包括中国法制史、中国法律思想史）是法学的学科和课程。大多数法律史研究者在法学院接受教育和训练，也多供职于法学院和法律系。这样的教育背景和知识结构，决定了他们中大多数人的研究兴趣和问题意识聚焦于一些法学色彩较为浓厚的论题。这就不难理解，很多法学出身的法律史研究者偏好“法学化”的法律史。尤其是，近些年来，法律史学科在整个法学界的地位日趋边缘化，导致法学界的对法律史研究者更为焦虑。他们认为，法律史研究在法学中的地位之所以日趋衰落，正是因为它的法学专业色彩不强，与部门法对话太少，不为其他法学学者所重视。[①] 所以，有不少人呼吁，让法律史研究“回归法学”。

问题是，法律史研究发展到今天，是否应该回归法学？又是否可能回归法学？

回顾中国大陆法律史研究的历程，法律史研究在整体上最“贴近”法学的时期，大概是在 20 世纪 80 年代至 21 世纪初的二三十年。在此期间，法律史研究的重点是中国历史上的成文法、立法和司法制度。常见的研究进路，是运用西方法学理论来审视、分析或批判传统法律制度和文化。这种研究的主要弊病，在于中国古代的法学知识体系与西方近现代法学知识体系迥然有别，以后者来剪裁前者，势必会出现诸多别扭之处，甚至得出一些错误结论。一个较为常见的例子，是关于中国古代有没有民法的争论。从西方法学的概念和体系来看，中国古代的法典多为刑法典，民法条文很少，且零碎而不成体系。由此，很容易得出中国古代无民法或民法不发达的结论。但是，民法所调整的土地、婚姻、侵权行为等民事纠纷，在中国古代社会也非常常见，也需要相应的法律规范来调整，难道这些规范都不是民法规范吗？只不过，在中国古

① 较具代表性的论文有：苏亦工：《法律史学研究方法问题商榷》，《北方工业大学学报》1997 年第 4 期；陈煜：《“回到规范”与“追问意义”——中国法律史研究对象与立场之我见》，《中西法律传统》2014 年第 4 期；王申：《论法律史研究中的法理意义》，《华东政法大学学报》2006 年第 1 期；赵立行：《法律史的反思：法律的历史维度》，《复旦学报（社会科学版）》2019 年第 1 期。

代没有出现西方式的民法典而已。[①]而且，以西方法学知识来解读传统法律，隔膜乃至抵触之处比比皆是。如，在中国传统社会中，土地是极为重要的生产资料，围绕土地而产生的劳作、租赁、赋税、买卖等关系极为复杂，也形成了一系列独具特色的概念和规则，有所谓的“田骨”“田面”“典当”“找赎”“绝卖”等等。若以西方法学知识去加以分析，则会出现一大堆让中国人感到很陌生的术语，如物权、债权、地役权、抵押、留置、担保、善意第三人、优先购买权等。用这些概念去探讨中国传统社会的土地关系，不仅有叠床架屋之感，而且离历史事实的本相也越来越远。[②]此外，这一时期的法律史研究，对象多为中国历史上的法律条文和司法制度，且以静态的制度史研究居多。虽然不乏精彩力作，但整体上偏重法学视角的考察，缺乏生动而富于变化的历史维度。而且，这一时期的部分研究受“西方中心论”影响，对中国传统法律存在过度贬抑的倾向。

不过，法律史学界对上述困境和偏弊很快有所警觉，并积极探求新的研究进路。以梁治平为代表的一些法律史学者另辟蹊径，积极从人类学、社会学等学科寻求理论滋养。他们不再只关注庙堂上的宏观制度和纸面上的法律条文，而是“眼光向下”，致力于发掘“民间法”或“本土资源”，探寻中国传统法律的多元格局和源头活水。随着视角的转换和视野的拓展，法律史研究的对象日趋多元和丰富，史料范围大为扩展，理论与方法也不断翻新。与此同时，法律文化研究和比较法研究逐渐流行开来，这两种研究均以西方法律作为参照和比较的对象，或求同，或辨异，目的都是探求中国传统法律的本质特征和深层因素。不

① 关于中国古代民法的讨论，可参见张生：《中国“古代民法”三题》，《法学家》2007年第5期。

② 相关讨论参见邓建鹏：《私有制与所有权？：古代中国土地权利状态的法理分析》，《中外法学》2005年第2期。

过，它们也很快遭遇了困难和瓶颈。法律文化研究一般将中国古代法律视为一个整体，历经千年而不变，因而缺乏历时性的维度，消解了法律史的史学属性；把疆域辽阔、民族众多、风俗多样的古代中国当作一个同质的整体来论说，容易抹杀内部的诸多差异；另外，法律文化研究致力于从民族精神、文化基因等方面寻求对传统法律的种种解释，在很大程度上具有"决定论""宿命论"的倾向。比较法研究则主要面临研究者力不从心的问题，因为它对研究者的学术素养和知识结构要求很高，不仅要求熟练地掌握外语，还需要深谙本土和异域的文化，并熟知中外历史、政治、经济、文化乃至地理、气候等广泛的知识。而在现实中，多数研究者对作为"他山之石"的西方法律和文化认知程度很有限，故比较起来往往流于浅表。由于上述原因，法律文化研究和比较法研究在法律史研究中逐渐式微，虽然也还不时有成果出现，但已不复当年的热闹景象。

纵观数十年来的法律史学界，并不存在所谓的"正宗"法律史研究。即便在法学院内部，法律史研究也存在不同的方法和路径。这些研究各有所长，也各有不足。在某一阶段，可能存在所谓的"主流范式"，但主流又会随着时代变化而变化，并未形成一以贯之的"正统"。其实，不仅没有"正宗"的法律史研究，甚至不存在"正宗"的法学研究。在当今法学界，就上演着"法教义学"与"社科法学"之争。[①] 二者的划分主要以研究方法论为依据，前者主要采用教义学方法，后者主要采用社会科学方法。"法教义学"主要研究法律规范本身，侧重研究法律的效力、解释和适用；"社科法学"主要研究法律与社会的关系，侧重

---

① 关于"教义法学"与"社科法学"之争以及如何加强二者的融合、对话，法学界曾组织专题学术会议，陈兴良、苏永钦、张翔、侯猛、贺欣、陈柏峰、车浩、许德风等多位学者参与讨论，可参见《法教义学与社科法学的对话》(上、下)，《中国法律评论》2021 年第 4、5 期。

研究法律的运行及其社会影响。“法教义学”主要采用内部视角，专注于法律本身，但是有狭隘、封闭、刻板的弊端；“社科法学”主要采用外部视角，研究范围广阔，但有不务正业之讥。这两种类型的法学研究各有千秋，二者的关系与其说是对立，不如说是互补，如学者所指出的，“法学知识的分化推动了法学知识的丰富与繁荣。法学从技术性知识发展为综合性的社会科学知识体系，跻身于社会科学。如果没有多元的法学知识，法学很难与哲学、社会学、经济学、政治学等其他社会科学相提并论”。[①]

与之类似，早期的法律史研究，主要关注法律本身，侧重的是内部视角；随后则逐渐将眼光从法律本身移至法律与外部各种因素的关系，研究范围大为扩展，研究方法也变得多元。进入 21 世纪，法律史研究的一个明显趋向就是在司法档案等一手史料的基础上，积极引入社会科学的理论和方法。随着巴县档案、宝坻档案、南部县档案、龙泉档案、黄岩档案等地方司法档案的发掘与整理，司法档案研究层出不穷，至今方兴未艾。诚然，这些研究多为法律社会史研究，主要关注影响法律产生与运行的相关社会因素，如法律条文与社会实践的脱节、政府与社会围绕立法和司法问题的博弈、司法人员的构成与教育背景、司法案件的社会背景及影响，等等。但是，这些研究所展现的良好史学基础、多学科方法的运用、社会科学理论的引入、叙事的引人入胜，则是有目共睹的。法律史研究也由此进入了更多学科研究者的视野，而不仅限于法学和史学。这种生机勃勃的气象，正是法律史研究“走出法学”的结果。

从域外经验来看，法律史研究的发展与繁荣，也往往是在它冲出法学的藩篱、走向广阔天地之后。如，西方的法律史学较早地出现了“内

---

① 陈兴良:《法学知识的演进与分化——以社科法学与法教义学为视角》,《中国法律评论》2021 年第 4 期。

在的法律史”和“外在的法律史”之分，前者即从内在视角去研究法律规范，后者则是从外在视角去分析导致法律制度变化的政治、经济和社会原因。在大陆法和普通法传统中，“内在的法律史”都长期居于主导地位。美国的法律史学受普通法传统影响至深，在很长一段时间内，法律史都是法学院内法学专业训练的一部分，从事法律史研究的主要是法学学者而非史学学者。这就导致美国的法律史学的研究范围较为狭窄，研究方法较为单一，学科发展缓慢而缺乏生气。直到 20 世纪 70 年代，美国法律史学界掀起了一场革命，冲破了法学的桎梏，将眼光投向与法律交互影响的政治、经济、社会、意识形态的广阔视野，从而使美国法律史研究焕发出生机。因这场学界革命以威拉德·赫斯特为领军人物，又被称之为“赫斯特革命”。[①]

主张“回归法学”的学者，其初衷多为加强法律史研究与部门法的对话，引起部门法学者的重视，以捍卫法律史在法学中的一席之地。但是，他们未充分注意到，中国法律史有其自身的特殊性，对中国古代法律的研究，很难与现实中的部门法相对接。这是因为，在中国古代和近代以后的法学知识体系之间存在巨大的断裂。今日中国之法学体系，其基本框架和概念、理论均移植自西方。偏重部门法理论的专业法学探讨，用于近代以来的中国法律史研究尚可，用于古代则会格格不入。若执意让法律史学与当代的各个部门法学科对话，就会发现，最贴近后者的其实是外国法律史而非中国法律史。如，若要与当代中国民法学对话，更可借重的知识资源是古罗马法和德国的潘德克顿法学，而非中国古代的民法。另外，我们还应看到，部门法学者希望从法律史研究中

① 参见 R. Gordon, “J. Willard Hurst and the Common Law Tradition in American Legal Historiography”, *Law & Society Review*, vol. 10 (1), 1975, p.11; 韩铁：《美国法律史研究领域的“赫斯特革命”》，《史学月刊》2003 年第 8 期。

获得的知识资源，并不是法理的探讨，而是法律背后的历史渊源及相关的政治、经济、社会因素。所以，对法律史研究来说，其价值并不一定在于对法律本身的研究，而往往“功夫在法外”。

另外，“回归法学”是否可行，还需检视一下法律史研究以前的实践。我们注意到，多数倡导“回归法学”的法律史研究者，并未能提出“回归”的具体方法和路径，而只是泛泛地提出要加强对法律本身的研究，加强法理思辨。我们也注意到，很多标榜“法学化”的研究成果，其影响非常短暂，可谓昙花一现；很多试图与部门法进行对话的法律史研究，也并未引起部门法学者的重视。[①] 这也说明，“回归法学”的路子是很难走得通的。

既然“回归法学”不可行，法律史研究是否就应该一心朝史学的方向发展？

十年前，笔者曾旗帜鲜明地提出法律史研究应当走“史学化”的道路。主要理由是：就整体而言，法律史研究的史学基础还比较薄弱，史料发掘不够，史实考证不够，多数研究的历史感不强；虽然法律史研究也存在法学水准不够的问题，但两相比较，史学基础薄弱的问题要更突出、更严重。[②]

然而，现在我已经改变了这种观点。因为我意识到，法律史研究朝什么方向发展，并非简单的二选一的问题。“法学化”和“史学化”的研究完全可以共存，而不是非此即彼。事实上，无论是倡导“回归法学”，还是倡导“走向史学”，都有其偏狭的一面，不利于法律史研究的发展大局。理想的法律史研究，当然是兼具扎实的史学基础和精深的法理辨析，但若只在法学或史学中的一面有精彩表现，也有其学术价值和贡

① 参见贺卫方：《历史与社会交错中当代法学学术史》，《云梦学刊》2005 年第 4 期。
② 胡永恒：《法律史研究的方向：法学化还是史学化？》，《历史研究》2013 年第 1 期。

献。不同的研究者有不同的志趣、禀赋和知识结构，尽可以发挥自己的强项和特长，而不能强同一律。法律史作为交叉学科，其独特的魅力正在于“交叉”。如果强调它只能朝一面发展，无异作茧自缚。

美国著名的大法官、普通法学者霍姆斯曾提出“思想自由市场”的概念，认为通过市场自由竞争机制有利于获得真理。[①] 仿效这一概念，我们可以提出一个“学术自由市场”的概念，即哪种学术研究方法能够胜出而被大多数研究者接受，应该通过一个充分开放、自由竞争的“学术市场”来决定，而不是通过人为设定或行政命令的方式来决定。如果某一类型的法律史研究有其独特魅力，追随者众多，自然会在学界大放异彩，甚至成为一个新的学术范式；如果某种研究缺乏生命力和吸引力，无论如何号召与扶持，也终将在实践中萎缩并走向消亡。中国法律史研究，还需要经历一个自由生长、兼容并包的阶段，让各种不同风格、不同流派的研究均得以充分发育，彼此争胜。

对于法律史研究者而言，无论是出身法学还是史学，最重要的是找到适合自己的研究路数，最大限度地发挥自己的专长和天赋；同时，也要有意识地针对自身知识结构和学术训练的短板，加强史学或法学的专业技能的研习，尽可能地做到法史兼修。

对整个法律史学界而言，法学界和史学界的研究者应尽量跨越学科鸿沟，走向优势互补与学科融合。毋庸讳言，当今的法律史学界仍以法学出身的学者为主体，仍存在一定的学科壁垒，对史学出身的学者缺乏

---

① 霍姆斯大法官在艾布拉姆斯诉合众国案中提出了这一概念。参见袁博文：《奥利弗·温德尔·霍姆斯的言论自由思想研究》，《师大法学》2019 年第 1 辑。对思想市场理论更深入的阐述，可参见 Ronald H. Coase, “The Market for Goods and the Market for Ideas”, *American Economic Review*, vol. 64 (2), 1974；科斯：《科斯：中国改革：商品市场与思想市场的发展》，《学术界》2012 年第 2 期；冯兴元：《科斯的思想市场观及其意蕴》，《学术界》2014 年第 1 期。

足够的包容与广泛的吸纳；史学出身的研究者则对法学界通行的法律史研究方法与风格缺乏认同，彼此的学术对话与交流还大有提升的空间。在这种情况下，如何超越学科偏见，实现分工合作、优势互补，最终形成一个彼此融合无间、学术标准趋同的法律史学术共同体，是摆在所有法律史研究者面前的一个重要问题。

图书在版编目(CIP)数据

中华法治传统的传承与发展:第二届法治传统与创新发展前沿论坛论文集/张生主编.—北京:商务印书馆,2023
ISBN 978-7-100-22571-7

Ⅰ.①中… Ⅱ.①张… Ⅲ.①法制史—中国—文集 Ⅳ.①D929-53

中国国家版本馆CIP数据核字(2023)第099955号

中华法治传统的传承与发展
第二届法治传统与创新发展前沿论坛论文集
张生 主编

商 务 印 书 馆 出 版
(北京王府井大街36号 邮政编码100710)
商 务 印 书 馆 发 行
北京虎彩文化传播有限公司
ISBN 978-7-100-22571-7

2023年9月第1版　　开本880×1230 1/32
2023年9月北京第1次印刷　　印张10⅜
定价:59.00元